Edition Hochfeld

Bodensee und Bregenzerwald 1823. Franzisca Mauchin hat Anfeindungen und Anfechtungen hinter sich gelassen. Lindau ist die neue Heimat geworden, wo die Mauchin, wie man die erweiterte Familie inzwischen nennt, als wohlhabend und einflussreich gelten.

Die Hungerwinter sind überstanden, die Kriegszeiten scheinen vorbei – doch die Menschen sind nach Jahrzehnten der Kämpfe und Umbrüche skeptisch. Die Sehnsucht nach Frieden ist hingegen groß.

Fremde sind in die Stadt gekommen, von denen man nicht genau weiß, was sie hierhergeführt hat. Im Haus zum Baumgarten findet ein festlicher Abend statt, der die alten Zeiten nochmals auferstehen lässt und zugleich zum endgültigen Abgesang auf diese wird. Mit den neuen Zeiten kommen neue Gefahren in die Inselstadt.

J. M. Soedher lebt und arbeitet als Schriftsteller in Lindau (Bodensee). Er ist Autor der Krimireihe *Schielins Fälle* sowie zahlreicher weiterer Romane, Reiseführer und Bildbände.

Jakob Maria Soedher

Mauchin

Seefrieden

III. Teil
Historischer Roman

Verlag Edition Hochfeld

Von J. M. Soedher sind bisher erschienen:

Mauchin
Mauchin – Kriegszeiten

Villa Seewind
Rotkreuzplatz da Vinci

in der Reihe Bucher ermittelt:
Der letzte Prediger/Requiem für eine Liebe
Im Schatten des Mönchs/Marienplatz de Compostela

in der Reihe Schielins Fälle:
Galgeninsel/Pulverturm/Heidenmauer/Hexenstein/Inselwächter/
Hafenweihnacht/Seebühne/Knochenmühle/Löwenmole/Golgbrunnen/
Hurenschanze

1.Auflage
November 2023
Verlag Edition Hochfeld, Lindau (B)

Lektorat: Isabelle Dreikandt, Memmingen
Umschlagkonzept und Gestaltung: Edition Hochfeld
Satzherstellung: Fotosatz Amann, Memmingen
Gesamtherstellung: CPI Ebner & Spiegel, Ulm
Printed in Germany

Coverfoto: Lindau, 1820, Gouache
Mit freundlicher Genehmigung des Stadtmuseums Lindau (B);
Inv.-Nr. G. l. g. a. 199 © Museum Lindau, Foto: Jürgen Illigasch

ISBN Hardcover: 978-3-948490-02-7
ISBN eBook: 978-3-948490-03-4

www.edition-hochfeld.de

Denn wir waren weiland auch unweise, ungehorsam, verirrt,
dienend den Begierden und mancherlei Wollüsten,
und wandelten in Bosheit und Neid,
waren verhaßt und haßten uns untereinander.

Titus 3, 3

Personen

Franzisca Mauchin
Lucas Bruggmüller – Franziscas Mann, Kaufmann, Hirte und Revolutionär
Katharina Maria Mauchin – Tochter Franziscas
Christian Leonhard Ganal – Katharinas Mann
Philipp Karl Ganal – Zwillingsbruder von Christian
Schniefer – Oberknecht auf dem Mauchinhof

Wilhelm, Heinrich, Johann – Söhne von Katharina Mauchin

Anna Christina Seutter von Loetzen, geb. von Clossmann – Patrizierin
Elisabeth Mauchin – Tante Franziscas
Schaffer – weitgereister Wanderschäfer
Gaupp – ehemaliger Geheimer Rat der Stadt Lindau

Collector, Franz von Riefenstein – Kunsthändler
Gengler, Ernst Kringlin und Auguste Kringlin – alte Lindauer Kaufmannsfamilie
Joseph Gaiserle – Hilfsprediger an St. Stephan
Hildegund Zschuk (Muhme) – Tante von Gaiserle

Weite Blicke

Ein feiner Frühlingswind, der schon eine Spur von Sommer in sich trug, strich von Westen her am Ufer entlang, tändelte mit den Trauerweiden, bog sanft die hohen Gräser und ließ die Seefläche hin und wieder ein wenig erschaudern. Helle Wolken zogen träge dahin und verdeckten auf ihrem Weg ab und an die gleißende Sonne, die ihren Zenit bald erreicht haben würde und hoch über dem Rheintal stand. Von der Spitze des Hügels, in dessen Schutz der Mauchinhof lag, hatte Franzisca einen Blick, der weitum reichte, bis hinüber in ihre alte Heimat.

Weit drunten, auf der Seefläche, stachen die hellen Segel der Lädinen aus dem dunklen Blau hervor, schnitten ihre Spur in das glatte Wasser und erschienen doch wie Fixpunkte in der Ferne.

Drunten am Ufer hatte ein Schäfer mit seiner Schafherde Rast eingelegt. Die hellen Schafsfelle sprenkelten das frische Grün der Uferwiesen. Es war ein Bild der Stille, eines, das, wenn man länger darin verharrte, einen Zustand von Trance herbeiführen konnte. Die Szenerie hätte ein Naturschauspiel sein können, wie es viele gab, wären da nicht diese gewaltigen Felsmassen am Horizont gewesen, mit den königlich aufragenden Gipfeln von Säntis und Altmann. Sie förderten eine Dimension zutage, die den Betrachter in ein erhebendes Gefühl versetzte, denn die Natur komponierte hier aus der Fülle ihrer Bestandteile etwas Magisches, etwas Majestätisches zu einem Gesamtwerk. Und wer immer es sah und es wollte, konnte für den Moment ein Teil dieses Ganzen werden.

Ungezählte Male war Franzisca hier heroben gestanden und doch konnte ihr dieses Schauspiel, welches die Natur aufführte, niemals langweilig werden.

Eine Amsel sang. Drunten lag der See mit seinen glatten und schattierten Flächen, die ihre Positionen wechselten, je nachdem, wie es dem Wind gefiel. Im Osten, hinter den mächtigen Kronen alter Bäume, schlummerte die Inselstadt im See, so ruhig und still und versehen mit einem Hauch von Ewigkeit, dass einem schwindelig werden konnte angesichts der Würde und Beständigkeit, die einem bei diesem Anblick zukam. Die Spitzen der Kirchtürme wiesen in den blauen Frühlingshimmel und der Pulverturm ruhte gefasst im Wasser, wo sich feine Spiegelungen seiner Umrisse erkennen ließen.

Franzisca, die die Szenerie für eine Weile tief in sich aufgenommen hatte, nahm den Haselstock wieder fest in die Rechte und ging an der Kante des Hügels weiter. Ein Ort, an welchem ihr im Laufe der Jahre jede noch so kleine Regung der Natur vertraut geworden war. Der alte Hütehund, der sie früher immer begleitet hatte, lag drunten am Ende des Gartenzauns in einer Kuhle, wo er auf ihre Rückkehr wartete. Der Anstieg war ihm inzwischen zu beschwerlich geworden. Ab und an hob er den Kopf und lauschte, oder er streckte die Nase in den Wind und schnupperte interessiert.

An diesem Tag raschelten die Blätter des Weißdorns, drüben in der Senke, besonders geheimnisvoll. Unerwartet stieb eine Bö aus der harmlosen Brise, riss an Franziscas Haaren, zog am blauen Rock, der um ihre Knöchel schwang, und floh dann über die steile Wiese hinüber zu den Birnbäumen, wo sich ihre Spur verlor. Unbeeindruckt schritt Franzisca weiter, bis sie den Abhang erreichte, der steil nach Südosten hin abfiel. Dort blieb sie abermals stehen, stützte sich mit beiden Händen auf den Stock und nahm einen weiten Blick über den See, die Berge dahinter und die fruchtbaren Ufer, ganz so als nähme sie einen kräftigen Schluck Wein und schmeckte ihm lange und intensiv nach.

Sie sah einige Zeit den Wolken nach, ohne an etwas Bestimmtes dabei zu denken. Diese unschuldigen Gespinste aus Dunst und

Dampf – wenn man ihnen zu lange zusah und sich dabei selbst vergaß, konnten sie einen glauben machen, einfach abheben, mit ihnen davonfliegen und sich selbst in Nichts auflösen zu können.

Nicht von ungefähr hatte sie den Weg hier herauf gesucht, denn es war wieder eine Phase in ihrem Leben, in der sie sich von zahllosen Fragen bedrängt fühlte; Fragen, die der Vergangenheit zugewandt waren und die ihr Schicksal und das ihrer alten Familie betrafen, ohne dass sie jemals eine Antwort erhalten konnte – der Tod des Vaters, die harsche, ja feindselige Großmutter und die zerstörerische Trauer der Mutter und ihr Platz und ihre Rolle in diesem Lebensspiel.

Sie kannte diese Stimmungen bereits, die sie unregelmäßig erfassten. Sie ertrug diese Zeitspannen wie unpassendes Wetter und das Herz wurde ihr deswegen nicht sonderlich schwer – der Tod ihrer Buben hatte ihr die wirkliche Tiefe von Herzensschwere gezeigt. Leichtfüßig allerdings kam sie auch nicht durch diese Zeit, hatte dabei aber erkannt, wie sehr ihr die Einsamkeit und die Natur halfen, über diese Zeit der Schwermut hinwegzukommen.

In den ersten Jahren am See war sie immer wieder von einer wilden Sehnsucht nach der alten Heimat in Bezau erfasst worden und war, wenn es denn irgendwie ging, dorthin gereist.

Diese Ausbrüche hatten sich gegeben und sie hielt es aus, dass diese Sehnsuchtsgefühle ihr Herz umfassten. Sie war dann in Gedanken dort, wo ihr die Wege, Häuser, Stadel und Wälder von Kindheit an vertraut waren, mit allen Windungen, Gerüchen und Geschichten, und wo ihr Menschen so lebendig in den Sinn kamen, die doch gar nicht mehr in der Welt waren. Ja! Und wenn sie ehrlich war, dann bestand ihr Herzenswunsch gar nicht unbedingt darin, die Menschen der Gegenwart zu treffen und mit ihnen zusammen zu sein – vielmehr war es ihr danach, in Gedanken mit jenen zusammen zu sein, die nicht mehr waren, was nur in den Augenblicken der Stille und Ungestörtheit möglich war.

Also nahm sie dann ihren Stock zur Hand und wanderte auf den Hügel, bis zu der Stelle, wo der See ihr zu Füßen lag und an klaren Tagen der Blick bis zur Canisfluh reichte. Dort, wo die alte Heimat war und für sie aus Gräbern und Erinnerungen aus Kindheitstagen bestand.

Wie an diesem Tag, wo die klare Luft die Berge in der Ferne mit scharfen Konturen sichtbar werden ließ. Lange behielt sie die Augen auf dem karstigen Abbruch der Canisfluh. Ihr Herzschlag beruhigte sich schnell nach dem Aufstieg und zu der äußeren Ruhe gesellte sich eine innere. Die Seefläche war ihr im Laufe der Jahre zu einem Spiegel geworden, in dem sich nicht etwa ihr Gesicht zeigte, sondern Szenen und Episoden ihres Lebens. Immer, wenn sie hier oben stand – alleine –, zogen willkürlich die Ereignisse der Vergangenheit vorbei, die sie freudig oder schaurig anfassten, je nachdem. Und lange Vergessenes oder Verdrängtes trat an die Oberfläche des Sees.

Wie in einem Spielzeugland war weit im Osten die Landthorbrücke zu sehen, wie sie auf Stacken vom Festland über die Wasserfläche hinüber zur Insel leitete. Unbewusst folgte sie der Kutsche, die auf dem Weg zur Insel war.

In dieser Kutsche saß ein junger Mann mit ernstem Gesicht, das trotz des entschlossenen Ausdrucks, der auf ihm lag, noch immer feine, sensible Züge offenbarte. Er hatte kein Auge für die Schönheit der Seenatur zu beiden Seiten. In seinen Händen drehte er ein fein gearbeitetes Stilett – beide Klingen rasiermesserscharf.

Für sich, ganz im Stillen, formulierte er eine Beschreibung für das edle Stück, das er im Gras neben dem Totenbrettl seines Onkels gefunden hatte. Er murmelte vor sich hin: »Klassisches Stilett, feine Klinge mit Mittelgrat, poliert, geschwungene Parierstange, die Enden mit Laub und Akanthusblüten, am oberen Griffring ein stilisiertes *G*. Das Griffstück gerillt mit verdrillter Wicklung, Knauf in Form eines

Pinienzapfens. Auf der anderen Seite des Griffs ein Wappen. In der Mitte ein Kreis mit einer Triskele, zwei steigende Pferde zu den Seiten, ein Aar mit ausgebreiteten Flügeln darüber.«

Gekonnt drehte und wirbelte er die hinterhältige Waffe in den Händen, und auf einmal warf er die Klinge gegen den Boden, wo sie in den abgetretenen Holzplanken steckenblieb und der Knauf nachzitterte. »Lumpen!«, zischte er.

Die Kutsche erreichte die Wachen Landthor, wo sie nach kurzer Kontrolle weitergelassen wurde und hinter der Heidenmauer in Richtung Fischergasse verschwand.

Franzisca blieb droben an ihrem Ausguck das kleine Schauspiel verborgen. Aus der Ferne betrachtet war die Welt frei von den Eruptionen menschlicher Gefühle. Zitterte drunten der Schaft eines in Wut geschleuderten Stiletts, empfand sie hier das Gefühl inneren Friedens, geeignet, aus der Zeit hinauszutreten. Zuletzt war sie hier, als es die traurige Nachricht vom Tod ihres Pfarrers Wagner zu betrauern gab. Der Brief seiner Verwandtschaft hatte sie viel zu spät erreicht, um an dem Begräbnis teilnehmen zu können. Sie hatte ihn in die Tasche gesteckt, mit hier heraufgenommen und laut, im Angesicht des Sees gelesen und an die gute Seele gedacht, der sie so viel zu verdanken hatte.

Es gab erneut einen Grund hier zu sein. Sie brauchte das innere Lächeln, denn – der Traum hatte sie wieder aufgesucht. Nach vielen Jahren, fast schon vergessen, war er in der letzten Nacht aus dem Nichts in die Welt ihres Daseins getreten. Der Adler war ihr wieder erschienen.

Ein Traum, der ihr Leben begleitete und von dem sie glaubte, er diene ihr als Zeichen aus einer anderen Welt, von wem auch immer als Bote geschickt; vielleicht ein Hinweis auf bevorstehende Anfechtungen. Die Szenen des Traums orientierten sich an einer wahren Begebenheit, wie sie sie vor vielen Jahren im Grebentobel wirklich und wahrhaftig erlebt hatte. Im Winter war es gewesen, die Kälte so beißend, dass sogar die Felsen von einer dicken weißen Schicht feiner Eiskristalle überzogen waren. Die Bäume ächzten, wenn der Wind sie schwingen ließ, Krähen schrien düster und aus einer dunstigen Bergfurche war ihr der Aar mit majestätischen Schwüngen entgegengeflogen, hatte sich auf der Spitze einer abgestorbenen Föhre niedergesetzt, von wo er um sich schaute und dreimal schrie, bevor er sie fokussierte; einen kurzen, dennoch unendlich lang erscheinenden Moment, nur um wieder weiterzufliegen, mit langsamen Flügelschlägen – eine Majestät –, und zwischen den Baumwipfeln des Bergtals zu verschwinden. So war es wirklich geschehen.

In ihren Träumen jedoch stand sie in der eisigen Kälte, nur mit einem Hemd bekleidet, barfuß im Schnee. Die Kälte fraß an ihren Füßen und sie zitterte am ganzen Körper. Der Adler flog heran, landete auf der Baumspitze und sie starrte fragend in die stechend gelben Augen, die sie fixierten, ohne eine Antwort zu erhalten. Dann flog der riesige Vogel auf und war sogleich verschwunden. Ein Traum, der sie erwachen ließ – frierend, mit pochendem Herzen und zitternd. Ganz nahe war sie zu Lucas gekrochen, der tief und fest schlief.

Welch ein Glück, einen so strahlenden Tag geschenkt bekommen zu haben, an welchem sie hier stehen konnte, den Blick auf das Paradies gerichtet, das sie umgab, und auf der vergeblichen Suche, im Abglanz des Seespiegels vielleicht einen Hinweis zu erhaschen, was es sein konnte, das den Adler wieder hatte wegfliegen lassen. Sie glaubte nicht an eine Bedeutungslosigkeit. Es musste ein Symbol sein, das ihr sagte, ihre Sinne zu schärfen und auf der Hut zu sein.

Sie lenkte ihre Sinne weg vom Imaginären, spürte dem Wind nach, der sie umschmeichelte, und sah drunten am Ufer feine Staubfahnen, wo er Sand- und Staubkörner umherwehte, ganz wie es ihm beliebte, sie zwischen den Kieseln am Ufer ablegte und andere hoch zum grasigen Ufersaum trieb.

Sie heftete ihren Blick auf die Silhouette der Stadt. Wenn sie die Augen eng zusammenkniff, war sogar das Dach an der Hofstatt auszumachen, unter dem Katharina und Christian mit ihren drei Buben lebten. Konnte ihr Traum deren Leben betreffen?

Alles war doch gut geworden, sogar sehr gut, nach Jahren der Not und Bedrängnis. Der Mauchinhof gewährte ihnen große Unabhängigkeit, es bestanden solide Beziehungen hinüber in die Schweiz und bis nach Italien. Und ihr, ja ihr größtes Glück: die drei gesunden Buben Katharinas. Alles hatte sich gefügt, als diese elenden Kriege endlich vorbei waren. Gute Lösungen hatten sie für ihre Familie gefunden, um die sie heimlich beneidet wurden.

Nach der Rückkehr Philipps, Christians' Zwillingsbruder, und dessen Heirat hatte man sich gemeinsam auf eine Teilung der Aufgaben verabredet. Der Mauchinhof betrieb weiterhin Getreide- und Salzhandel, Wein und Stoffe waren hinzugekommen und wurden von Jahr zu Jahr bedeutsamer.

Katharina und Christian unterhielten die Relaisstation und den Kutschbetrieb in der Hofstatt mit der Pferdezucht, während Philipp und Martha die Poststelle übernommen hatten. Der Schniefer stand mit seinem angeborenen Wissen über Pferde allen zu Diensten und so waren über die Friedensjahre hinweg *die Mauchin,* wie man sie inzwischen alle, ohne Rücksicht auf ihre bürgerlichen Namen nannte, auf verschiedene wichtige Zweige festgelegt und bildeten, ohne es sich selbst eingestehen zu wollen, eine in der Stadt einflussreiche, wirtschaftlich potente Sippe.

Sie stützte den Oberkörper auf den Stock und wischte die bekümmerten Gedanken weg, um die Schönheit in sich aufnehmen zu können, die sich zu ihren Füßen ausbreitete, denn bei allem, was war, musste man das Herz immer wieder mit den Schönheiten der Natur füllen.

Hätte sie sich das jemals vorstellen können? Den See als ihr Zuhause empfinden zu können? Aus den Temperamenten der Winde zu spüren, welches Wetter kommen würde, ob die Lastensegler mit ihren Ladungen sicher die entfernten Ufer erreichen konnten oder ob ihre Fahrt gefährdet war? Zu wissen, wann Gewitterschläge, Unwetter, Schneestürme und Eiseskälte drohten? Niemals! Sie lachte vergnüglich hinunter zur Wasserfläche. Niemals. Festgelegt gewesen war sie auf ihr Dorf, die Berge, den Hof – und dann war ihr das Leben dazwischengekommen.

Der Wind spielte ein wenig mit ihren Haaren und sie lächelte zur Insel hin, spürte in ihr Innerstes und stieß auf Kraft und Energie. So viele Jahre nun Frieden schon, wobei niemand so recht wusste, woher er kam und wie lange er bleiben würde, was sich genau so verhielt wie mit dem Krieg – auf einmal war er da und man gewöhnte sich, wenn auch widerwillig und abgestoßen, an die Umstände, die er mit sich brachte.

Mit dem Frieden war es zu Beginn ebenso unheimlich wie mit dem Krieg – man traut beiden nicht über den Weg. Inzwischen aber war eine Gewöhnung mit dem Frieden eingetreten und das Leben ging manche Spur ruhiger dahin. Das Verlangen, aus der Zeit, die einem gegeben war, hektisch und gierig ein Stück Genuss herauszubeißen, ebnete sich ein und die Dinge des Lebens gaben einander wieder sorgsamer die Hand, wie in einem Reigen. Es tat gut, im Frieden zu leben und in einem Alter, in dem die Augenblicke bewusster wurden, sich das Innere von Verwerfungen nicht mehr hetzen ließ. Lucas hatte gleich als Frieden geschlossen war, eine Malerin engagiert, die für einige Zeit in der Inselstadt weilte und Portraits der Familie anfertigte. Er hatte ihr keine Ruhe gelassen, bis auch sie sich endlich in die weite Dachkammer gesetzt hatte um sich portraitieren zu lassen, was ein eigenartiges Gefühl war, denn es wurde kaum ein Wort gewechselt und von Sitzung zu Sitzung wurde sie mehr Franzisca auf dieser Leinwand. Es war ihr, als zeichne das Portrait ihr eigenes Werden nach. Inzwischen hingen die Gemälde der ganze Mauchinsippe drunten in der Stube und es war ihr immer noch eigenartig, sich selbst da zu sehen, so ganz anders, als wenn man in den Spiegel blickte – tiefschichtiger.

Franzisca legte ihre Gedanken beiseite, richtete sich auf und ging den Hügel hinunter zurück zum Hof, wo die drei Buben von Katharina heute mit Christian auf den Hof gekommen waren. Sie sprangen aufgeregt herum und erzählten durcheinander von den Räubern, die derzeit auf der Bregenzer Seite das Reisen gefährlich machten. Man vermutete, die Bande verstecke sich in den uneinsehbaren Schilfgürteln rund um das Rheindelta. Die bisherigen Suchen und Kontrollen der Gendarmerie hatten keinerlei Erfolg gebracht und natürlich war dies für die Kinderseelen von größter Bedeutung – die Räubergeschichten, weit vom friedlichen Leben entfernt, voller Gefahr und Düsternis.

Lucas vergötterte die drei nicht minder als sie selbst. Auch deswegen war sie für eine Weile vom Hof gegangen, um ihm den umfänglichen Genuss daran zu gönnen, wenn er mit ihnen Kutsche fuhr und kaum die Zügel führen konnte, weil ihm alle drei auf dem Schoß hockten und einer immer am Hals hing. Sie waren gesund und kräftig und laut, hatten rote Backen und manchmal löste sich eine Spur Bitterkeit in ihrem Herzen, wenn sie an das Büblein dachte, das sie durch das Fieber verloren hatte. Doch diese Regungen erfassten sie nur kurz, wie Zucken aus dem Dunkeln der Seele, bevor die Freude am Glück wieder zupackte.

Es war ihnen gelungen, die drei kleinen Leben durch die Kälte und den Hunger des Siebzehnerjahrs zu bringen. Gott sei Dank. Auch die Krankheiten und das Fieber, die gekommen waren, gingen dahin, ohne dass der Tod erfolgreich nach ihnen hatte greifen können, wo das Sterben unmittelbar geworden war, so ganz anders als in den Erzählungen aus dem Krieg, wo es mit Fahnen und Heldengeschichten umwoben wurde.

Die Menschen starben einfach weg, vor allem Alte, Kranke und Kinder. Viele Tiere wurden geschlachtet, bevor man zusah, wie sie verhungerten, doch wie sollte es weitergehen, wenn alles tot, verhungert, die letzten Reste verfressen waren?

Sie wischte die Erinnerung an diese Zeit weg, verbannte sie in die dunklen Kammern der Erinnerung, die man selten, am besten nie, betrat.

Wenigstens hatte sie an einem stillen Nachmittag die Kraft gefunden, nach langen Jahren die schwere Familienbibel wieder einmal hervorzunehmen, aufzuschlagen und darin zu blättern. Ihr Blick fiel auf ihre Schrift und im Augenblick war wieder diese Beklemmung spürbar, die sie empfunden hatte, als sie die nüchternen Daten eingetragen hatte. Tatsächlich fanden sich nirgends Spuren vertrockneter Tränen.

Diesmal war die Beklemmung Erinnerung und kam ohne jenen schwarzen Strudel, vor dem sie Angst hatte hinuntergezogen zu werden. Sie strich mit den Fingern über die Zahlen und Worte, die das kurze Leben Korbinians beschrieben:

Den Eheleuten geboren am … vom Herrn zu sich berufen am …

Vorne, auf den ersten Seiten, hatte ihr Urgroßvater Eintragungen gemacht, dann der Großvater. Sie selbst war mit ihrer Geburt vermerkt worden, und der kantigen Schrift nach musste es der Vater gewesen sein. Sieben Blüten fand sie zwischen den Blättern eingelegt. Trocken, platt, die ehemals kräftigen Farben in mildem Schein. Der Anblick wirkte unmittelbar auf das Gemüt. Sie blätterte weiter und strich über die Seite der Blüte, die sie ihrem Vater vermacht hatte – ein Stängel mit Märzenbecher. Die Großmutter, einige Kapitel weiter, hatte eine Lichtnelke erhalten, für Jacob lag eine Akelei ein und für die Mutter ein Ochsenköpfchen. Der erste Bub hatte eine Aster erhalten, der zweite ein Vergissmeinnicht. Bitterkeit verdrängte die Beklemmung und alsbald kam die Erkenntnis, trotz aller Anfechtungen, Kummer und Leid älter geworden zu sein, gefolgt von der Einsicht, wie sehr damit auch die Verwundbarkeit und Verletzlichkeit nachgelassen hatten und man Gefahren erwartungsfester begegnete.

Erste Bank

Drunten in der Inselstadt schritt der Alltag voran. Im Hafen drängten sich die Fuhrwerke um den Mangturm. Das Geschrei der Kutscher und der Lader auf den Booten übertönte das sanfte Säuseln des Windes. Es hatte viel geregnet und die Schmelzwasser aus den Bergen brachten immer mehr Wasser in den See, dessen Wasserstand erhebliches Niveau erreicht hatte. Die Ladekanten der Lastensegler standen hoch über der Hafenmauer, was den Ladern abverlangte, mit ihrer Last auf den Schultern auf schwingenden Bohlen nach oben zu laufen, was ihre Energie zusehends erschöpfte und sie fluchen und schimpfen ließ. Ein Schiffsführer plärrte seiner Truppe gehässig zu: »Wenn ihr noch Kraft zum Fluchen habt, kanns noch munter weitergehen!«

Die Kaltblüter ertrugen den Hader ringsum mit angeborener Unerschütterlichkeit. Ab und an schnaubte eines, um anschließend wieder mit gesenktem Kopf ruhig dazustehen und stoisch auf das zu warten, was auch immer kommen würde.

Am Brettermarkt wirbelten die rauchigen Aromen der Küferei über den Platz. Aus den weit geöffneten Toren der Werkstätte, wo die Dauben gedünstet und die Fässer ausgebrannt wurden, drangen die Klänge einer eigenwilligen Musik aus Sägen, Klirren und Klopfen, dazu das helle Knistern der Feuer.

Ein Stück weiter, vor den Rathäusern, bildeten sich kleine Gruppen von Dienstmägden, die das Wasser an den Brunnen holten und die Begegnungen für einen Austausch nutzten, wobei es in der Regel um die Mucken und Befindlichkeiten ihrer Herrschaften ging, für die sie zu sorgen hatten.

Feine Herren führten ihre Spazierstöcke aus, hinter den Damen gingen Dienstboten her. Man grüßte einander in jener Intensität oder Nichtachtung, wie es Stand und Bestimmung vorsahen. Nur die Soldaten auf ihren Pferden pflügten mit ernstem Blick durch die Menge und waren niemandem verpflichtet. Das Wimmeln in den Straßen und Gassen, die Fuhrwerke vor den hohen Patrizierhäusern, deren Ladung nach oben an die Kranluken gezogen wurde, machten es deutlich: Die Inselstadt Lindau war ein Ort der Kaufleute und Händler; und deren Aufgabe bestand in nichts anderem, als alle Tage auf eines zu lauern – auf ein Geschäft! Und es musste ein gewinnversprechendes sein.

In einem schmalen Haus im Schatten des Turmes der Peterskirche lag noch Halbdunkel auf den Fenstern im Erdgeschoss, wo die Frau des Hauses, Auguste Kringlin, die Verrichtungen in der Küche beaufsichtigte und anschließend, zufrieden mit der Arbeit der Dienstmagd und der Köchin, den Weg ganz nach oben nahm, wo ihr Mann im Arbeitszimmer weilte. Ein großer, repräsentativer Raum mit alten Möbeln, Büchern, verschiedenen Sitzgelegenheiten, vielmehr ein eigenständiger Wohnbereich, denn nur Arbeitsraum. Die Vorfahren hatten es so eingerichtet und alles hier – die Wände, das Mobiliar, die Bücher, sie atmeten die Tradition, den Stolz, das Überkommene der Vorfahren.

Auf Ernst Kringlin hingegen, der still hinter dem mächtigen Schreibtisch saß, wirkte dies alles nicht so – es lastete auf ihm.

Die Schritte seiner Frau waren lebhaft und voller Energie. Eine körperliche Kraft, die sich in ihrem Gesicht nicht abzeichnete, das weiche Schwünge aufwies und dem daher ein beständiger Ausdruck von Sanftheit anhing. Auf dem Weg nach oben schaute sie geschwind noch bei den Kindern vorbei, die mit sich selbst befasst waren und gar nicht bemerkten, wie sich die Türe langsam einen Spalt öffnete und die Mutter in das Zimmer blickte.

Ernst Kringlin, dem Hausnamen nach in der ganzen Stadt als Gengler bekannt, wie seine Vorfahren auch, hatte sich regelrecht hinter dem Schreibtisch verbarrikadiert und starrte mit abwesendem Blick auf die ausladenden Papierbögen mit Registern und Zahlen, die vor ihm ausgebreitet lagen. Er nahm nicht wahr, wie die Tür vorsichtig geöffnet wurde, und zuckte erschrocken zusammen, als er mit einem Mal seine Frau mitten im Raum gewahrte.

»Soll ich dir einen Kaffee bringen lassen?«, fragte sie fürsorglich.

Er sah sie eine Weile an, bevor er antwortete. »Wozu?« Er war ärgerlich, erschreckt gewesen zu sein, und fühlte sich ertappt, ohne zu wissen, wobei. Seine Augen warfen ihr einen flattrigen Blick zu, wodurch das Missmutige, das in seinen Gesichtszügen angelegt war, besonders stark hervortrat.

Sie lächelte und wischte mit den Händen etwas Imaginäres fort – vielleicht meinte sie seine schlechte Stimmung. »Ja nun, ich dachte …«

Er unterbrach sie unwirsch: »Ich brauche keine Frau, die denkt … ich …«

Sie stand da und sah ihn trotz seines hässlichen Ausfalls still an, und sein Missmut zerfloss am Gleichmut ihres Gemüts wie eine zischende Welle zwischen den Kieseln am Seeufer.

Sie spürte den inneren Drang zu lächeln, als sie sein Resignieren gewahr wurde und sprach ihren begonnenen Satz in aller Höflichkeit zu Ende, ohne ihn aus ihrem Blick zu lassen. »Ich dachte, es täte dir gut.«

Seine schlaksige Gestalt verharrte bewegungslos hinter dem Schreibtisch, beide Unterarme auf der Holzfläche abgestützt, die langen knochigen Finger über die Dokumente gespreizt, als gälte es, sie vor einem Windzug zu schützen.

»Ich will keinen Kaffee und er täte mir auch nicht gut«, entgegnete er übellaunig. Wie anderen Menschen die Fröhlichkeit, das Laute, das Leise oder Nachdenkliche ins Gesicht gezeichnet war, so lag um seine Augen und seinen Mund eine Spur von anerzogenem Stolz und Animosität.

»Aus welchem Grund bist du so unzufrieden?«, fragte sie mit einem Ansatz von echter Neugier in der Stimme. Seine Ruppigkeit schuf ihr weder Verdruss, noch verletzte er sie damit.

Ihre Gelassenheit machte ihn zusehends nervös. Es ärgerte ihn, ihr nicht in die Augen sehen zu können. Sein Blick fuhr weiter unruhig über die verstreut auf dem Schreibtisch liegenden Dokumente, was den Eindruck erweckte, er nähme sie gar nicht wahr. Er suchte nach einer Antwort, die er ihr geben konnte. Was ihm einfiel, war mit einer gehörigen Dosis Niedertracht versehen. »Wieso ich unzufrieden bin? Vielleicht liegt der Grund in der großen Zufriedenheit, die du zur Schau trägst …, vielleicht ist es das, was mich so unzufrieden werden lässt, denn ich will nicht mit dem hier zufrieden sein …; ich will mehr … mehr, mehr, mehr. Und ich hätte daher gerne eine Frau, die auch mehr wollte, die mehr wollte als dieses bescheidene Haus, die mehr wollte als nur zwei Dienstmägde, zwei Knechte und eine alte Köchin, eine Frau, die eine eigene Kutsche wollte … vielleicht ist es das!?«

Ihre Augen wurden eine kleine Spur enger und fixierten ihn. Ihre Stimme klang selbstbewusst, ohne laut zu werden. »Ich versorge das Haus und leite die wenigen Dienstboten an, die wir haben. Nichts, aber auch gar nichts hätte ich gegen ein größeres Haus, mehr Dienstboten, repräsentativere Empfangsmöglichkeiten, einen eigenen Salon und eine eigene Kutsche, am liebsten ein Cabrio – es ist allerdings deine Aufgabe, dich darum zu kümmern. Ich wüsste nicht, in welcher Weise eine Tasse Kaffee dich daran hindern sollte, endlich mit deiner Arbeit voranzukommen und Erfolg zu haben. Du bist der Repräsentant dieser neuen Bank und nicht ich. Und es ist nicht mein Versagen, dass bis heute kaum einer in der Stadt davon weiß.« Sie hob den Kopf etwas an, wodurch ihr Kinn auf ihn zeigte, der Ton wurde strenger. »Werde gelassener, denn in einer solchen Verfassung wirst du bei dem anstehenden Abendempfang, der von großer Bedeutung sein wird, keinen günstigen Eindruck hinterlassen. Es geht darum, die Anmutung von Intelligenz, Esprit und Können zu vermitteln …

Das, das alleine wäre dem Vorhaben förderlich. Leute mit düsterer Stimmung voller Selbstzerfressenheit mögen diese Leute nicht. Sie spüren es, glaube mir, sie spüren es, genau so wie ich es spüre und die Kinder.«

Er musste schlucken und klang belegt. »Ach so … mögen sie das also nicht, die Herrschaften.«

»Sie mögen es nicht. Es hat mich einige Anstrengung gekostet, eine Einladung zu erhalten und du weißt – es ist eine besondere Auszeichnung, im *Baumgarten* zur Soirée geladen zu sein. Es werden wie immer wichtige Leute dort sein.« Sie verzichtete auf die Anmerkung, dass es auch ihren Bruder einige Anstrengung gekostet hatte, ihm die Repräsentanz der *Ersten Bank* zu vermitteln.

Sein Blick verdüsterte sich. »Durchaus werden wichtige Leute dort sein … die Mauchin ganz sicher und der alte Gaupp, ihre Dienstbotin, die alte Mauchin, wird mit am Tisch hocken …«

Ihr Ton wurde strenger. »Höre auf, dich moralisch zu ergehen und finde deine eigene Position! Du bist nun der Vertreter der *Ersten Bank* hier in der Stadt. Irgendwelche Vorstellungen von Moral sind schädlich für das Geschäft – insbesondere für ein Bankgeschäft. Es muss dich nicht interessieren, wer alles an diesem Tisch sitzen wird – solange nur du dort sitzt.«

»Soso … bist also auch schon ganz in den Bann dieser Clique geraten. Ich weiß noch, wie es im Krieg war und dann … kaum war er vorbei, da gab es bei den Mauchin von allem – Korn, Salz … alles hatten sie fuhrenweise und ich frage mich, wo sie es wohl herhatten und wie es den Kontrollen entgangen ist.«

Sie lächelte gallig. »Wie andere das eben auch machten, die es satt hatten, einmal von der einen, dann wieder von der anderen Bagage geplündert zu werden. Und anders als andere haben sie geteilt, was sie hatten, – auch mit uns. Oder hast du bereits vergessen, von wem wir im schrecklichen Siebzehner Jahr Mehl, Salz, Speck und anderes bekommen haben, um die Kinder durchzubringen? Hast du das schon vergessen?!«

»Sie hatten wohl genug davon, wenn sie es mit uns teilen konnten!«

Für einen Augenblick war sie innerlich fassungslos. Als sie sprach, klang sie feindselig. »Sicher hatten sie genug … sie hatten genug, um es mit uns zu teilen, was sie nicht hätten tun müssen. Und wir?! Wir hatten von nichts genug – von nichts. Und wer trägt dafür die Verantwortung!? Irgendwelche anderen Leute, oder nicht etwa du mit deinen desolaten Geschäften, die die Familie beinahe ruiniert hätten? Wir waren von andern abhängig … von ihrer Freundschaft und Güte, ja von ihrem Mitgefühl. Vergiss das nicht, jetzt, wo du endlich einen *Titel* hast. Und noch eins – die Mauchin, allesamt sind sie bedeutsam für dein Geschäft. Christian hat seine Pferde in den Hungerwintern für die allgemeinen Dienste gegeben, was bis München bekannt geworden ist. Sie waren zu Gast am Königshof und man munkelt, es könnte sogar noch mehr daraus werden … bedenke also: Feinde schafft man sich eher als Freunde.«

Sie drehte sich behende um und ordnete mit einer anmutigen Bewegung ihres Kopfes die Verbindung zwischen Haaren und Kragen, bevor sie die Tür hinter sich schloss, ohne ihm ihre Augen noch einmal zuzuwenden. Als sie die Tür hinter sich geschlossen hatte, ließ sie sich gegen den Türrahmen fallen und verharrte eine Weile. Ärger und Zorn, die sie verspürte, sollten gebändigt sein, wenn sie nach unten zu den Kindern und Hausangestellten kam.

Auf der Treppe hielt sie jedoch abrupt inne, legte in einer freudig-verlegenen Geste ihre oberen Schneidezähne auf die Unterlippe und biss ein wenig zu, doch nur um einen Juchzer zu unterdrücken, der ihr schier entfahren wäre. Etwas Burschikoses, Freches blitzte aus ihren Augen, weil ihr ein Gedanke in den Sinn gekommen war. Es wäre zwar gewagt zu dieser Zeit, aber vielleicht das einzig Richtige, um ihren Gemütszustand zu erbauen. Sie lachte leise und kess ins Halbdunkle, hob das Kleid ein wenig an und eilte mit schnellen Schritten hinunter, schaute nochmals zu den Kindern und verließ sodann das Haus mit beschwingtem Gang in Richtung Carolinenstraße, die sie schnell hinter sich ließ, und nach einigen umständlichen Haken verschwand sie so flink wie unerwartet in einem Haus am alten Schulmädchenplatz.

Derweil hockte Ernst Kringlin, der Gengler, immer noch droben im großen Geschäftszimmer-Salon, wo es so still wie einsam war. Diese Stille im Haus und dennoch die sprechenden, nein, plärrenden Möbel, Tische, Karaffen, Bücher, Gemälde! Die Erinnerungen wirbelten in seinem Schädel herum – Gesichter, Lachen, Flüche, Umtränke, wie er sie als Kind heimlich beobachtet hatte, wenn er sich manchmal unter einem Tisch oder in einer Schranknische versteckt und dabei manchen Satzfetzen gehört oder gar verschwörerische Heimlichtuereien belauscht hatte.

Keinem der Händler, Kutscher oder Geschäftsleute in der Stadt wäre es damals zu lästig gewesen, die Treppen heraufzusteigen, wo der Alte mit strengem Blick und flackernden Augen hinter dem eindrucksvollen Sekretär thronte. Nur wenigen Besuchern war ein Platz vorne an den kleinen Tischchen vorbehalten, wo sich intimere Dinge leichter besprechen ließen. An manchen Tagen waren die Herrschaften einander draußen auf der Treppe begegnet – Geschäftspartner, Kunden, Kutscher, Stoffhändler, Kaufleute – eben all diejenigen, die vorstellig wurden und vor dem Schreibtisch katzbuckelten. Die meisten jedenfalls.

Heute, in diesen verrückten und auf den Kopf gestellten Zeiten, kam hier keiner mehr die Treppen herauf. Und – schlimmer noch – von ihm, ja, von ihm erwarteten die Leute, selbst seine Frau!, nach unten zu gehen, im wahrsten Sinne des Wortes: Nach unten! Nach unten sollte er also gehen, und hinaus in die Spelunken, die Wirtshäuser, auf die Feste des Pöbels, wo er für sich und sein Geschäft werben sollte wie ein Marktschreier. Am besten noch mit bunten Federn am Hut und gackernd wie ein Huhn, um Aufmerksamkeit zu erregen.

Seine Zähne knirschten, als seine Wut die Kiefer zusammenpresste. Nein – er konnte es nicht! Er konnte es einfach nicht, sich gemein machen mit irgendwelchen Leuten. Und dankbar? Dankbar konnte er auch nicht sein für diese *Gelegenheit*, von der der feine Herr Schwager aus Ravensburg gesprochen hatte, als er ihm die Vertretung dieser *Ersten Bank* andiente. Wieso hat er es denn nicht selbst gemacht, der feine Herr Schwager, he? Ja, weil er sich selbst zu fein war und ihn, ja ihn, lächerlich machen wollte – deshalb und aus keinem anderen Grund. Er nickte zur Bestätigung in den weiten Raum.

Die Lage damals allerdings war misslich gewesen und er hatte keine andere Wahl gehabt, als dieses vergiftete Angebot anzunehmen. Eine jämmerliche Niederlage, erbärmlich und demütigend für ihn, angewiesen zu sein – ausgerechnet auf diesen Schwager!

Auguste verstand das nicht, aber ... was verstand sie überhaupt ... von ihm. Katharina! Ja, mit Katharina, da war er sich sicher, wäre alles anders geworden. Katharina.

Seine Handflächen fuhren über das alte, ehrwürdige Mahagoni der Arbeitsplatte und er flüsterte mehrmals den Namen vor sich her, als wäre es eine Zauberformel: »Katharina ... Katharina.«

Diese Tischplatte. Als Kind war er voller Aufregung dagestanden und hatte die Spiegelungen, die Kratzer, die Narben auf dem Holz betrachtet und fasziniert dabei zugesehen, wie der Vater Siegellack über der Kerze erhitzte, auf ein Dokument auftropfen ließ und dann das Familiensiegel hineindrückte. Ein Vorgang, der weit religiösere Gefühle in ihm weckte als jede Messe, und der den sehnlichen Wunsch in seinem Herzen aufglühen ließ, eines Tages auch Dokumente zu verfertigen und zu siegeln – ein Priester seines eigenen Geschäftsgebarens zu werden.

Nein, er konnte es nicht – mit diesen Leuten reden, ihnen ihr Geld abschwatzen – sie gar bitten!?

Wer immer Geschäfte mit ihm machen wollte, konnte doch kommen, hier herauf, vor dem Tisch in einem der bequemen Stühle sitzen, seine Wünsche vortragen; und er konnte dann entscheiden und würde gegebenenfalls ein Dokument verfertigen und feierlich siegeln.

Was war er nur in eine schreckliche Zeit geraten, die keine Rücksicht auf die alten Werte nahm. Nein, er konnte nicht, er wollte nicht – er würde nicht. Es musste nach seinem Willen gehen ... oder eben nicht. »Nein!«, plärrte es auf einmal aus ihm heraus, »Nein!«

Diese Gedanken an früheren Glanz, sie hatten ihn nicht nur frustriert, sondern ihm auch Mut gemacht. Er richtete sich auf und sah sich um. Ja, es war still hier heroben. Die Geräusche des Alltags von drunten im Hof, aus der Küche, sie drangen nicht bis an sein Ohr. Sein Großvater war schon hier gesessen und zuvor dessen Großvater, natürlich auch der Vater, der hier *de facto* gewohnt hatte.

Weit reichte die Geschichte ihrer Familie zurück; wie konnten die Leute darauf kommen, dieses alte, über Generationen erstreckte Herkommen sei kein Wert mehr an sich. Ihm verlieh es Selbstbewusstsein, das Bewusstsein aus eigenem Recht zu leben, eingebettet zu sein in ein Geflecht naher und ferner Patrizierfamilien. Besitztum und Herrschaft beruhten auf diesem überkommenen Prinzip. Er war gefordert, es wieder zum Leben zu erwecken. Ja, das wollte er tun – diese alte Herrlichkeit, diese alte Macht wieder zum Leben erwecken.

Nun gut. Die Einladung zur Soirée im Haus zum Baumgarten, der konnte man nachkommen, auch wenn Frau Seutter von Loetzen in den letzten Jahren eigentümliche Verhaltensweisen entwickelt hatte. Verhaltensweisen, die mit dazu beigetragen hatten, die alte Ordnung zu unterminieren. Die Verhältnisse von den Füßen auf den Kopf zu stellen, die Grenzen zwischen Herrschaft und Dienerschaft zu verwischen. Immer noch war sie aber so bedeutsam, dass niemand in der Stadt sie übergehen konnte.

Und dann war da noch Katharina. Ganz sicher würde Katharina mit an der Tafel sitzen. Nun gut – sie war eine Mauchin.

*

Draußen am Mauchinhof war Lucas mit den Buben zugange. Franzisca war von der Weide herübergekommen, um Christian zu sehen, doch der war mit der Kutsche schon wieder gefahren.

»Zündet er seinem Kaiser wieder ein Kerzlein an?«, fragte sie mit einer Mischung aus Mitleid und Spott.

Lucas nickte. »Zwei Jahre ist es her, dass er die Welt hinter sich gelassen hat, und ich denke …«, er hielt inne und sah die Buben augenzwinkernd an, »… ich denke, er wird bis an sein Ende nicht von seinem Napoleon lassen können.«

Franzisca ließ einen Seufzer hören. »Ich trau dem Frieden immer noch nicht, auch wenn er nun schon so ungewöhnlich lange anhält. Beinahe habe ich Angst davor, mich an ihn zu gewöhnen, um das Erschrecken nicht zu groß werden zu lassen, wenn es wieder losgeht.«

Lucas öffnete einen Brief, las darin, schüttelte den Kopf, knurrte etwas und meinte: »Naja, bis Pfingsten wird er schon halten, der Frieden. Da haben wir die Abendgesellschaft im Haus zum Baumgarten. Weißt du eigentlich schon, wer alles kommen wird?«

Sie zuckte mit den Schultern und strich dem Kleinsten, Johann, über die Stirn. »Eine volle Tafel wird es wieder werden und ich freue mich darauf, wieder unter Leuten zu sein und den Gesprächen zu lauschen, denn immer … immer habe ich von diesen Abenden etwas mitgenommen, was für mich bedeutsam war.« Franzisca wies mit einer Kopfbewegung auf den Brief in seiner Hand. »Nachrichten … gute … schlechte?«

Lucas setzte sich mit den Buben auf die Eckbank. »Von der Niederlassung in Genua. Das Schiff mit der letzten Lieferung ist auf dem Weg … sie fordern allerdings noch mehr Stoffballen für das nächste Mal an … immer mehr, mehr, mehr.«

Franzisca verstand das auch nicht. »Es steht doch schon beinahe in jedem Haus ein Webstuhl, dazu die Fabriken, und es werden ja immer weniger Flachsfelder, wo jetzt mit Korn ein so gutes Geschäft zu machen ist. Und wofür die vielen Stoffe?«

Er stimmte ihr zu. »Ja, mit Korn gehen gute Geschäfte … *Es ist kein*

Herr, so hoch im Land, der nicht lebt aus Bauernhand. Was immer mit dem Stoff geschieht, ich weiß es wirklich nicht. Vielleicht machen sie Uniformen draus, für den nächsten Krieg.«

Während die Buben um ihn herum vergnügt schmatzten, blätterte er im Intelligenzblatt und studierte die Preise für Korn, Fleisch und Mehl, las eingehend die Ankündigungen bevorstehender Versteigerungen, wenngleich er an keiner teilnehmen durfte, auch wenn sich gar nicht selten eine lohnende Liegenschaft anbot, die sie gut hätten gebrauchen können – Wald, Feld, Wiesen, Scheunen und Stadel als Lager. Doch Franzisca wollte es nicht und hatte es ihm schlichtweg verboten. Nicht einmal blicken lassen sollte er sich, obschon allein das Prozedere des Handelns, die Kämpfe der sich überbietenden Interessenten Unterhaltung geboten hätte, besser als jedes Kartenspiel im Gasthaus zum Schaf. Einige Male war er bei Versteigerungen gewesen. Das Schauspiel, in der Tat, war es wert. Das Elend der Bankrotteure rührte ihn so sehr wie Franzisca. Er stöhnte, denn just war er auf einen interessanten Eintrag gestoßen, gar nicht weit von ihnen gelegen. *Auf Ansuchen des Rebmanns Johann Rupflin von Schönau, werden die am 22ten zur Versteigerung aufgeworfenen Grundstücke weil die erhaltenen Angebote nicht sämtlich ratifiziert werden konnten bis Donnerstag bei dem Abraham Brögin Schönau versteigert werden.* Eine zweite Chance wäre es gewesen und die Flurstücke lagen wirklich in der Nachbarschaft. Er beherrschte sich gerade noch, die Stelle nicht laut vorzulesen. Stattdessen blätterte er weiter zu den Fremdenankünften. Die interessierten Franzisca ebenso wie die Buben, weil sich hinter den Namen und oft weiten Herkünften ganze Phantasiegebilde aufrichten ließen. Er las deshalb laut vor: »In der *Gans* ist der Kaufmann Keppeler von Basel, ein Herr Hofmann von Calmbach und ein Herr Städelin von St. Gallen angekommen und haben Logis genommen. Dazu ein Zimmermeister Meyer von Hangnach und der Färbermeister Weidenkeller samt Tochter von Immenstadt.«

Da Franzisca nicht darauf reagierte, knurrte er unwirsch und ging eine Spalte weiter: »Und in der *Krone* die Handelsgebrüder Häberli von Romanshorn, ein Gastwirt Stöckle von Wildpoldsried, der Handelsmann Hosenegger von Stäfa, sowie ein Musiker Volz mit Gattin aus Frankenthal ...«, er stutzte, »und dann noch ein Collector namens Franz von Riefenstein aus Salzburg.«

»Ah ...«, ließ Franzisca hören.

»Ah, auf einmal ... kennst du ihn etwa?«

»Nein. Aber Collector ... das klingt interessant. Was er wohl als Kollekte will?«, sie duckte sich und wendete sich an die Kleinen, »vielleicht sammelt er ja kleine Buben in seinem Sack ein.«

Nach dem kurz aufkommenden Geschrei widmete sich Lucas erneut seiner Lektüre. Am Samstag sollte die Heu- und Streue-Nutzen auf der Reitheimerwiese beim Köchlin auf weitere fünf Jahre an den Meistbietenden verpachtet werden, und nach dem Absterben des Kommunaldieners Matt musste dessen Stelle neu besetzt werden. Gemeindsangehörige, welche sich hierum zu bewerben gedachten und die erforderlichen Eigenschaften dazu besaßen, waren aufgefordert, sich in der Stadtkanzley zur Aufnahme in die Kompetenzliste zu melden. So verlangte es Bürgermeister Keller.

Er ging über die Anzeigen der Handelsvertreter und der Stoffelschen Druckerei hinweg und blieb bei einem Eintrag hängen und ließ ein lautes »Ah ...« hören.

Franzisca drehte sich erschrocken um. Mit einem solchen Laut leitete er selten gute Nachrichten ein. Im Hungerjahr hatte er auch so ein *Ah* hören lassen und dann vorgelesen, der in Ansbach in Kerkerhaft sitzende Johann Siegmund von Stoy wäre verstorben und habe sich somit durch Tod dem Verfahren entzogen. Ganz bleich war sie geworden, beim Gedanken an den ehemaligen Priester aus Bezau, der aufgekündigt und bei den Franzosen als fachkundiger Säkularisierer reüssiert hatte. Tagelang hatte sie mit den Erinnerungen an den seltsamen Kerl verbracht, und die ganze verdrängte Vergangenheit kam wieder auf – die Großmutter, die Mutter und die Drieberin samt ihrem intriganten Spiel. Vor Lucas hatte sie es damals gut verstecken können.

Der las weiter:

»In der Bibliothek des kürzlich verstorbenen Pfarrers Augustin Bodent zu Kissleg, hat man folgende Werke mangelhaft und davon nur vorhanden gefunden

Hoogen: Beiträge zur Beförderung der Humanität und Volksbildung, Duisburg/Essen 1805,

Augustin Bodent, Geistliche Reden in systematischen Zusammenhängen, Augsburg 1. u. 3. Band

Es werden diejenigen, welche die fehlenden Bände und Theile in Händen halten sollten aufgefordert und und ersucht dies an untere Stelle abzugeben.

Wangen, Oberamtsgericht«

*

Christian war in der Tat schon auf dem Weg zum Aeschacher Friedhof, wo er zuerst am Grab seines Ziehvaters, dem Poschter, ein Gebet sprach und dann des Kaisers gedachte. Man konnte über beide sagen und denken, was man wollte – er verehrte sie und beide fehlten ihm. Mein Gott, wenn der Poschter wüsste, wie sich die Dinge trotz aller Anfechtungen gewendet hatten – stolz würde er über die Insel humpeln, die Enden des schwarzen Mantels würden nur so fliegen. Er musste lachen, als er ihn so in Gedanken vor sich sah.

Lange schon waren die Stallungen in der Hofstatt für den Betrieb nicht mehr ausreichend, denn mit dem Frieden war ein geradezu unmäßiger Bedarf an Fahrgelegenheiten aller Art einhergegangen. Es gab immer mehr feine Herrschaften, die Cabrios, Landauer, Kaleschen und Jagdwagen nachsuchten. Selbst die Postkutschen gingen nun an fünf Tagen in der Woche auf Fahrt, und an den Ladetagen der großen Lastenschiffe standen die Karren und Kutschen mit Fässern, Säcken und Kisten vom Hafen über Brettermarkt und Fischergasse bis zur Hälfte der Landthorbrücke. Im Hafen selbst wurde man fast erdrückt von der Enge aus Menschen, Tieren und Gerät. Wer klug war, mied die Anleger in diesen Zeiten, wobei es nicht wenige Neugierige gab, die sich an dem Schauspiel ergötzten und ein stilles Plätzchen ergatterten, von wo aus das Treiben, die Streitereien und Händel gut zu beobachten waren.

Ja, der Poschter hätte seine Freude gehabt. Auch an der Pferdezucht. Drüben am Festland hatten sie ausgedehnte Wiesenflächen erwerben können, gleich im hügeligen Gelände hinter dem Ufer, zwischen Insel und Mauchinhof gelegen, wo sich in einer Parklandschaft unter den hohen Kronen alter Bäume eine perfekte Weidefläche bot. Einen alten Stadel hatten sie nach und nach ausgebaut und lagerten dort die großen Mengen an Heu, Stroh und Haferschrot. Drumherum standen die Karren, die nicht gebraucht wurden, die Kutschen eng beieinander in einer Remise. Ständig war etwas zu reparieren. Zwei Pferdeknechte, die der Schniefer ausgesucht hatte, waren gerne aus ihren engen Stuben hinüber ans Ufer gezogen, wo sie mit ihren Familien glücklich hausten, die Pferde pflegten, hier und da dengelten und schmiedeten und überhaupt nach dem Rechten sahen. Mit den sechzig Pferden, in der Mehrzahl Kaltblüter, gab es jede Menge zu tun. Allein für die Postkutschen brauchten sie je nach Gespann ein oder zwei Paar, die nach der Rückkehr von den Touren nach München, Ulm und Augsburg wieder auf die Weide kamen. Und schließlich in der Erntezeit, wo vor allem das Korn verfrachtet werden musste, konnten sie bis zu zwanzig Leiterkarren bestücken, die meisten davon sogar mit Segeltuchverdeck, um das Korn zu schützen, wenn es regnete. Zu den anderen Zeiten wurden Fässer mit Salz auf kurzen Strecken transportiert, daneben Tuchballen und immer öfter waren die Karren mit Weinfässern beladen, die Lucas in großer Zahl von Frankreich her über Rhein und See kommen ließ. Ein großer Teil davon ging direkt nach Ravensburg, Kempten, Augsburg und München, wo man auf den Médoc ganz verrückt war. Und dann noch der ganze Kram, der außerhalb der Reihe transportiert werden musste. Es war kein Ende in Sicht und der Erfolg hatte ihm

Recht gegeben. Nachdem Krieg und Hungerwinter die Pferde dahingerafft hatten, fehlten die wichtigsten Helfer, die Garanten für volle Kornspeicher und Teller – Pferde.

Ja, der Poschter, er würde staunen und glücklich sein, angesichts der Herde an wundervollen Tieren, die auf den Wiesen verteilt standen. In der Hangnach hatten sie große, fette Wiesen, wo sie das Heu einbrachten.

Er selbst ließ es sich nicht nehmen, an jedem Morgen und jedem Abend hinüber zur Weide zu gehen, um Pferde zu bringen oder zu holen. Doch der eigentliche Antrieb, eine Aufgabe zu übernehmen, die eigentlich den Knechten zukam, lag in einem kleinen, alt gewordenen Steppenpferdchen, das zufrieden unter den Bäumen graste. Jenes, welches er seinerzeit in Russland aufgetan hatte, an dem er sich in bitterer Kälte gewärmt und auf dessen Rücken er den unvorstellbar weiten Weg zurück nach Hause genommen hatte.

Über die Jahre hatte er sich angewöhnt mit ihm zu sprechen und er tat dies in einer Weise, als handele es sich bei diesem Pferdchen um einen Menschen, so vertraut fühlte er sich mit ihm. Kaum erschien er an der Weide, kam es unmittelbar in großer Vertrautheit zu ihm, suchte seine Nähe, ließ sich liebkosen und er besprach mit ihm, was ihn sorgte, befasste, umtrieb oder freute. Manchmal schämte er sich ein wenig dafür, weil er meinte, mit Katharina weniger vertraut zu sprechen als mit diesem Tier.

Er schnaufte laut aus und fühlte sich erleichtert. Hier am Grab und auf der Weide bei seinem Pferdchen fand er Ruhe. Ja, es war ihnen allen eine gute Aufteilung gelungen. Er kümmerte sich um die Pferde, Katharina um die Führung der Aufgaben in der Hofstatt. Sein Bruder Philipp hatte die Poststelle und am Mauchinhof befand sich das stille Zentrum ihrer großen Familie.

*

Einige Tage darauf musste Franzisca auf die Insel. Der Schniefer hatte es sich nicht nehmen lassen, sie selbst mit dem Cabrio zu kutschieren, obschon ihr das nicht recht war. In die Jahre gekommen, tat er sich der Hüfte wegen schwer, auf den Kutschbock zu steigen und noch beschwerlicher fiel es ihm, von dort wieder herunterzukommen. Einmal hatte Lucas noch zwei Knechte hinzuholen müssen, was dem guten alten Schniefer erheblich unangenehm war. Nach einem ganzen Leben hinter den Leibern der Pferde konnte er sich nichts anderes mehr als allein dieses Dasein vorstellen; nur dort oben, die Zügel sanft zwischen Daumen und Zeigefinger, war er ganz bei sich. Freie Luft um sich, auch Regen und Sturm, Donnergrollen, Vogelgesang und die Hufe in ihrem eigenen Takt – die Ufer des Sees langsam vorbeiziehend wie die Staffage in den Jahrmarktstheatern –, das bedeutete ihm mehr als Zufriedenheit, manchmal, wenn alles im Einklang miteinander war, Glück.

Lucas hatte ihm eine Austragskammer oberhalb des Pferdestalls eingerichtet, weil er sich vehement geweigert hatte, ins Haus zu ziehen. Nichts und niemand konnte ihn bewegen, aus seinem Dasein eines Pferdeknechts herauszukommen, vor allem sah es seine eigene Vorstellung nicht vor, dass ein Pferdeknecht, der er schon lange nicht mehr war, im Herrschaftshaus eine eigene Kammer haben konnte.

Für die heutige Fahrt hatte er eigens den jungen Friesen angespannt, der noch manchmal wild schnaubte und mächtig Eindruck hinterließ, wenn man über die Landthorbrücke und an den Wachen vorbeikam. Natürlich wusste er dies herbeizuführen und auch dieses Mal schnaubte das Ross an der richtigen Stelle wie ein Drache.

Er steuerte die Chaise sicher bis in die Hofstatt, wo er im Stadel zum einen seinen Stammplatz hatte und sich zum andern ein Ritual etabliert hatte: Bevor er mit Christian und seinen Pferdeknechten das Fachsimpeln anfing, bekam er dort einen Kaffee zur obligatorischen Pfeife. So saß er da, roch das Gemisch der Aromen – Stallgeruch, Kaffee, Tabak – und fühlte ein ausgreifendes Behagen tief in sich drinnen.

Wenn er dann mit sich alleine war, nahm er gerne die Kutschenuhr zur Hand und sah auf die Zeiger, wenngleich es dafür keinen anderen Grund gab als eben nur jenen, sich an dem Wunderwerk zu freuen. Lucas hatte sie ihm als Weihnachtsgeschenk aus Augsburg mitgebracht. Manchmal lag er in seiner Pferdestallkammer und befingerte das Metallgehäuse, versuchte dem Silber nachzufühlen und ließ die Lichtreflexe auf dem emaillierten Zifferblatt von Stunde zu Stunde wandern. Niemals hätte er gedacht, einmal etwas derart Schönes zu besitzen.

Die Zeiger, die immerzu im Kreise zuckten, faszinierten ihn. Es war so ganz anders als sein Leben, das sich dem Rhythmus der Tiere angepasst hatte. Wenn das Pferd nicht mehr will, dann muss man auch ruhen. Es ist das Tier, das den Rhythmus vorgibt und somit das Tempo. Und es ist eine Kunst, diesen Kreaturen das Wollen zu ermöglichen. Diese Uhr hingegen musste man nur Aufziehen und die Zeiger schritten dahin. Kein gutes Zureden, kein kräftiges Futter, kein Warten. Er war sich nicht sicher, wohin die Zeiten gehen würden, angesichts solcher feinen Werke. Wann sollten die Menschen Zeit zum Durchatmen und Innehalten bekommen, wenn einmal derartige Maschinen den Rhythmus vorgaben und nicht mehr die Tiere?

Franzisca hielt sich nur kurz bei Katharina auf, die mit Korrespondenz befasst war. Deshalb ging sie alleine hinauf in die Stadt, um ihre Einkäufe zu erledigen, mehr noch, durch die Gassen zu bummeln und die Seeluft unmittelbar im Hafen zu genießen, wo heute wenig los war.

Viel hatte sich verändert in den letzten Jahren. Es war nicht nur Frieden geworden, an den schon niemand mehr hatte glauben wollen. Sie selbst hatte sich verändert, und vor allem ihre Stellung war über die Jahre eine ganz andere geworden. Zunächst war es ihr nicht aufgefallen, wenn sie entlang der Fassaden lief, doch irgendwann hatte sie festgestellt, dass die Menschen, die ihr begegneten, höflich zur Seite gingen, sie freundlich und manche sie beinahe ehrerbietig grüßten. Auch im Hafen gab es keinen groben Kutscher oder Lader, der vor ihr nicht den Hut gezogen hätte, und ganz deutlich war es ihr geworden, als ein Trupp berittener Gendarmerie von ihrem Hauptmann an die Seite dirigiert wurde, als sie ihnen in der Hauptstraße entgegengekommen war. Ja, die Mauchin waren bekannt geworden und hatten im neuen Frieden ein glückliches Arrangement gefunden, das es ihnen erlaubte, einander zu ergänzen.

Mit diesem Frieden waren auch andere Veränderungen gekommen. Den Juden war es nun erlaubt, auf der Insel in den Gasthäusern zu übernachten, wenngleich zu einem erhöhten Preis. Dennoch blieben sie auf ihren Reisen Gäste auf dem Hof der Mauchin – daran hatte sich nichts geändert. Nach wie vor behielt sie engen Kontakt zu Nachkommen Salomons in Hohenems und ließ dort einen guten Teil ihres Vermögens verwalten. Zu niemand anderem hatte sie ein solches Vertrauen. Und mit der wachsenden ökonomischen Stärke der Familie verschwanden die Anfechtungen früherer Zeiten.

So schlenderte Franzisca gelöst über die Insel, blieb lange am Hafen und verfolgte das Be- und Entladen der Lädinen, lachte über die derben Scherze der Lader, die Flüche der Kutscher und all das Lebendige, das sich rund um den Mangturm vollzog. Manchmal kam es ihr vor, als sei ihr Leben zu einem Traum geworden, mit all dem Wohlstand und dem Glück der Enkel.

Als sie in der Abenddämmerung zurückfuhren, begann der Nachtwächter bereits seine Runden zu laufen. Den Spieß, den er mitführte, gebrauchte er ab und an, um die Betrunkenen auf Distanz zu halten. Allerdings mied er die Carolinenstraße, wo derlei Begegnungen am wahrscheinlichsten waren, und nahm stattdessen den Weg auf der Mauer.

Obschon ein dichtes Konstrukt aus Verschlägen, Innenhöfen, Stadeln und Häusern zwischen ihm und der Carolinenstraße lag, drang unmittelbar ein wildes, manchmal tierisches Geschrei bis zu ihm, sobald sich eine der breiten Holztüren einer Spelunke öffnete; dazu die Fragmente wilder, aufpeitschender Musik und das Gekreische der Huren. Wurde die Tür geschlossen, ward es wieder still und das Klagen der Blässhühner, das Quaken der Frösche und die Flügelschläge der Schwäne waren wieder zu vernehmen.

Der Nachtwächter zog den Umhang fester und ging weiter. Er verließ sich ganz auf seine Nase, denn in der kühlen Abendluft konnte er sehr wohl zwischen dem Rauch aus den Schloten und dem knarzigen, beißenden Qualm eines Brandes unterscheiden.

Drüben am Giebelbach steuerte der Schniefer währenddessen das Cabrio am Ufer entlang. Die Silhouette der Stadt mit ihren unzähligen Turmspitzen versank in der Schwärze des Sees. Die Kulisse des Pulverturms aber zeigte sich auch aus der Entfernung massiv und kompakt – und strahlte dadurch Sicherheit aus. Die leichte Brise frischte auf und legte einen Schauder auf die Glätte des Wasserspiegels. Franzisca sehnte sich nach den warmen Sommernächten, die nun nicht mehr weit in der Zukunft lagen.

Über die kommenden Tage verbrachte sie viel Zeit in ihrem Garten zu sein, war damit befasst zu schauen, wie die Natur sich gebärdete und die verschiedenen Stimmungen über dem See einander die Hand gaben; darüber vergaß sie den Traum und den Adler. Die Freude auf das bevorstehende Festmahl im Haus zum Baumgarten nahm nun Raum ein.

Collector

In der *Krone* hatte der junge Herr, der mit einer Kutsche alleine angereist war, die großzügige Kammer im obersten Stockwerk bezogen, auf zwei Monate im Voraus bezahlt und den Wirt wissen lassen, die Treppen würden ihm nichts ausmachen, vielmehr läge ihm daran, ungestört vom Betriebe des Gasthauses seinen Arbeiten nachgehen zu können, und zu diesem Zwecke sei ein etwas entlegenes geräumiges Zimmer hilfreich. Einen Schreibtisch allerdings hätte er gerne, da er doch einiges an Korrespondenz zu erledigen habe. Die Mahlzeiten aber wolle er, wie die anderen Gäste auch, in der Gaststube zu sich nehmen.

Dem Wirt waren derlei Gäste recht. Stolz zeigte er dem neuen Gast alle Einzelheiten des Hauses, da er doch eine ganze Weile bleiben würde.

»Ein hübsches Städtchen«, meinte der ohne hörbare Begeisterung nach einem ersten ausgedehnten Blick aus dem Fenster.

Der Wirt blieb einige Schritte hinter seinem Gast in devoter Haltung und hütete sich vor zu großer Euphorie: »Oh, da darf ich zustimmen, wenngleich wir nach der neuen Gemeindebildung nur noch ein Ort zweiter Ordnung und auf die Insel beschränkt sind, was vielen schwerfällt, sich an diesen Gedanken zu gewöhnen, wo man Jahrhunderte die Vorteile einer freien Reichsstadt genossen hat.«

»Ist sie denn groß, diese Insel?«

»Nun, es sind fünfhundertdreiundvierzig Häuser, siebenhundertfünfzehn Familien und zweitausendsechshundert Bewohner. Die Polizeigewalt steht dem Landrichter zu.«

»Soso, ein Landrichter also«, kommentierte der Gast und hörte Schnaufen und Ächzen draußen vom Treppenhaus her, wo sich die Hausburschen mit seinen schweren Kisten abplagten und sich insgeheim fragten, was wohl drinnen sein mochte.

Das Trinkgeld, das der Gast ihnen mit aufmunterndem Lächeln in die Hand drückte, ließ sie die Plackerei schnell vergessen. Sie vergewisserten ihm, jederzeit für Dienste zur Verfügung zu stehen. Er hörte das gerne, wie er sagte, und bestellte sie gleich für eine Stunde später zu sich, ohne anzudeuten, wozu und wofür er sie brauchte.

Nachdem er sich in der Unterkunft installiert und lange vom Fenster hinaus auf den See und zu den Bergen geblickt hatte, entledigte er sich seiner Reisekleidung. Ein sehniger, zäher Körper wurde sichtbar. Auf seinem Rücken zeichnete sich eine hässliche, rot leuchtende Narbe ab, die vom rechten Schulterblatt bis an die linke Lende reichte.

Er öffnete das Schloss einer der Kisten, nahm frische Kleidung heraus, die er sich rasch überstreifte, und eine Schatulle mit Papier und Schreibutensilien, die er auf dem Tisch ausbreitete, an den er sich setzte und zwei Notizen schrieb. Als die Hausburschen wie vereinbart bei ihm auftauchten, erhielt jeder von ihnen ein Kuvert mit dem Auftrag, sie den Adressaten zu überbringen – persönlich. Die beiden versicherten ihm zu wissen, wohin sie die Nachrichten zu bringen hatten, und schlossen ihn in ihr enges Herz, als er ihnen abermals eine Kreuzermünze in die Hand drückte, nicht ohne ihnen das Stillschweigen über den Auftrag abzunehmen.

Als die beiden aus der Tür waren, trat er wieder an das geöffnete Fenster. Ein kühler Windhauch fuhr herein. Draußen lag der See in aller Stille. Doch nichts Gemächliches ging von ihm aus, eher lag in dieser Ruhe etwas Lauerndes. Franz von Riefenstein schnaufte gequält. Ob die Nachricht aus Genua, auf die er so dringend wartete, schon unterwegs war und ihn hier erreichen würde? Er blickte ernst drein.

Der Wirt, der mitbekommen hatte, wie der neue Gast seine Hausburschen bestellt hatte, war den beiden leise gefolgt, als sie sich nach oben aufmachten. Während sie dort weilten, hatte er direkt darunter eine Kammer aufgesperrt und lauschte angestrengt, konnte allerdings nicht das Geringste mithören, was ihn etwas verdrießlich werden ließ.

Als er die beiden Burschen auf den Treppenstufen herunterkommen hörte, öffnete er leise die Türe und spitzte hinaus. Jeder der beiden hielt ein Kuvert zwischen den Fingern. Er wartete einen Augenblick ab, bevor er wieder hinunter in die Gaststube ging, wo einige Kaufleute und Händler herumhockten und miteinander inzwischen vom Handel zum Saufen gelangt waren und es ab und an laut wurde.

Er kannte die Kerle. Sie waren grob, laut und zahlungskräftig. Er brachte ihnen einen Krug Wein um den andern und ließ sie, als der späte Nachmittag sich zu Ende neigte, von ihren Kutschern abholen.

Die Rückkehr der beiden Burschen hatte er indessen interessiert mitverfolgt. Vor allem ihr beiläufiges Getue.

Bevor er in der Gaststube reinigen, lüften und für das Abendmahl aufdecken ließ, holte er sich den Älteren der beiden, der zwar ein vorlautes Maul hatte, aber dahinter nur seine Ängstlichkeit versteckte. Der andere von den beiden war still und unzugänglich; von ihm wäre der Verstocktheit wegen nichts zu erfahren gewesen.

Er nahm also den Burschen unter einem Vorwand mit in den Keller, wo es muffig roch und die Sandsteinquader von brüchigen Mineralschichten überzogen waren.

Er stellte die Laterne auf den morschen Tisch und kam umgehend zur Sache. »Was war das heut mit dem Herrn von Riefenstein, he? Wen hat er euch aufsuchen lassen mit den Notizen?!«

»Wer?«, fragte der Bursche ehrlich überrascht.

»Der Collector!«, zischte der Wirt, »Zu wem hat er euch geschickt?«

Als der Bursche suchte, der Frage auszuweichen und herumzustottern begann, gab ihm der Wirt zwei Ohrfeigen. »Glaubt er, ich dulde Verräterbrut in meinem Haus?! Pack, das sich von Gästen kaufen lässt, gegen mich?! Kann er gleich sein Bündel packen, redt er nicht! Mit wem tut ihr geheimbündlerisch korrespondieren?!«

Wie erwartet, zeigten schon die ersten harschen Worte die Ängstlichkeit, die geradezu aus dem Gesicht leuchtete. Der Kronenwirt war weithin als ein guter Dienstgeber bekannt und nirgends anders hätte er sein Auskommen finden wollen. Es gab reichlich Essen – und Wein wie Bier mehr als andernorts. Die Entscheidung war also schnell gemacht.

»Haus zum Baumgarten, an die Frau von Seutter … persönlich«, brach es aus ihm hervor.

»Ah … eine der feinen Adressen in der Stadt … und der andere Brief?«

»Der ging an den Gengler … die Kringlins halt …«

»An den Gengler selbst?«, fragte der Wirt skeptisch nach.

»Ja. An den Gengler selbst. So lautete der Auftrag.«

»Da schau an … an den Gengler …«, der Wirt blickte versonnen drein. »Hau schon ab … jetzt!«

Zu gern hätte er gewusst, was den neuen Gast in der großen Dachkammer mit diesen beiden Häusern der Inselstadt in Verbindung brachte und ihn für lange zwei Monate hierherführte.

*

Während sich bei Franzisca die Erinnerung an den sinnbildhaften Traum zusehends verflüchtigte, erhielt ein anderes Geschehnis, das sich zu Beginn des Jahres ereignet hatte, wieder mehr Präsenz und ganz im Versteckten sinnierte sie, ob dies vielleicht in einem Zusammenhang mit dem Traum stehen konnte.

Sie erinnerte sich wieder an einen Tag im vergangenen Winter. Der hatte sich zunächst zahm gezeigt und war mit lichten Tagen aus der Weihnachtszeit gelaufen, hatte Ende Januar jedoch seine frostigen Zähne nochmals hervorgeholt. Über der Kälte lag ein blauer Himmel, die Sonne strahlte hell und vom See her reflektierten gleißend die Sonnenstrahlen. Der Frost brachte den Vorteil gefrorener Wege mit sich, die gut zu begehen waren, und Kleidung und Stiefel blieben sauber. In diesen Tagen vor Lichtmess war eine junge Frau am Hof der Mauchin angekommen. Sie traf zunächst auf Lucas und den Schniefer, die gerade mit einem Gespann beschäftigt waren und bat darum, mit Franzisca Mauchin einer Anstellung wegen zu sprechen.

Franzisca nahm sie mit in die Stube und öffnete den Umschlag, den sie ihr gereicht hatte – ein Empfehlungsschreiben ihrer bisherigen Herrschaft aus Ravensburg.

Franzisca überflog das Papier. »Sie sucht also nach einer Stellung an. Aus welchem Grund? Die Göler in Ravensburg waren doch eine gute Anstellung? Sie schreiben nur Gutes.«

»Die Mutter ist krank geworden und hat bei Lindau ein Unterkommen gefunden. Ich wollt in ihrer Nähe sein.«

»Mhm. Wo ist sie denn untergekommen, die Mutter?«

»Eine kleine Hütte mit Stallung hat sie erwerben können, an einem Ort, den man Hangnach heißt. Sie war lange krank und ist noch schwach, kann sich aber mit dem Garten, zwei Ziegen und einigem Federvieh gut versorgen. Den Webstuhl beherrscht sie wie kaum eine andere.«

Franzisca betrachtete die junge Frau eindringlich. Ihre Hände waren feingliedrig, die blonden Haare, die unter der Haube zu sehen waren, verfügten über einen warmen Ton ins Braune. Sie war schlank und ein wenig kleiner als Franzisca, hatte saubere Kleidung und sah sie freimütig aus offenen Augen an. Das junge Ding war ihr sofort sympathisch – die Art, wie sie sprach, die Körperhaltung, ihr offener Blick. »Was kann sie?«, fragte Franzisca.

»Mit allen Arbeiten im Haushalt bin ich vertraut – kochen, waschen, glätten, bleichen und das Vieh versorgen, das waren bisher meine Aufgaben. Das Federvieh hab ich selbst geschlachtet und hergerichtet. Mit den großen Tieren bin ich weniger kommod, ansonsten habe ich keine Bang vor neuen Arbeiten.«

»Und wie kommst auf unseren Hof?«

»Ich hab mich umgehört und viele haben gesagt, ich sollt, wenn ich nach Lindau wollte, es zuallererst hier versuchen.«

»Und zuallerzweit?«, fragte Franzisca und lächelte.

»Im *Baumgarten*, dann bei Enderlin und zuletzt bei der *Krone*, der *Gans* und der *Sonne*.«

Franzisca lächelte. »Wie heißt sie denn?«

»Bernadette.«

»Oh, ein schöner Name.«

»Ja, Bernadette Peukert.«

Franzisca hielt ihre freundliche Miene bei, obschon sie einen Stich im Herzen spürte. Ohne Absicht entstand daraus eine beklemmende Stille, denn der Name ließ unmittelbar ein Feuer in ihrem Inneren auflodern und ein schlimmes Ereignis leuchtete bedrohlich aus der Vergangenheit herüber.

Das Mädchen, nichts ahnend von der Erschütterung, die ihr Familienname ausgelöst hatte, überbrückte die Stille und begann zu erzählen. »Es ist allbekannt, dass auf dem flachen Lande in den Wintermonaten die Dienstboten nicht beschäftigt werden können und dass man dieselben zu dieser Jahreszeit eigentlich nur deswegen aufnimmt und unterhält, damit man zur Sommerszeit aus ihrem Fleiße einigen Nutzen ziehen kann. Den Winter über fand ich den Dienst nicht zu sehr beschwert, bis endlich das Frühjahr kam, dass die Weidearbeiten anfingen. Der Grund liegt an einem steilen Berge, wo ich hier und da das Futter für das Vieh herbeizutragen hatte, wozu ich mich wegen meinem schwächlichen Körper unfähig fand. Alle anderen Arbeiten im Haushalt und Garten, auch auf der Weide und dem Feld, die verrichte ich ohne Sorge.«

»Mhm … und der Vater kann sich nicht um die Mutter kümmern?«, fragte Franzisca vorsichtig und verbarg durch ein Wegdrehen, die heftigen Schluckbewegungen, die sie nicht zu unterdrücken im Stande war.

»Nein. Der Vater ist schon lange nicht mehr am Leben. Er war bei den Soldaten und es war gerade hier in Lindau, wo er im See gelegen hat und an der Insel Lindau aufgetrieben ist. Erstochen hat ihn jemand.«

Franzisca war von der nüchternen und unaufgeregten Schilderung wie von einem Schlag getroffen. Sie taumelte ein wenig und hielt sich an der Kante des schweren Holztischs gerade. Ihr Gesicht hatte jede Farbe verloren.

Was wollte dieses junge Ding von ihr, gerade von ihr? Was wusste sie am Ende von dem, das hier an diesem Ort, genau dort, wo sie beide gerade zusammen standen, geschehen war?

Sie setzte sich auf die Eckbank. Die Szene aus der Vergangenheit war ihr so gegenwärtig geworden, als sei sie Zuschauerin ihres eigenen Tuns. Wie sie das Gewehr gepackt hatte, das helle Schreien Katharinas und wie sie mit dem Bajonett zugestoßen hatte. Die verwunderten Augen des Soldaten Peukert. Zu zweit waren sie mit dem Esel zum Flussufer unterwegs gewesen, die Leiche des Kerls auf einem Leintuch. Ganz friedlich war er in die Dunkelheit geschwommen, wie einer jener Holzstämme, die, voll Wasser gesogen, in den Wellen taumelten wie Tote.

Bernadette sah, wie bleich sie geworden war, und trat nah an sie heran. »Um Himmels willen! Sie muss sich das nicht zu Herzen nehmen oder gar grämen dessentwegen. Es sind doch so viele umgekommen in diesen andauernden Kriegen, so viele. Und für meine Mutter war es keine Schreckensnachricht, nein, gar nicht. Eine Erlösung war es, als sie den Brief erhalten hat. Der Vater, ich sags nicht gern, aber er war kein guter Mensch.«

Franzisca sah zu ihr hoch. »So … er war kein guter Mensch.«

»Nein«, bekräftigte das Mädchen, »er hat gesoffen, geraubt, geplündert, gehurt und noch viel schlimmere Dinge getan und uns nicht gut behandelt. So wie es ist, ist es gut. Wenigstens hat sein Tod der Mutter noch ein kleines Einkommen beschert, was gröbste Not und Elend ferngehalten hat.«

Die Worte drangen wie von fern an Franziscas Ohren. Mit einer Handbewegung forderte sie das Mädchen auf, sich zu setzen. Eine Zeit lang später, als sie sich wieder gefangen hatte, sagte sie ihr die Stelle zu und ließ die neue Hausmagd in einer Kammer im Haus einquartieren, was bei Lucas und dem Schniefer Verwunderung auslöste, doch fing keiner der beiden eine Diskussion darüber an.

Am Abend, als Franzisca alleine war, holte sie die Schatulle mit den alten Briefen aus ihrer Kammer und öffnete sie im Schein einer der neuen Lampen. Ganz unten, unter einem Filztuch, lag eine vergilbte Seite des Intelligenzblattes, die sie damals aufgehoben hatte. Ihre Hände zitterten, als sie die Zeilen wieder las:

Den 8. April wurde am Seeufer der Stadt Lindau unweit des Pulverturms ein Unbekannter ermordet gefunden. Das Gericht Lindau macht dieses im Intelligenzblatte bekannt und beschreibt diesen Menschen auf folgende Weise: Er ist männlichen Geschlechts, von etwa dreißig Jahren, fünf Schuh und drei Zoll hoch, von untersetzter Statur, mit dunklen, lockigen Haaren und starken Augenbrauen. Seine Kleidung bestand aus einer Soldatenuniform, Stiefeln, hellgrauen Beinkleidern, schafwollenen Strümpfen, Lederwerk und Gürtel. In der Uniformjacke trug er ein ledernes Täschchen mit Dokumenten und Geld bei sich, an der Seite noch einen Dolch. Dem Anscheine nach war die Leiche lange Zeit dem Wasser ausgesetzt. Nach der Leichenschau durch den Landgerichtsarzt und beiwohnenden Zeugen muss von einem Morde ausgegangen werden, da der Leib vollständig von einem Säbel oder Ähnlichem durchdrungen worden war. Wie den Dokumenten entnommen werden konnte, handelt es sich bei dem Ermordeten um den aus Leutkirch stammenden Ignaz Josef Peukert. Wegen dem an diesem Menschen begangenen Morde ist bei dem Königlich baierischen Kriminalgericht Lindau eine Ermittlung anhängig, und die Bevölkerung wird gebeten, Mitteilung über den Erwähnten zu geben.

Der fürchterliche Abend war ihr wieder präsent, als die Soldaten auf den Hof gekommen waren. Es schüttelte sie regelrecht, als sie den Widerstand erneut spürte, der sich ergeben hatte, als sie mit dem Bajonett zugestoßen hatte und in ihren Fingern das Eindringen in den Körper leibhaftig wurde. Die hellen Schreie Katharinas und die gespenstische Stimmung, als sie mit ihr zusammen die Leiche hinunter zum Seeufer verfrachtete.

Konnte es Zufall sein? War es wirklich nur ein Zufall, dass die Tochter dieses Unholds bei ihr, ausgerechnet bei ihr, um eine Stellung nachfragte?

*

Bernadette fand sich schnell auf dem Hof zurecht und erledigte ihre Arbeiten still und zuverlässig. Franzisca beobachtete sie und konnte keine Auffälligkeiten in ihrem Verhalten feststellen. Lucas und der Schniefer waren schnell angetan von der neuen Hausmagd, die eine ganz natürliche Autorität entfaltete und bald zur bestimmenden Magd am Hof wurde.

Franzisca nutzte anlässlich eines Besuchs bei Katharina einen günstigen Augenblick, in dem sie ungestört waren, um von der delikaten Vergangenheit der neuen Magd zu berichten, die nun am Hof beschäftigt war.

Katharina reagierte weit nüchterner, als sie das erwartet hatte. »Niemand außer uns beiden weiß von dem, was damals geschehen ist. Es gab eine offizielle Untersuchung, die zu nichts führte. Sie kann also nichts wissen. Es ist nicht mehr als ein trister Zufall. Aber … wenn du schon Bedenken hast, aus welchem Grund hast du sie denn überhaupt ins Haus genommen?«

Franzisca fragte sich selbst, warum sie es wohl getan haben könnte, und antwortete mit Unsicherheit in der Stimme: »Naja … wenn du so fragst … sie war mir auf den ersten Moment sehr nah … ich wollte mehr von den Aufgaben, die ich habe, abgeben und vielleicht auch, weil ich … weil ich ihr etwas schulde? Sie ist eine angenehme Person … das ganz sicher. Ich habe sie gerne bei mir.«

Katharina nahm die Hand ihrer Mutter. »Na … siehst du. Und glaube mir, wir schulden ihr nichts, wenn man dem glauben kann, was sie dir erzählt hat. Nichts an dem war falsch, was ihren Vater betrifft.«

Franzisca war über die Abgeklärtheit Katharinas ein weiteres Mal verblüfft und wechselte das Gesprächsthema hin zu familiären Angelegenheiten. Das Zusammentreffen ausgerechnet mit Bernadette Peukert ließ ihr aber keine Ruhe und sie sehnte das Frühjahr und die Schneeschmelze sehnlicher herbei als oft in den Jahren zuvor, um endlich anspannen zu lassen und das Madle in Bezau aufzusuchen, mit der sie sich ausführlicher darüber würde unterhalten können.

*

Die neuen Kutschen waren weit bequemer als alles zuvor. Sanft schaukelte man im Coupé vor sich hin und blieb verschont von jenen harten Schlägen, die einen früher so oft unerwartet getroffen und während der gesamten Dauer der Fahrt eine ermüdende Körperspannung abverlangt hatten, so man nicht in der Lage war sich einfach dem Schlaf hinzugeben.

Eine eigenwillige Stimmung von Vertrautheit und Distanz erfüllte sie, als die Kutsche am zweiten Tag ihrer Reise Egg und Andelsbuch hinter sich gelassen hatte.

Sie hieß den Kutscher drunten im Dorf warten und in der *Gams* Quartier nehmen und ging zu Fuß den Anstieg hinauf, kam nach der Kehre auf den direkten Weg zum elterlichen Hof und in der Tat wurde ihr das Herz eng. Jener Ort, an dem so viele Erinnerungen hingen und um den sie gerne erfolgreicher gekämpft hätte – trotz sie ihren Frieden mit dem gemacht hatte, wie alles gekommen war.

Annamaria, das Madle, wie sie früher geheißen wurde, erwartete sie draußen auf der Holzbank an der Hauswand, die von der Frühlingssonne angewärmt war.

Den ganzen Nachmittag hockten sie dort und erzählten einander. Kaspar, Annamarias Mann, war seit dem Hungerjahr gänzlich verändert und noch stiller geworden, als er es zuvor schon gewesen war.

»Die vielen Kinderseelen … das hat er nicht verwunden und in die Messe geht er gar nimmer. Der Pfarrer hat ihn schon angehalten deswegen und gemeint, seine Gutsprecherei mit den Viechern sei auch nicht gerade ein Ausdruck von Gottesfurcht.«

Franzisca lachte bitter. »Herrje … ist schon wieder so einer hier.«

»Ja … so einer schon wieder. Von der Sorte haben sie genug, und es können noch ganz andere Kriegszeiten kommen, die Pfaffen werden immer wieder da sein und alles überstehn … so sagt der Kaspar und ich glaube es ihm.«

Sie sprachen von den sonstigen Umständen, dem Krieg und den Verwerfungen, die er gebracht hatte, den harten Wintern, von vielen als Gottesstrafe empfunden, dem Streit im Dorf und wer alles gestorben war. So viele Gesichter, Geschichten und Erinnerungen tauchten auf.

Annamaria klang resigniert, als sie von den aktuellen Zeiten sprach: »Das Aufkommen aus dieser Not ist schwer, wo die Bauernschaft verschuldet ist bis über die Ohren. Wenn ein junger Bauer heiraten will, muss er sich im Lechtal Geld borgen … stell dir das vor!«

Franzisca kam auf Bernadette Peukert zu sprechen und erzählte von der für sie erschreckenden Begegnung.

»Ja, und wie ist sie im Haushalt?«, fragte Annamaria.

»Oh, da gibt es keinen Grund zur Klage. Fleißig, ordentlich, in der Früh ist immer alles schon so perfekt gerichtet, sie hat mit keinem Wort übertrieben – und sie ist intelligent, was mir die größte Sorge bereitet.«

»Aus welchem Grund das denn?«

Franziscas Stimme wurde leiser. »Nicht, dass sie es herausbekommt.«

»Ach herrje, was machst du dir denn Gedanken?! Wie denn?! Wie soll sie auf eine solche Idee gekommen, die doch völlig abwegig ist. Sie ist froh, eine so gute Anstellung gefunden zu haben, und zusammen mit ihrer Mutter dankt sie dem Herrgott, dass die Dinge sich so gefügt haben, wie sie jetzt sind, glaub mir! Glaub mir nur!«

»Ja schon …. ich möcht dir ja glauben und tu es auch, aber … du musst doch sagen, es ist schon eine eigentümliche Fügung des Schicksals, die mich natürlich fragen lässt, wie sie gerade bei mir vorstellig werden konnte?«

Annamaria lachte. »Ja warum wohl … weil ihr weit und breit der wohlhabendste und vornehmste Hof außerhalb der Stadt seid … überall ist bekannt, wie gut man bei den Mauchins in der Dienstschaft sein Auskommen findet, deswegen hat sie sich vorgestellt. War sie denn die einzige?«

»Nein, nein, es waren noch andere da und einige in so einem schlechten Zustand, was mich sehr gedauert hat. Nein, es gibt nichts an ihr auszusetzen … und …«

»Ja?«

»Ich mag sie.«

»Mhm.«

»Sie ist sehr selbständig, hat eine Freude am Garten und kümmert sich auch um den Schniefer und schon ist es so, dass die anderen auf das hören, was sie sagt, und was immer sie angibt, hat Sinn … ja, sie hat Sinn und Verstand.«

»Weiß Katharina davon?«

»Ja.«

»Und … was sagt sie dazu?«

Franzisca schnaufte laut. »Nichts. Sie ist völlig unbekümmert. Ich weiß wirklich nicht, von woher sie diese Nüchternheit hat.«

Sie nutzte den zweiten Tag für einige kleine Touren und traute sich sogar in die Abgeschiedenheit des Grebentobels, wo sich eine klamme Kälte hielt – weit und breit kein Adler.

Bei ihren Besuchen im Dorf bemerkte sie, mit welch anderen Blicken sie aufgefasst wurde. Da kam nicht mehr das junge Ding, auf der Flucht vor ihrer Mutter, Verwandten, dem Pfaffen, dem Schicksal und mit dem verrückten Willen, alles beieinanderhalten zu wollen.

Aus der eigenen Kutsche stieg eine vornehm gekleidete, stolze Frau. Sie war erstaunt, wie klar sich ehrliche Freude des Wiedersehens von Katzbuckelei unterscheiden ließ. Am vierten Tag stieg sie in einem Gefühl, befreiter zu sein, wieder in ihr Compartement.

Doch war ihr auf eine unbekannte Art schwer ums Herz geworden. Auf der gesamten Fahrt hatte sie den Blick kaum hinaus auf die Landschaft gewendet und nicht nach Erinnerungen gesucht, die eine Wegführung mit einem Ereignis ihrer Jugend in Einklang gebracht hätte. Eine andere Art von Rückschau suchte sie heim. Es waren die Gedanken an diejenigen, von deren Tod ihr Annamaria berichtet hatte. Menschen, Stimmen, Körperhaltungen und Gestalten, die engstens mit ihrem frühen Leben verknüpft waren. Obschon man sich über Jahre hinweg nicht mehr begegnet war, so waren diese Menschen dennoch am Leben gewesen – für sie in ihrer Welt des Angedenkens wahren Lebens. Und nun, da sie an den Gräbern vorbeigelaufen war und die Namen gelesen hatte, ganz so, als müsse sie sich von dem überzeugen, was ihr Annamaria erzählt hatte, da war ihr klar geworden, dass nicht nur diese Menschen gestorben waren, sondern mit ihnen ein Teil ihrer eigenen Welt. Ein Gedanke, der sie ängstigte und in dieser Konsequenz noch nie von ihr gedacht worden war.

Der Weg allerdings führte sie nicht sogleich zurück zum See. Der Schnee war weit zurückgegangen, weswegen es möglich war, hinüber nach Marul zu fahren und über das Große Walsertal zurück in die Rheinebene und an den See. Lucas hatte ihr einige Schriftstücke und Dokumente mitgegeben, die sie in Bludenz und Feldkirch überbringen wollte. Der Frühlingstag war frisch und klar. Am Himmel die Sonne mit wärmender Kraft, ein paar weiße Wolken dekorierten das Blau. Bussarde und Milane kreisten hoch droben, Vogelgezwitscher allenthalben.

Als sie den steilen Anstieg zur Walsersiedlung erreicht hatten, ließ sie halten und stieg aus. Der Kutscher sollte derweil voran zum Gasthof fahren, wo er sich um Gefährt und Pferde kümmern konnte. Franzisca wollte in aller Ruhe an diesen Ort zurückkehren und der alten Amme einen Besuch abstatten, die nicht nur Katharina das Leben ermöglicht hatte. Während sie auf die kleine Kapelle zulief, die von einer alten und ehrwürdigen Bergulme markiert wurde, war ihr wieder ganz warm ums Herz. Welche Ängste hatte sie empfunden, damals, als Elisabeth und der Schaffer sie auf den entlegenen Hof gebracht hatten und sie einer fremden, schweigsamen Frau ihr ganzes Vertrauen schenken musste. An dem Kirchlein blieb sie stehen und hielt inne, auch um ihren Atem zu beruhigen, was ihr Zeit gab, an den Grabkreuzen zu gedenken. Sie sah sich wieder in dem wilden Karren des Ameislers liegen, auf Strohsäcken gebettet, die Tante, der Schaffer mit dabei. Heute konnte sie lachen. Und dann, einige Zeit später, wie sie alle wieder ankamen, den Pfarrer von Schnifis mitbrachten, der auf den Namen Pfefferkorn hörte und im Haus der Walserin die Taufe vornahm – dies mit einer Selbstsicherheit und Vertrautheit, als sei er hier nicht zum ersten Mal zugegen. Was hatte sie nicht schon alles überstanden und überlebt. Es war im Grunde verrückt.

*

Als der Festtag näher rückte, verspürte Anna Christina Seutter von Loetzen angesichts der anstehenden Festgesellschaft, die für den großen Salon des Hauses geplant wurde, ganz anders als sonst eine unbestreitbare Aufregung. Schon die Vorbereitungen begleitete sie intensiver als bei entsprechenden Festen zuvor. Allein die seltene Freude ihre Tochter samt Freunden zugegen zu wissen war ein Fest wert. Sie kamen von weit aus dem Norden des neuen Königreichs, aus einem von Wasser umgebenen Märchenschloss, gleichwohl sehr abgelegen von kulturellem oder politischem Glanz, wenngleich das nahe Theater in einem Ort namens Meiningen eine gewisse Aufmerksamkeit über die Grenzen hinaus erzeugt hatte.

Die Melancholie hielt sie ganz in ihrer sanften Gewalt. Ihren Quell fand sie in den zahlreichen und vitalen Erinnerungen an die unbeschwerten Zusammenkünfte vor den Kriegen. Wenn diese Traurigkeit über Vergangenes sie anfiel, so wie gerade im Moment, ging sie ans Fenster und blickte hinunter auf den Marktplatz, wo Leben war, die Dienstboten von hier nach da eilten, manche für eine Weile beieinanderstehen blieben, sich vermutlich über ihre Herrschaften austauschten oder von einem der bevorstehenden Feste erzählten, von denen es jetzt im Frieden doch wieder einige gab.

Dabei fiel ihr auf, wie wenige Uniformen inzwischen im Alltag auftauchten. Das Stadtbild war weit ziviler geworden und eine recht passable Mode, eher dem Praktischen und Bequemen zugeneigt, griff um sich.

Ein leiser, gequälter Laut war von ihr zu hören. Wie hatte man nur alle die Jahre überstanden, mit Einlagerungen, Besatzung, Requirierungen, Entsatzung und all dem Unrecht und der Willkür?

Nun ja – man hatte es eben überstanden, war alt darüber geworden, gebrechlich dazu und musste Jüngeren den Platz einräumen. Der Festabend, so sehr sie sich darauf freute, erschien ihr wie ein letztes Aufblitzen einer Epoche, die sich selbst zu Grabe getragen hatte.

Ihr Wille stand fest, es zu einem unterhaltsamen, genussvollen und für alle Beteiligten unvergesslichen Abend werden zu lassen, an den man noch lange und gerne dachte und davon erzählte.

Am vertrauten Knarren erkannte sie, dass hinter ihr die Tür langsam geöffnet wurde, und der Abfolge der Schritte nach konnte es sich nur um Elisabeth Mauchin handeln.

»Sollten wir nicht hinuntergehen in die Küche und das Menü besprechen?«, fragte die leise.

»Ja, das sollten wir in der Tat.«

Doch bevor sie ihr folgte, fiel ihr noch eine andere Angelegenheit ein. »Warst du im Heiliggeistspital und hast nach unserer alten, treuen Gertrud gesehen … wie geht es ihr denn?«

»Sie bringt die Augen kaum mehr auf und wartet auf den Hilfsprediger. Es wird nicht mehr lange mit ihr gehen.«

Frau von Seutter drehte sich trotz ihres inzwischen hohen Alters mit einer energischen, abrupten Bewegung um. »Wie, sie wartet ... !? Aber wir haben doch schon zweimal nach dem Kerl schicken lassen ... was macht er, was denkt er, wozu er da ist, was tut er?! Er war demnach immer noch nicht bei ihr?!«

Elisabeth Mauchin schüttelte den Kopf.

»Unmöglich, was hat er Wichtigeres zu tun?! Er mag ja neu in der Stadt sein, der Herr Hilfsprediger, und er mag Gepflogenheiten nicht kennen, aber einen Sterbenden warten lassen? Wir schicken noch einmal um ihn ... dringlich!«

Sie gingen langsam die Treppenstufen nach unten, wo im ausgedehnten Kellergewölbe die Küche eine ausgedehnte Heimat gefunden hatte.

So wehmütig die Stimmung im Salon gewesen war, so aufgeregt ging es nun hier drunten zu. Bereits auf dem Weg nach unten geriet man mit jedem Schritt auf der Treppe aus dem Reich der Kontemplation in eine Art Maschinenraum der Kulinarik.

Die Köchin schwitzte und wischte sich ständig mit einem feuchten Lappen über die Stirne. Sie schimpfte mit einer Küchenhilfe wegen der Bestellung der Rebhühner, und ihre Stimmung wurde nicht besser, als sie Frau von Seutter und Elisabeth Mauchin auftauchen sah. Sie hob aufgeregt die Hände und meinte: »So eine große Tafel und so wenige von den jungen Dingern haben Erfahrung damit ... aber woher auch, wo sie doch in diesen schrecklichen Kriegszeiten geboren und aufgewachsen sind!«

Elisabeth Mauchin lachte. »Sie werden es schnell lernen. Haben wir denn genügend Wein für den Abend?«

Frau von Seutter setzte sich an die Seite des mächtigen Holztisches, woraufhin die Köchin sogleich mit einer energischen Bewegung ihres Unterarms Töpfe und Pfannen zur Seite räumte und ein bereits zerknülltes und von Flecken überzogenes Papier aus ihrer Schürze holte.

Die würzige, dampfende Wärme fühlte sich angenehm an, die Öfen waren alle geschürt, Rauch mischte sich mit allen anderen Aromen, das Reisig knackte hell und sanft köchelte es in unterschiedlich großen Töpfen. Im größten Topf wiegten sich Hühnerleiber im blasigen Wasser. Die Augen der Köchin leuchteten, wenn ihr Blick hinüber zum Ofen ging, denn der Fond des Geflügels sollte Basis für ihre Lieblingsspeise sein, die den Namen Königinnensuppe trug. Sie zog sich einen der groben Schemel heran und musste einige Male mit dem Handrücken über die Augen fahren, bevor sie entziffern konnte, was auf ihrem Zettel genau vermerkt war. Dann jedoch ging sie zügig über die Speisefolgen, als wäre es ein Kinderspiel. Mit keiner äußeren Regung war ihr die innere Freude anzumerken, die ihr die Zubereitung dieses Menüs bereitete. Nüchtern marschierte sie durch dichtes kulinarisches Unterholz. »Entrée … Champagner als Aperitif! Wir nehmen Beginn mit einem *Erbacher Riesling* und einer *Brauneberger Auslese*, die beide gut zur Königinnensuppe passen. Manche werden die weißen Weine auch für den Kalbsrücken mit Pilzen und Backkartoffeln wählen, doch haben wir dafür schon einen *St. Julien Cabarrus* und einen *Château Larose* zur Begleitung vorgesehen. Mit diesen Weinen werden wir alle Geschmäcker an der Tafel zufriedenstellen können, sowohl bei den folgenden Felchen in klarer Sauce wie auch bei den Rebhühnern in Schaumweinsauerkraut oder zum Schmalthier mit Salat und eingemachten Früchten. Wir haben damit Fisch, weißes Fleisch und rotes Fleisch, sodass wir, denke ich, die unterschiedlichen Geschmäcker gut eingefangen haben, und halten auch ein paar in Butter gebratene Felchen vor. Zum Ausklang kommt ein *Château d'Yquem* als Begleitung für die Gänseleberpastete, die wir morgen ansetzen werden. Es folgt zum Ende hin Schaumwein zu den eingelegten Birnen in Sahnesauce, danach ein Käsesortiment, Kaffee, kleine Kuchen, Liqueure. Mit den Rebhühnern … da müssen wir nochmals nachfassen …« Sie sah fragend auf.

Frau von Seutter zeigte sich abwesend. Während ihre Köchin durch das Menü marschiert war, so, wie ein Offizier seine Mannschaft abschreitet und Ausrüstung und Kleidung auf Vollständigkeit kontrollierte, war ihr unerwartet ein Fest in den Sinn gekommen, das beinahe ein halbes Jahrhundert zurückliegen musste. Sie war damals als sehr junge Frau in Paris gewesen und durfte an einem Bankett teilnehmen, bei welchem es neben vielen anderen Köstlichkeiten auch knusprig gebratene Wachteln gegeben hatte, die mit Rosmarinpastete gefüllt waren. Niemals mehr hatte sie etwas Köstlicheres zu sich genommen. Vielleicht lag es aber auch nur an der langen Zeit, die inzwischen vergangen war, die die Wachteln noch knuspriger und deren Wohlgeschmack noch intensiver hatte werden lassen.

Einzelne Szenen jenes Abends tauchten wieder vor ihr auf. Sie spürte wieder ihre Anspannung und freudige Erregung. Ein wenig fuhr sie zusammen, als sie wieder in das Jetzt ihrer Kellerküche zurückkam. »Und Wachteln?«, fragte sie.

Die Köchin rollte mit den Augen. »Hmmm … wir müssen mit den Rebhühnern vorliebnehmen. Es gibt noch nicht genug Wachteln. Ich muss es so sagen, aber – die Soldaten haben die Fluren leergefressen und die kalten Sommer haben den Rest besorgt. Bei den kleinen köstlichen Vögelchen dauert es wohl länger, bis es wieder genug davon geben wird.«

Frau von Seutter gab sich damit zufrieden. »Soso … ja, das ist wohl so. Wir haben also Suppe, Fisch, Rebhuhn, Kalb, Hirsch, eine Nachspeise, Kaffee und Wein … ein wunderbares Mahl … wunderbar. Und wenn es mit den Rebhühnern ernste Probleme geben sollte, lassen Sie es mich wissen, denn auf Täubchen möchte ich nicht ausweichen müssen.«

Sie stand auf und nahm die Treppe nach oben in ihre privaten Gemächer. Elisabeth Mauchin folgte ihr, denn die Gästeliste samt der Sitzordnung musste noch besprochen werden.

Die Hausherrin blieb stehen, um ein wenig zu verschnaufen, und sagte: »Es muss schon ein wirkliches Festmahl sein, Elisabeth, und seien wir ehrlich, es wird mein letztes sein … darum muss es wahrhaft genussvoll gestaltet werden. Ich möchte sie noch einmal zurückholen, die alten Zeiten, für einen Augenblick nur, nur für mich … die Zeiten, in denen wir dieses Haus hier stolz gemacht haben. Dann wird der Schlaf der Zeit kommen, glaube mir.«

Elisabeth Mauchin war erschrocken vom Ernst und der tiefen Trauer dieser Worte und schwieg. Als sie im *Chambre privée* angelangt und die Türen geschlossen waren, ließ sich Frau von Seutter auf das schmale Sofa sinken und ächzte. »Und dieser Hilfsprediger … eine Zumutung ist er mir. Ja, er ist neu in Amt und Stadt und es wäre ein Affront, würde er nicht dazu geladen werden. Also machen wir es, um der Form eine Form zu geben. Was ich gehört habe, führt ihm seine Tante, die alle Welt die *Muhme* nennt, den Haushalt. Hat sie keinen Namen … kann man niemanden mehr ansprechen, wie es sich gehört? Soll ich sie etwa mit *Muhme* ansprechen? Es ist mir alles zuwider, aber gut – ich habe auch sie auf die Gästeliste setzen lassen.«

Elisabeth brachte ihr ein Bänkchen, dass sie die Beine darauf legen konnte, und schüttelte ein Kissen zurecht. Frau von Seutter lamentierte weiter: »Ich weiß gar nicht, was ich ihm sagen soll, wenn ich aus der Kirche komme und mich von ihm verabschiede, diesem rotbäckigen Bubengesicht mit seiner verkrampften Art zwischen jämmerlicher Ängstlichkeit und dreister Unbescheidenheit, und das alles zusammengestopft hinter dieser aufgesetzten Strenge … ah! Seine Predigten sind wahre Untergänge, die Apokalypse scheint bereits im Gange und es geht nicht ab ohne mindestens drei lange Szenen über die Verderbtheit der Menschen. Und das jetzt, wo endlich Frieden herrscht. Ich meine beinahe, er hasst den Frieden und sehnt den Krieg herbei. Und seine Theatralik, dieses Pathos … ganz im Gegensatz zu der kindhaften Weise, in der er sonst auftritt, mit diesem eigenwilligen Lächeln, das nicht der Umwelt gilt, sondern mir den Eindruck macht, er lächele sich selbst zu, in einer Art eitler Verträumtheit. Gleich zu Beginn war er mir zutiefst zuwider, als er über tote Kinder gepredigt hat … wie schön es sei, dass sie tot sind, weil ihnen so viel erspart geblieben sei und sie so sicher im Paradies sein könnten, weil sie ja voller Unschuld gestorben sind. Stell dir das vor. Mir ist ganz schwindlig geworden, denn so etwas hatten wir hier noch nicht, obgleich die Auswahl groß ist an unmöglichen Kirchenmännern. Das einzig Verwunderliche ist für mich allerdings die Erkenntnis, wie sehr manche Menschen sich von derlei angezogen fühlen. Die einen offen, die anderen heimlich, trotz des schrecklichen Zeugs, welches er von der Kanzel verkündet, ganz im Stile, als wäre er der religiöse Stadthauptmann . Wie ich hörte, soll der Färbermeister Näsle, der geizige Kerl, der sich selbst so wenig gönnt wie seiner Familie und erst recht andern, recht katzbuckelig um ihn herumschwänzeln. Im Krieg hat er mal für die einen, dann wieder für die andern Schergenarbeiten übernommen. Herrje! Wäre da nicht die Konkurrenz zwischen Münster und St. Stephan im Apokalyptieren, man wäre ja beinahe froh, Katholiken in der Stadt zu haben.«

Elisabeth Mauchin lachte. »Solche wie mich, nicht wahr?«

»Ach, du weißt, was ich meine. Aus welchem Grund schicken sie nur immer diese in jeder Hinsicht ausgezehrten Gestalten in unsere lebensfrohe Stadt. Der Letzte, der da war, hat mir ganz gut gefallen … er war faul und gefrässig, hat um sein gänzlich sündiges Leben gewusst und die Leute daher in Frieden gelassen.«

Elisabeth Mauchin schalt sie fast. »Allerdings! Er hat sich entweder totgesoffen oder ins Grab gefressen … von andern Dingen will ich nicht reden, denn offiziell darf man ja nicht wissen, aus welchem Bett man seinen mächtigen Leib hat herauszerren müssen.« Sie sah betreten zur Decke. »Es ist anders nicht möglich, ohne dem Haus Schaden zu bereiten. Wir müssen diesen Gaiserle samt seiner Tante Zschuk einladen. »Zschuk!?«, rief Frau von Seutter. »Das klingt ganz nach einer Familie aus dem Osten.«

Sie kamen zur Sitzordnung für den Festabend. Vor einiger Zeit war ein junger Musicus in die Stadt gekommen, den Frau von Seutter gerne dabei gehabt hätte. Sie liebte es, wie er über die Musik im Allgemeinen, von Wien, Salzburg, den Marotten der Musiker und ihren

Liebschaften erzählte, ohne dabei jede Peinlichkeit aufkommen zu lassen. Da er jedoch krank darniederlag, hatte er absagen müssen. Auch das Ehepaar Develey ließ sich entschuldigen, da ihr Jüngster, Johann Gottfried, von einer schlimmen Magensucht heimgesucht war. Auf der anderen Seite machten die Ausfälle die Tafel übersichtlicher, wodurch sich geschwind eine praktikable Sitzordnung finden ließ. »Zu meiner rechten meine Tochter Sarah und ihr Gatte August, daneben sein Bruder Albrecht, dann der Hilfsprediger samt der Frau Zschuk. Daneben können wir die Kringlins setzen, dann das Ehepaar Rühle von Lilienstern. Die säßen dann den Zwillingen Christian und Philipp mit ihren Frauen gegenüber. Die Auguste Kringlin versteht sich sehr gut mit Katharina und Philipps Frau Martha – das gibt ein schönes Geplapper zwischen ihnen und wird die anderen mitnehmen, wobei, die liebe Martha wird den ganzen Abend über wieder kaum ein Wort sprechen; aber sie ist ein angenehm stiller Mensch und es ist auch von Bedeutung, geübte Zuhörer an einem solchen Tisch zu haben. Zu meiner linken Franzisca und Lucas, gleich daneben den alten Gaupp und den Schaffer. Ich möchte die beiden nahe bei mir haben und ihr Getue beobachten können, was allein schon köstlich und unterhaltsam sein wird.«

»Und diesen Herrn Collector … Franz von Riefenstein?«

»Ah … den hätte ich beinahe vergessen. Setze ihn mir gegenüber an die Stirnseite. Was man hört, soll er ein sehr vornehmer, zurückhaltender Mann sein, der hier seit seiner Ankunft regelmäßig in der Messe gesehen wird. Recht kunstsinnig soll er sein und einen Handel mit Gemälden und alten Büchern betreiben. Endlich mal etwas Neues und Außergewöhnliches und so ganz nach meinem Geschmack. Eine sehr höfliche Aufwartung hat er mir überdies zukommen lassen. Er wird einiges zu erzählen haben, will ich hoffen, und den Abend bereichern.«

*

Ernst Kringlin, den die Last des ehrwürdigen Hausnamens *Gengler* schwer drückte, saß nach wie vor still und missvergnügt am Schreibtisch. Seit seine Frau Auguste den Raum verlassen hatte, war er kaum zu mehr fähig gewesen, als hier und da ein Blatt Papier zu verschieben und einen flüchtigen Blick darauf zu werfen. Die Bürde der Verantwortung hatte ihm Vergangenes in Erinnerung gerufen, und er war auf etwas in seiner Jugendzeit gestoßen, was in ihm die Glut eines zehrenden Feuers entfachte – das Gefühl der Herabwürdigung.

Die Einladung zur Soirée im Hause Baumgarten war für jeden, den ein solches Glück traf, eine Ehre, und er hätte seiner Frau dankbar sein müssen für das Geschick, welches sie bewiesen hatte, ihn so vorteilhaft ins Gespräch zu bringen. Doch der Gedanke an die Mauchins, die ganz sicher mit am Tisch sitzen würden, vergällte ihm jede Vorfreude. Ja, er hasste sie, diese Emporkömmlinge, an denen in der Stadt inzwischen kein Vorbeikommen mehr war. Wie aus dem Nichts waren sie auf einmal unausweichlich geworden, und manch einer machte sich Gedanken, wie es zugegangen sein konnte, dass eine junge Frau, die sich um keine Moral, Tradition, weder Kirche noch Politik scherte, ein solches Vermögen aufbauen konnte, denn den Hof, der jetzt nach ihrem Namen nur *Mauchin* hieß, den hatte sie schon erworben, bevor dieser Lucas aus Frankreich zurückgekehrt war. Immer wieder führten ihn die Gedanken zu den Fremden, die sie für ihn waren und bleiben würden – wäre da nicht diese Katharina, die ihn ganz und gar besitzen könnte, wenn sie es wollte – immer noch. Er würde sie jedenfalls noch immer besitzen wollen, doch war er für sie nur ein *Etwas*, und der böse Keim ihrer Mutter steckte doch auch in ihr, wo sie sich an den Ziehsohn des Poschters geworfen hatte. »Ha, der Poschter!«, rief er aus und es zischte Luft zwischen seinen Lippen hindurch. Noch so eine Gestalt, die die Genglers niemals als ihresgleichen betrachtet hätten. Sein Vater noch hatte niemals mit dem groben und lauten Kerl selbst gesprochen, immer Bedienstete geschickt, weil … ja, weil es sich nicht schickte. Und jetzt? Ein feines

Netzwerk hatte die Mischpoke inzwischen über die Stadt gelegt, und während es für seine Familie abwärts gegangen war, gab es für die Mauchins offenbar keine gesellschaftliche Höhe, die zu hoch gewesen wäre, und das in nur einer Generation. Natürlich wusste er von der Einladung, die Christian und Katharina nach München erhalten hatten, und es wurde gemunkelt, man plane eine besondere Ehre für sie. Seine Finger griffen eines der Papiere, die auf dem Tisch lagen, und zerknüllten es. Seine Schwestern hatte er nicht dem Stande gemäß verheiraten können, und ihm selbst war auch keine Wahl geblieben. Keine freie Wahl, stattdessen Zwänge, Rücksichtnahmen, Enge und Fesseln, gleich, in welche Richtung man sich bewegte. Es machte ihn rasend, dieses Schicksal. Über Generationen waren sie, die Gengler, angesehene Patrizier und Kaufleute gewesen, und keine wichtige Entscheidung in der Stadt war ohne die Einvernahme seiner Vorfahren zustande gekommen. Dieser verfluchte Napoleon mit seinen Kriegen, die verfluchten Franzosen mit ihrer Freiheit, Brüderlichkeit und Gleichheit, und das verfluchte Recht, dass ein jeder plötzlich etwas werden konnte, das – und nichts anderes – hatte ihnen den Niedergang beschert, weil man Dahergelaufenen Rechte zuwies, die ihnen nicht zustanden, wie einer schwangeren Pfarrköchin samt ihrem unehelichen Bastard. Wenige Jahre zuvor noch hätte man sie auf einem Scheiterhaufen verbrannt oder doch zumindest davongejagt. In diesen Zeiten hingegen waren die gesunden Kräfte der Natur außer Kraft gesetzt. Er hatte es oft genug beobachtet, wie das Volk und auch die feinen Herrschaften vor dieser Franzisca Mauchin den Bückling machten, sie grüßten und schöntaten. Er hingegen, der er doch aus einer angesehenen Familie stammte, musste aufpassen, nicht von einem schäbigen Gassenjungen oder trunkenen Lader umgerannt zu werden und noch dazu mit Flüchen bedacht zu werden. Das sollte, nein, das musste sich ändern! Es waren einfach keine Zustände, die dem Land, dem Volk, der Stadt guttun konnten.

In letzter Zeit kam es öfter vor, dass ihn derlei Gedanken beschäftigten und sein Leib dann vor Wut schrecklich brannte. Doch dann bedrängten ihn in den Momenten der größten Erbitterung zweifelnde Empfindungen. Ob es recht gewesen war, was er zusammen mit dem Vater angestellt hatte? Der Nutzen, den ihre *Geschäfte*, wollte man es denn so nennen, erbracht hatten, war übersichtlich geblieben, wenn er es wohlwollend betrachtete. Würde er noch gestraft werden dafür? Denn letztlich war es nichts anderes als schäbiger, verkommener Betrug gewesen. Er wischte die Selbstzweifel weg. Die Zeiten waren schwer gewesen wie kaum zuvor, und jeder musste versuchen durchzukommen – der eine versuchte es auf die eine Weise, der andere eben auf jene Art. So war es, das Leben, mit seinen ungünstigen Umständen und Herausforderungen.

Das Papier lag inzwischen zu einer knittrigen Kugel zerknüllt in seiner Faust. Tief in seinem Innern jedoch nagte, völlig unbeeindruckt vom Brennen des Hasses, ein Wissen an seiner Seele – das Wissen darum, wie wenig die Mauchins ihm jemals etwas vertan hatten, es sei denn, dieses eine Mal, als Katharina ihn zurückgewiesen hatte. Ihn! Dieses eine Mal. Ob sie sich überhaupt noch daran erinnerte, wie sie ihm den Kuss verweigert, ihn ausgelacht und stehen gelassen hatte?

*

Die Wirtsstube der *Krone* war bis auf den letzten Platz gefüllt. In der hinteren Ecke, die durch einen kleinen Vorsprung der Mauer zu einer Nische wurde, womit sie etwas geschützt von Rauch, Dunst und Geschrei lag, war ein kleiner Tisch eingedeckt. Diesen hatte der Wirt für seinen neuen, etwas geheimnisvollen Gast vorgesehen – den Collector.

Der war noch auf seinem Zimmer, wo er am Fenster lehnte und hinaussah. Er mochte diese Aussicht von hoch droben über die Dächer hinweg, hinter denen sich der Seespiegel auftat und bei klarem Wetter die majestätische Bergkulisse hervortrat, als stünde man mitten in einem dieser neuen Gemälde, die die Landschaft beinahe religiös feierten und mit denen sich so viel Geld verdienen ließ wie vormals mit Heiligenszenen.

Seine ungeordneten Überlegungen verloren sich beim Blick über die Gassen, Treppengiebel und Velouten. Er verspürte zwar Hunger, doch lag auf dem Schreibtisch eine Depesche, die ihn vor wenigen Stunden erreicht hatte und auf die er dringend gewartet hatte. Sein Agent in Genua hatte endlich geschrieben, und seit das Papier vor ihm lag, war die Aufregung darüber so groß, dass er sich bislang nicht im ausreichenden Maße gefasst sah, das Siegel zu brechen und zu lesen, was er endlich herausgefunden hatte.

Die Anspannung reizte offenbar auch seine Narbe am Rücken. Er goss kaltes Wasser in die Waschschüssel, stülpte die Hosenträger beiseite, zog das Hemd aus und kühlte die Narbe, die rot leuchtend erhaben hervortrat.

Niemals konnte die Wunde angesichts ihres Erscheinungsbildes ordentlich versorgt worden sein; mäandernd zog sie ihre entzündete Spur über den Rücken, zeigte kleinere hässliche Scharten, Verwachsungen, Schrammen, Risse und Schrunden. Ein einziges, entzündet leuchtendes, in Teilen nässendes Narbengebirge. War der Anblick schon schrecklich, musste sie sich erst recht schmerzhaft äußern. Verlauf und Form deuteten auf alles Mögliche hin – ein Unfall, eine skrupellos ausgeführte Attacke. Ein Strich mit Säbel oder Degen konnte es allerdings nicht gewesen sein, da ein solcher glatt verlaufen wäre.

Nach dem Waschen und vorsichtigen Trocknen holte er eine Blechdose aus seinem Koffer, darin sich eine helle Salbe befand. So gut es ging, trug er sie auf, legte sich bäuchlings aufs Bett und wartete eine Zeit lang, sodann er sich fertig anzog, das Stilett in eine eigens dafür eingearbeitete Lederscheide seiner Stiefel einführte und sich endlich an den Schreibtisch setzte und den Brief öffnete.

Fahrig flackerten seine Augen über den kurzen Text, der auf einer Seite Platz hatte und dennoch so viel Raum in ihm einnahm. Obwohl das Schriftstück alle seine Befürchtungen bestätigte, sich aus dem Schreiben weiter nichts ergab, was er nicht schon geahnt hätte, – die Gewissheit, die er nun über das Verbrechen, die Verruchtheit und Hinterhältigkeit haben durfte, traf ihn umso härter.

Nervös ging er in der Kammer umher, setzte sich wieder, nahm den Brief und zerknüllte ihn voller Zorn. Dann hielt er eine Ecke über die Flamme der Kerze und warf das brennende Papier in den Kamin, wo er zusah, wie die Flammen über die gelbe Papierfläche flossen und nur Schwärze zurückließen.

Das Schiff, schrieb sein Agent, war, wie sie bereits vermutet hatten, nicht annähernd gesunken. Vielmehr segelte es unter anderer Flagge und mit neuem Namen munter zwischen Tunis und Spanien hin und her. Die Ladung hätte auch niemals aus Stoffballen bestehen können, da auf der angeblich letzten Reise ausschließlich Fässer und Kisten geladen worden seien, was er im Hafen hatte erfahren können. Es lagen ihm sogar Ladelisten im Original vor. Die Besatzung, eine wild zusammengewürfelte Truppe, sei mittlerweile in alle Winde verstreut, der Kapitän habe sich auf einer italienischen Insel totgesoffen und von Offizier und Steuermann fehle jede Spur. Der Redakteur des *Il Secolo XIX*, der die Meldung vom Untergang groß aufgemacht hatte, war gut dafür bezahlt worden.

Mit einer schnellen, geübten Bewegung zog er das Stilett aus der Stiefelscheide und schlug die Spitze mit einer gekonnten, kraftvollen Bewegung in die Schreibtischplatte; wie einige Zeit zuvor, in der Kutsche, zitterte der Griff, bis die letzte Energie der Wut verebbt war.

Der Wutausbruch hatte Energie genug abfließen lassen, um seine Hand ruhig genug zu halten, eine kurze Antwort zu verfassen. Er löschte die Tinte, verschloss und siegelte den Brief und schob ihn unter den Aufbau des kleinen Sekretärs, der inzwischen heraufgebracht worden war.

Je ruhiger es in ihm wurde, desto stärker meldete sich der Hunger. Das Stilett kam zurück in das Versteck im Stiefel und er marschierte hinunter in die Wirtsstube. Er war in diese Stadt gekommen, um

Rache zu nehmen, und er würde es tun – mit kühlem Herzen, so, dass nichts zurückblieb in ihm, das schädlich für sein weiteres Leben würde sein können.

Der Wirt scharwenzelte um ihn herum, führte ihn in die intime Ecke, verneigte sich mehrfach, als er für die gute Wahl des Platzes gelobt wurde. Nach dem ersten Schluck Wein war der Collector wieder ganz bei sich. Das Essen wurde auftragen – Kalbsspieß. Man wusste zu leben, hier auf dieser Insel. Der große Montaigne hatte hier in der *Krone* geweilt und Nettigkeiten über Stadt und Leute niederschreiben lassen.

Von der Theke aus hatte der Wirt einen passablen Blick auf den geheimnisvollen Gast, und er bemerkte einmal, dass er selbst nicht unbeobachtet blieb. In einem glatten Zinnteller, den er als Spiegel nutzte, erkannte er, wie auffällig unauffällig dieser Collector doch immer wieder einen forschenden Blick auf ihn und alles sonst hatte. Ein belangloser, einfacher Reisender war er demnach keineswegs.

Dem Abendmahl folgte ein Spaziergang durch die Inselstadt, die im letzten Licht des Tages lag. Im Hafen waren die Aufräumarbeiten längst im Abschluss begriffen. Er schlenderte entlang der alten Fassaden und oft ging sein Blick hinaus auf die Seefläche, wo hinter dem Dunst die Konturen der Gipfel und die hell leuchtenden Schneeflächen zu erkennen waren. Die Lader waren entspannt und hatten ihr Geplärr eingestellt, jetzt, da der Feierabend bevorstand und die Spelunke wartete. Es roch nach trockenem Holz. Die Wagenladungen mit Kornsäcken gaben etwas Erdiges dazu, darüber waberte die Seeluft. Niemand sah diesem Mann an, wie aufgebracht sein Gemüt war.

Ab und an blieb er stehen und schaute sich um. Hier würde er nun öfter sein, wusste er, und kreuzte ein wenig durch die ihm noch unbekannten Gassen. Hausmädchen und Burschen schoben ihre Karren mit den Wasserbottichen von den Brunnen nach Hause, manche

Rauchfahne drückte vom Schornstein herunter, zwischen die Mauern, und irgendwo in der Nähe musste eine Schmiede sein. Metallisches, gleichmäßiges Hämmern war zu hören und bisweilen geriet er in das strenge Odeur einer Duftwolke aus verbranntem Horn und dem scharfen Rauch der Essen. Ein Hufschmied, wohl bei den letzten Arbeiten des Tages. Ihm fiel auch der reiche Schmuck der Fassaden auf – Erker, Friese, Schriften, Hausmarken und Skulpturen allenthalben. Je mehr er durch die Gassen streifte, desto tiefer geriet er in den Bann dieser Inselstadt. Er war gänzlich ohne ökonomische Absicht gekommen, nun aber keimte der Gedanke auf, bei all dem Geld, das es hier geben musste, an die Pflicht, die er sich auferlegt hatte, auch eine rechtschaffene Ökonomie binden zu können. Er sprach sich selbst im Stillen zu, vor allen Dingen den Zorn zu bändigen. Seine Rache wollte er ausleben.

Hilfsprediger

In einer dunklen Wohnung zwischen Carolinenstraße und Stadtmauer brannte eine funzlige Talgkerze. Durch die kleinen Fenster kam kaum Licht in die beengte Wohnung, zu der einige Stufen hinabführten und die daher beinahe im Souterrain lag. Der primäre Wohnraum war dennoch halbwegs angenehm. Ein großer Tisch bildete das Zentrum, eine an die Wand geblendete Bank, die über die gesamte Länge des Raumes reichte, war mit Kissen und Fellen belegt. Zwei Lehnstühle bildeten das Gegenstück auf der anderen Tischseite. Ein alter gusseiserner Ofen schaffte akzeptable Wärme, und neben einer Anrichte und einem Schrank war auch noch Platz für ein kleines Sofa samt französischem Spieltischchen. In einem offenen Nebenraum war die Küche eingerichtet. Die Schlafgemächer sowie ein paar kleinere Kammern befanden sich im ersten Stock. Eine enge, steile Treppe führte aus einer Halbkammer jenseits der Küche nach oben.

Die wenig repräsentativen Räume gehörten zum Refugium des Hilfspredigers von St. Stephan und waren seit einigen Wochen vom neuen Inhaber dieser Stelle, Joseph Gaiserle, bewohnt. Ein Mann Anfang dreißig, mit bleichem, ernstem und dennoch bubenhaftem Gesicht, hagerer Gestalt und – unverheiratet. Mit ihm war seine Muhme Hildegund Zschuk mit an die neue Stelle gekommen. Sie führte ihm bereits in jenem namenlosen Kaff den Haushalt, aus dem sie, völlig unerwartet für sie selbst, hierher in die Inselstadt gesendet worden waren.

In der Zeit, seit er in der Inselstadt weilte, hatte ihn noch nie jemand in einem anderen Kleidungsstück als dem langen schwarzen Lutherrock gesehen, dessen silberne Knöpfe mit schwarzem Stoff überzogen waren, was wiederum Gerede ergab, weil man nicht wusste, welche Geisteshaltung hinter einer solchen, eher düsteren Kleidungsmarotte stecken mochte.

So schmächtig und jungenhaft er im ersten Anblick auch erscheinen mochte, trug die Art seiner Bewegungen etwas Erbittertes in sich. Kinder ängstigte seine Erscheinung aus einem natürlichen, noch nicht aberzogenen Gefühl für eine unbestimmte Gefahr heraus.

Wann immer er redete, war von Gott die Rede, so profan der Gegenstand des Gesprächs auch sein mochte. Sprach er die Worte Gott, Jesus oder Heiland, wendete er den Blick nach oben und lächelte in einer unangenehmen Art von theatralischer Vergeistigung. Er vermied es, sich den Blicken seiner Zuhörer auszusetzen, wodurch er umschiffte, einem Ausdruck des Unverständnisses oder der Verwunderung zu begegnen.

Ansonsten achtete er darauf, seine Stimme sanft und ölig klingen zu lassen. Wenn er einige Sätze gesprochen hatte, unterbrach er sich und auf seinem Gesicht zeigte sich ein Schmunzeln. Da er dabei die Augen beinahe vollständig schloss, ergab sich seinem Gegenüber die nicht völlig falsche Anmutung, er lächele sich selbst zu.

Hatten die Kinder eine natürliche Angst vor ihm, so verscherzte er sich bald die Sympathien der Erwachsenen durch eine Unart, die er bei Beerdigungen auslebte. So friedlich und menschenfreundlich die Verstorbenen auch gewesen sein mochten, brachte er es fertig, bei seinen Gesprächen mit den Angehörigen nach Begebenheiten oder Umständen im Leben der Verstorbenen zu forschen, aus welchen sich zumindest ein moralischer Zweifel konstruieren ließ, wodurch er stringent von Krankheit, Unglück und Tod eine direkte Linie zu Prüfung, gerechter Strafe und Schuld zu ziehen verstand.

Seine Mutterschwester, die ihm den Haushalt führte, kleidete sich nach jener Witwen gebotenen Art mit dunklen Umhängen und einer gestickten Haube.

Allerdings war ihr Geschick, den Umgang mit Stoffen betreffend, so außergewöhnlich und exklusiv wie ihre Kunstfertigkeit, mit der

Nadel umzugehen. Ihre Kleidung war durchaus ziemlich, zeigte aber, was die Auswahl der Stoffe und Schnitte anging, eine gewisse Eleganz. Auch dies führte zu Gerede in der Inselstadt, wo man aus den beiden nicht so recht schlau wurde. Das Faible für vornehme Stoffe war der einzige Luxus, den sie wirklich genießen konnte.

Das Schicksal selbst war es gewesen, welches Gaiserle und seine Tante aus namenloser Gegend an den See gebracht hatte. Nach dem plötzlichen Tod des lebensfreudigen evangelischen Stadtpredigers musste schnell ein Ersatz in der Inselstadt gefunden werden, und die Verantwortlichen besannen sich darauf, vor einer übereilten Entscheidung zuerst die Durchführung der Kasualien sicherzustellen, was zunächst von einem Hilfsprediger übernommen werden konnte. Da Gaiserle an seiner bisherigen Stelle in einigen hartnäckigen Händel mit dem Lehrer und dem Ortsvorsteher verwickelt war, fiel die Wahl auf ihn.

So kamen die beiden aus entlegenen Donauauen und einer unbedeutenden Landgemeinde in die alte reichsstädtische Inselstadt Lindau.

Der Abschied war ihnen leicht gefallen, da Gaiserle seit langem auf die Gelegenheit wartete, eine Predigerstelle für sich zu gewinnen und er den Bauern und Knechten, die sich halbwegs in der Kirche blicken ließen, nichts abgewinnen konnte. Sie waren entweder derb, ungehalten und ohne jede Glaubensnähe oder fanatische Frömmler. Mit dem Lehrer am Ort war er in erbitterten Streit geraten, und es lagen Beschwerdebriefe über ihn bei vorgesetzter Stelle vor, weil er die Frömmigkeit, ja die Gottesfürchtigkeit von Lehrer und Ortsvorsteher in Abrede stellte.

So war ihm der Ruf nach Lindau fälschlicherweise als Bestätigung seiner hartnäckigen Haltung vorgekommen und hatte ihn nicht gesetzter, sondern noch harscher in allen Dingen werden lassen. In den versonnenen Momenten des Alleinseins verlor er sich in Tagträumen und erdichtete sich eine leuchtende Zukunft.

Seine über die Maßen selbstbewusste Einreichung an die Augsburger, man möge ihm doch die Möglichkeit eröffnen, sogleich das Haus des Inselpredigers in der Fischergasse zu beziehen, war bislang unbeantwortet geblieben. So richteten er und die Muhme die kleine Wohnung in bescheidener Lage auf der Nordseite der Insel, nahe der Stadtmauer, halbwegs her und keiner von beiden traute sich an die Erinnerung zu rühren – an das kleine Häuschen am Rande des Marktes, mit einem ausladenden Gärtchen und im Schatten der ausladenden Kronen alter Bäume, umgeben von Viehweiden, Licht und hohen Bäumen, unter denen Rinder und Schafe ihr Dasein fanden.

Hilfsprediger Gaiserle hockte am Tisch und stierte auf die gegenüberliegende Wand. Draußen in der Gasse schrien ein paar Fratzen, obschon es dunkel geworden war. Am Nachmittag hatten sie tatsächlich Steine gegen die Fenster geworfen, kleine Steine zwar, doch hatte es ihn verrückt gemacht und er war hinausgestürmt, die Rute in der Hand – nichts und niemand war zu sehen. Von irgendwoher kam freches Kichern.

Für ihn, den geborenen Feind der Menschen, einen, der nichts mehr geringschätzte als das Individuum als solches, war der Beruf des Predigers die geeignete Medizin, um sein unnatürlich wildes Verlangen, dort zu sein, wo er es nicht aushalten konnte – bei den Menschen – zu kurieren. So war er bei ihnen, aber eben nicht mit oder unter ihnen. In seinen Predigten durfte, ja musste er den Menschen, diesen anderen Wesen, immer und immer wieder einen Spiegel vorhalten, in welchem sie das Bild zu sehen hatten, welches er sich von ihnen machte. Niemand verstand also, wovon er sprach, wenn er auf der Kanzel stand.

Droben bei den Schlafkammern rumpelte es, und alsbald kam die Muhme die Treppe herunter. Hildegund Zschuk war ein Weib mit verhärmten Gesichtszügen, blass der Teint, die hellen Haare mit unvollkommenen Locken, immer sorgfältig unter die Haube gesteckt. Ihre Augen waren von einem wässrigen Blau, doch ganz anders schnitt ihre Stimme in die Welt – monoton und dennoch durchdringend.

Sie schloss die Holztüre zur Küche mit einem Krachen.

Gaiserle sah zornig auf. Das Rote auf seinen Backen wurde intensiver.

In einem Korb hatte sie Wäsche und breitete die Stücke auf dem Tisch aus. Ohne ihren Neffen anzusehen, beschimpfte sie ihn: »Da hockt er rum und glotzt, dass einem übel werden kann! Das Haus zum Baumgarten hat abermals um den Hilfsprediger schicken lassen. Ich habs ihm bereits gesagt. Im *Heiliggeist* vorne liegt eine arme Seele in ihren letzten Zügen und verlangt nach geistlichem Beistand.«

Gaiserle stierte zornig die Tischplatte an. »Bin ich vielleicht für Dienstboten da und soll jedem, der grad schreit, nachrennen?!«

»Es ist nicht irgendein Dienstbote, sondern das Haus zum Baumgarten hat nach dem Prediger schicken und ausrichten lassen, die gnädige Frau wünsche dringend … dringend! … sein Erscheinen im Heiliggeistspital. Ist er blöde, ist er besoffen von was auch immer?! Es ist keine Bitte mehr, es kommt einer dringenden Aufforderung, ja, einem Befehl gleich!«

Gaiserle bewegte den Oberkörper und die Schultern. Er war ungehalten darüber, Anweisungen zu erhalten. Das hatten sich nicht mal die geizigen und giftigen Bauern getraut, dort, von wo er herkam. Dennoch gab er seiner Selbstherrlichkeit nach: »Sollen sie nach Augsburg schicken, wenn sie einen Prediger für ihre arme Seel dort wollen. Gleich als wir hier waren, hab ich nach Augsburg geschrieben, dass wir das Predigerhaus doch umständehalber gleich beziehen könnten, und bin bis auf den Tag ohne jede Antwort geblieben. Da wird die gnädige Frau von Seutter eine Freude haben mit ihrer Anfrage, wenn sie sich dorthin wendet.«

Hildegund Zschuk unterbrach ihre Arbeit und sah ihn wütend an. Beinahe hätte sie ihn, einem Affekt folgend, geschlagen. »Was?!

Wenn gnädige Frau von Seutter nach Augsburg schreibt, wird sofort ein Prediger da sein, und du nichtswürdiger Wicht wirst in ein stinkendes Loch geschickt. Stell er sich also nicht so an und tu er seine Arbeit. Wir haben außerdem eine Einladung aus diesem feinen Haus erhalten – für einen Abendempfang! Vergiss er das nicht!«

Joseph Gaiserle unterließ es, weiter mit ihr zu streiten. Stumm stand er auf, nahm seinen Lutherrock vom Haken in der Stubenecke und ging hinaus in die Gasse.

Hildegund Zschuk war beruhigt, als er endlich gegangen war. Natürlich konnte niemand von ihm erwarten, jedem Dienstboten hinterher zu sein; gerade in einer solch bedeutsamen Stadt mit bedeutsamen Menschen, die ein jeder Zeit für sich beanspruchten, durfte man das nicht von ihm erwarten. Es wäre allerdings auch mehr als unklug gewesen, es sich mit so feinen und einflussreichen Leuten schon am Anfang zu verderben. Das wäre in der Tat nachteilig und sie würde zu tun haben, den Dünkel und Hochmut, der sich bei ihm seit einiger Zeit ausprägte, im Zaum zu halten, bevor er schlimme Fehler beging. Denn schließlich wollte er Prediger in der Stadt werden und das schöne Haus in der Fischergasse beziehen – und sie noch viel mehr als er.

*

Die Tage vergingen, und für diejenigen, die eine Einladung für den Pfingstsonntag ins Haus zum Baumgarten erhalten hatten, rauschten sie der angespannten Erwartung wegen weit schneller dahin. Die Planungen führten bald zu allerlei Gerede in der Stadt, da es nach Krieg und Hungerwinter noch nicht oft derlei festliche Veranstaltungen gegeben hatte. Die Rhythmen der alltäglichen Dinge waren inzwischen etabliert, wie dies in Friedenszeiten üblich war, und weder Soldaten noch Kriegswillkür bestimmten Tagesablauf und Aufenthaltsort, sondern die zivilen Erfordernisse des Tages.

Vielen wurde der Frieden dadurch erfühlbar, wenn die Glocken läuteten und man keine Angst mehr dabei bekam. Kurzum – die Menschen hatten wieder Vertrauen in den Alltag gewonnen und somit wuchs auch Zuversichtlichkeit in ihr Dasein, das sich wiederum an Regelmäßigkeiten orientierte: An Dienstagen kamen die Käsehändler, an Mittwochen die Fleischer, an Donnerstagen die Fischer, an den Wochentagen legten die Lädinen drunten im Hafen ab, an den Abenden kamen andere zurück. Die Postkutsche fuhr an geraden Wochentagen nach München, an ungeraden nach Augsburg und Ulm, der Nachtwächter ging seine Runde, die Pfaffen hielten ihre Messe, der Milchkarren knarzte über die Buckelsteine, die Bäcker schickten ihre Burschen mit den Körben über die Insel – das alles war Frieden. Und im Frieden wurden die Abläufe ausschließlich von friedlichen Dingen unterbrochen.

An einem sonnigen Nachmittag, als nach der Mittagswärme der Vogelgesang draußen wieder anhob, die Fenster der Stube weit offenstanden und Franzisca am Tisch saß und in einem Journal blätterte, welches Katharina abonniert hatte und ihr immer wieder zukommen ließ, hörte sie Geklapper im Gang. Kurz darauf trat Bernadette Peukert in den Raum, erschrak, als sie Franzisca sah und wollte schnell wieder hinaus. »Ich wollte nicht stören.«

Franzisca rief sie: »Bleib … bleib … komm hierher … setz dich.«

Bernadette zögerte angesichts dieser Vertrautheit.

»Setz dich her … ich möchte etwas mit dir bereden.«

Langsam setzte sie sich. »Habe ich etwas falsch gemacht?«

»Überhaupt nicht. Ich möchte dir etwas erzählen … von mir erzählen, denn du gehörst nun zum Mauchinhof und man wird mit dir und über uns reden.« Sie fing weit in der Vergangenheit an, berichtete von Bezau, von ihrer Kindheit, dem Tod des Vaters, dem Tod Jakobs und wie sie in Oberreitnau am Pfarrhof eine Anstellung gefunden hatte. Sie verhehlte weder ihre Schwangerschaft noch den Prozess, den sie zu ihrem Schutz angestrengt hatte.

Bernadette Peukert verlor zunehmend ihre Scheu und hörte ihr gebannt zu.

Franzisca kam auf die Buben zu sprechen, die ihr das Fieber genommen hatte, und wies anschließend mit einer beiläufigen Handbewegung auf den Tisch, zur Eckbank, in den Raum und fuhr fort: »Hier herinnen hat sich vor vielen Jahren etwas Schreckliches ereignet. Nur ich und Katharina wissen davon. Ich sitze oft hier und an manchen Tagen fällt mich die Erinnerung daran wieder an. Ich bin schuldig geworden und auf andere Weise betrachtet, auch wieder nicht: Wie man es aber dreht und wendet, ist es etwas, was einen immer verfolgt. Gerade, als du hereingekommen bist, hatte mich die Erinnerung an jenen Vorfall wieder aufgesucht. Ich möchte dir nur sagen, wie leid mir tut, was geschehen ist.« Sie sah Bernadette in die Augen, die ihrem Blick nicht auswich, wenngleich sie nicht wusste, was sie mit der Situation anfangen sollte. Sie fühlte sich hier am Hof wohl und darüber hinaus geborgen. Noch nie hatte in der Vergangenheit jemand so frei und vertraut mit ihr gesprochen – nicht einmal ihre eigene Mutter. Ein kühler Schauder lief ihr über den Rücken.

Franzisca stand auf. »Du weißt nun mehr von mir als alle anderen Bediensteten, bis natürlich auf den Schniefer. Ich sehe sehr wohl, wie gut du unserem Gefüge hier tust … du gehörst zu uns, und das sage ich nicht einfach so. Komm mit – ich möchte dir etwas zeigen.«

Bernadette stand auf und folgte ihr. Der Weg führte sie über den Hof hinüber zum Garten. »Du magst die Arbeit, das habe ich gesehen. Nimm dir ein paar Beete, die du gerne möchtest und mache dort, wozu du Lust hast.«

Bernadette wusste nichts zu sagen und folgte Franzisca, die ihren Weg fortsetzte, um das Haus herum in einem Schwenk ein Stück an der Weide entlang bis hinter den Kornspeicher, wo sich in der Weide eine kleine Anhöhe erhob, die mit Büschen, jungen Buchen und Eichen bewachsen war. Es sah ein wenig verwildert aus.

Ihre Verwunderung war nicht gering, als Franzisca das Gatter öffnete und mitten hinein in die Buschreihen lief. Nach einigen Metern folgten mit einem Mal ein paar Stufen auf Fels, die hinunter ins Dunkle führten. Niemals wäre sie hier weitergegangen, doch plötzlich standen sie vor einer massiven Holztüre, deren Türblatt mit wehrhaften Eisenbeschlägen verstärkt war. Kein Quietschen war zu hören, als Franzisca den Schlüssel im Schloss drehte und die schwere Türe aufdrückte. »Der Schniefer sorgt dafür, dass nie ein Laut zu hören ist. Regelmäßig kommt er mit Öl und Fett.«

Gleich hinter der Türe hing ein Kasten. Sie öffnete ihn, nahm eine Laterne und das Tunkfeuerzeug heraus, tauchte die Zündstäbchen in das Glas mit Schwefelsäure und entzündete die Laterne. »Komm … trau dich nur und komm herein.«

Bernadette sperrte den Mund weit auf als ein erster Blick erhaschte, worum es sich hier handelte. Ein Versteck! Sie trat in den Raum. Franzisca schloss die Türe. »Von diesem Raum wissen nur Lucas Katharina, Christian, der Schniefer – und nun Du.« Sie wartete eine Weile, um Bernadette Zeit zu geben, ihre Überraschung zu verarbeiten, ging langsam ein paar Schritte im Rund und leuchtete in die Ecken. Man sah Säcke und Fässer, Kisten und Schränke. Es roch würzig nach Erde, nach Geräuchertem und Käse. Letzteres befand sich in Schränken, deren Gittertür mit einem feinen Netz aus Gaze überzogen war.

»Was du hier siehst, nennen wir unsere Lebenskammer. Ein natürlicher Felsenkeller, der sicher ist vor Plünderungen und Requirierung, und es ist genügend da für uns Menschen und für die Tiere am Hof, um über eine Notzeit hinwegzukommen. Die Felsenkammer hat uns im schlimmen siebzehner Hungerjahr das Leben und den Fortbestand gesichert, denn – was nutzt ein Beutel voller Gold, wenn du dafür nichts kaufen kannst? Es hat den Wert von Staub, nicht wahr?«

Bernadette nickte, traute sich schließlich, ein paar Schritte zu machen, befühlte die Säcke, roch in die Schränke, ließ ihre Finger über die Fässer gleiten. Dergleichen hatte sie noch nie gesehen. Natürlich – unter den Dienstboten kursierten die wildesten Geschichten über Geheimverstecke der Herrschaften, bei denen es jedoch überwiegend um Gold und Schmuck gegangen war. Doch niemals hatte sie eines dieser Verstecke gesehen.

Franzisca erklärte: »Wir tauschen die Lebensmittel regelmäßig aus, um zu jeder Zeit Frisches hier zu haben. Es erfolgt an Tagen, an denen wir alleine am Hof sind. Zukünftig wird es zu deinen Aufgaben gehören, die Sachen hierfür zurecht zu machen – das Mehl, das Korn, Früchte, Eingelegtes.«

Bernadette stand vor einem der Schränke und sog das rauchige Aroma eines geräucherten Schinkenstücks ein. Sie lachte. Es war wie in einem Märchen, eine regelrechte Räuberkammer.

Franzisca sagte: »Wie ich schon sagte, du gehörst nun zu uns, zu unserer Familie ... verstehst du? Wir vertrauen dir und du wirst auch mehr Lohn erhalten und ich weiß, es wird ein wenig dauern, bis du dich eingefunden hast in diese neue Verpflichtung.«

Bernadette verstand überhaupt nichts. Sie nickte nur und ließ einen Laut hören, der als Zustimmung gewertet werden konnte. Wieder draußen am Tageslicht, hielt sie schützend die Hand vor ihre Augen, weil ihr schwindlig wurde. Mehr von dem, was sie gerade gesehen und gehört hatte, als vor der Grellheit, mit der das Licht auf die Augen traf.

Franzisca fühlte sich unendlich froh und erleichtert, als sie zurück zum Haus gingen. Es war ihr, als hätte sie eine Last abgelegt.

*

In der Nacht zum Pfingstsonntag hatte es geregnet, die Luft war sonderbar klar und ein kühler Wind wehte über den See. Das Grün der Bäume leuchtete frisch in Kontrast zum Rot der Inseldächer. Feiertagsstille allenthalben; Vogelgesang erhob sich mit Beginn der Morgendämmerung, in die ersten warmen Sonnenstrahlen drang das Glockengeläut, was wiederum die Stadthunde animierte zu bellen.

Die Eisenreifen der Holzräder knirschten auf dem Kopfsteinpflaster, als die Kutschen vor den Kirchen vorfuhren. Pferde wieherten. Der Festtag nahm seinen Lauf.

Franzisca hatte nicht viel auf Lucas einreden müssen, um sie zu begleiten. Mit zwei Kutschen fuhren sie zu den Gottesdiensten auf die Insel. Selbst der Schniefer, der seit Pfarrer Wagners Zeiten der

Kirche nur selten seine Aufwartung machte, hatte seinen Sonntagsstaat angenommen und saß so aufrecht und stolz am Kutschbock, dass niemand hätte denken können, wie schmerzhaft es in seiner Hüfte rumorte und in den Schultern riss.

Zum Mittag hin spannte sich ein warmer Pfingstfeiertag auf. Die kühle Brise war einem südlicheren Luftstrom gewichen. In der Stadt kehrte Ruhe ein. Selbst im Hafen dominierte ausschließlich das sanfte Murmeln der Wellen, das Geschrei der Möwen und das dumpfe Klopfen der Boote, wenn die Planken an die Dauben stießen oder die Bordwand an der Hafenmauer rieb.

So trieb der Tag dem festlichen Abend entgegen. Franzisca hatte sich ins Bett gelegt, um für den Abend genügend Energie zu haben. Lucas war unten in der Stube über seinem Intelligenzblatt eingenickt. Draußen dösten die alten Hirtenhunde und selbst die Hühner suchten im Schatten der Büsche Schutz und Ruhe.

In der Hofstatt war es weit unruhiger. Katharina ging im Salon auf und ab. Sie hatte Besuch, und die Art, wie sie sich bewegte und redete, zeigte, wie aufgebracht sie war.

Ihre Freundin Auguste Kringlin saß auf dem Sofa und nippte an einem Gläschen Portwein. Christian war vor Kurzem hinüber zur Weide hinter der Landthorbrücke gelaufen, um nach seinen Pferden zu schauen. Sie waren also allein im Haus. Dennoch ging Katharina zur Tür, öffnete sie vorsichtig und lugte durch den Spalt hinaus. Niemand war zu sehen und zu hören. Ein Pferdeknecht schob drunten im Hof den Handkarren, auf dem die Wassertröge standen, zum Stall. Die Räder kratzten laut.

Energisch drehte sich Katharina ihrer Freundin zu. »Du bist verrückt, Auguste, einfach verrückt! Es fällt schon den Dienstboten auf, wie oft du am Schulplatz vorne zugegen bist, und sie wissen natürlich auch, dass der Musicus in diesem Haus wohnt.«

Auguste Kringlin sah frech über den Glasrand zu ihr auf und kicherte. »Du machst dich wirklich gut als Gouvernante.«

»Was ist, wenn er es erfährt?«, fragte Katharina aufgebracht, »was ist dann? Alleine schon, sollte Gerede aufkommen …«

Auguste Kringlin blieb gelassen. »Na und, dann erfährt er es eben. Ich habe ihm zwei Kinder geschenkt und bin dazu damit befasst, seine Geschäfte zu befördern, die er selbst nicht auf rechte Bahnen lenken kann oder will.« Sie schüttelte sich und blickte nun zornig auf den Boden. »Du weißt nicht annähernd, wie das ist! Er hockt da oben in seiner herrschaftlichen Kammer, ganz wie seine Vorfahren, und meint, die Zeiten wären immer noch dergestalt, dass die Geschäfte zu ihm zu kommen hätten. Ganze Tage verbringt er in dieser nutzlosen Einsamkeit, und stört man sein Nichtstun, benimmt er sich hässlich. Dabei ist es mir nicht darum, wie er mich missachtet und seine Obliegenheiten, nein! Die Kinder, er nimmt seine eigenen Kinder nicht wahr. Das ist es, was mich zutiefst erzürnt. Ist dir nicht schon aufgefallen, wie gerne sie bei euch sind, mit welcher Freude sie mit Christian auf den Kutschen hocken, reiten lernen, sogar im Stall helfen. Ich kann sie kaum zuhause halten, wo ihnen Eintönigkeit, alter Dünkel, Blasiertheit und Anmaßung jede gute Zukunft verwehren.«

Katharina sah sie erschrocken an. »Auguste!«

Die ließ ihre Hand mit einer herrischen Bewegung durch die Luft fahren. »Ja, so ist es! Niemals hätte er mich geheiratet, wenn ihm andere Mittel zur Verfügung gestanden hätten, und er lässt es mich jeden Tag spüren! Aber – ich tue meinen Teil, er soll den seinen tun.«

»Auguste!«, klang es nun etwas milder, »aber du musst vorsichtiger sein.«

»Herrje … ich fürchte ja, du machst dir mehr Sorgen als ich.«

»Ja, genau so scheint es mir auch zu sein. Es mag alles zutreffen, was du sagst und ich glaube dir … dennoch … wenn einmal Gerede anfängt über dich und den Musicus, dann wird dir nichts und niemand mehr helfen können. Sei also um alles in der Welt vorsichtig.«

*

An anderem Ort, nicht weit entfernt, in der beengten Wohnung des Hilfspredigers Gaiserle, ging es ebenfalls erregt zu. Der schmächtige Kerl lief nervös in der niedrigen Kammer auf und ab, seine Bäcklein glühten in tiefem Rot, indes seine Tante beflissen am Tisch saß, tief über den schwarzen Kittel gebeugt, wo sie kleine Stellen ausbesserte. Man wollte am Abend schließlich einen guten Eindruck hinterlassen, und mit Nadel und Faden konnte sie meisterlich umgehen. Nichts würde zu erkennen sein, wenn sie den schmalen Riss, das kleine Loch umnäht haben würde.

Vorfreude auf den Abend, Gelassenheit und Wohlbehagen strahlte ihr Neffe nicht aus. Immer wieder lief ein nervöses Zucken über sein Gesicht, und die Lippen formten, in der Aufregung aufeinandergepresst, den blassen Mund nurmehr zu einem Strich.

Die Art, in der er auf und ab schritt, war nicht die eines Menschen, der abwägend im Nachdenken verhaftet war, der sinnierte oder entrückt war. Nein, es war vielmehr eine Bewegung, die von Ungehaltenheit angetrieben war. Einige Male blieb er im Rücken seiner Tante stehen und blickte voller Abscheu auf sie hinab, wie sie beflissen über den Tisch gebeugt saß und nähte, ohne an seiner Aufregung wirklich Anteil zu nehmen.

»Es ist eine Farce!«, rief er schließlich aus. »Es ist und bleibt eine Farce! Zusammen mit diesen anderen Leuten … zu einer Soirée geladen. Ich bin es schließlich, der die Seelen der Gemeinde verwahrt, in Herz und Sinn. Es hätte mir zugestanden, alleine geladen zu sein, Zeit zu haben ihr darzulegen, wie ich gedenke, fürderhin Gottes Wort in der Gemeinde wirken zu lassen – oder etwa nicht? Wäre dies nicht die höfliche und angemessene Art und Weise eines ersten Kennenlernens gewesen?«

»Ja, es hätte dir zugestanden, allein geladen zu sein«, murmelte sie, ohne von ihrer Arbeit aufzusehen, »es hätte dir wirklich zugestanden. Und ebenso hätte man dir das Pfarrhaus zuweisen können, als diese kleine Wohnung, in welcher du niemanden von Stand empfangen kannst, weil sie deiner Bedeutung in dieser reichen Stadt nicht gerecht wird … zumal ohnehin deine Erhebung zum Hauptprediger ansteht, nicht wahr? Weshalb sonst hätte man dich hierhergeschickt.«

Hilfsprediger Gaiserle war am Eichenbuffet angekommen und stand abermals vor einer Kehrtwendung. Die Frage, die keine war und sein durfte, traf ihn. Ja – weshalb sonst hatte man ihn hierhergeschickt, wo er jetzt schon die alleinige Verantwortung trug. Wann endlich würde man ihm zugestehen, das zu sein, was er war, und aus welchem Grund beließ man ihn nun schon seit Monaten in dieser würdelosen Stellung als Hilfsprediger? Neben seiner Aufgebrachtheit nagten nun Zweifel an seinem Selbst. Wieder wechselte sein Blick hinter ihrem Rücken ins Hässliche. Er hasste sie für ihre so lapidar dahingesagte Äußerung. Die Bäcklein legten an Röte noch ein wenig zu.

Er hockte sich an die schmale Seite des Tisches und spielte nervös mit seinen langen, knochigen Fingern. »Jetzt sag schon! Was weißt du über die Leut, die heut Abend zugegen sein werden?«

Als sie nicht sofort reagierte und eine ärgerliche Grimasse schnitt, während sie versuchte, die Nadel exakt zu platzieren, geriet er wirklich außer sich, tat eine herrische Bewegung mit der Hand und schnaufte: »Weg mit dem Zeug jetzt! Red schon!«

Sie erschrak darüber und schob den Kirchenmantel ein wenig zur Seite, wobei sie ihn finster fixierte. Holprig, noch immer zornig über sein aufbrausendes Gehabe, begann sie zu erzählen. Was sie eben in den letzten Tagen, seit die Einladung von einem Dienstboten ins Haus gebracht worden war, in Erfahrung hatte bringen können.

Die Fülle der vielen Details offenbarten ihm ihr Geschick, andere Leute auszuhören. Seit Tagen war sie mit nichts anderem beschäftigt. Sie warf ihm einen boshaften Blick zu, nahm Nadel und Faden wieder zur Hand und begann zu erzählen. »Frau von Seutter hat eine Hausdame namens Elisabeth Mauchin, die sie wie eine Schwester behandelt, heißt es. Das ist die Muhme von dieser Franzisca Mauchin, und nach ihr heißt die ganze Sippschaft in der Stadt. Sie selbst lebt draußen vor der Stadt, wo sie einen Hof haben mit eigenen Lagerstadeln und Weiden und Viechern. Ihre Tochter Katharina ist mit dem Christian Ganal verheiratet und sie haben drei Buben. Sie betreiben die Relaisstation, gleich drüben in der Hofstatt. Sein Zwillingsbruder hat die Poststelle nebst Gasthaus und – so hat mir eine Magd aus der *Gans* erzählt – ist mit der Tochter vom Ziehvater seines Zwillingsbruders verheiratet, den man hier Poschter genannt hat und der eine wilde Persönlichkeit gewesen sein muss.«

»Jesus! Das klingt mir eher nach Sodom und Gomorrha«, zeterte Gaiserle und schnitt eine abstoßende Grimasse.

Seine Tante wurde giftig. Bei aller Missgunst, die sie für das Glück anderer empfand, war es ihr doch wohl, hier in dieser Stadt zu sein, wo das Leben so ganz anders und aufregender war, als in dem abgeschiedenen Landstrich, aus dem sie gekommen waren. Hier sah man den ganzen Tag die herrlichsten Kleider, neuesten Mäntel, hörte fremde Sprachen, bekam auswärtige Moden mit, dazu dieser turbulente Verkehr aus Droschken, Kutschen und Karren aller Arten. Weit mehr als die ärmlichen Ochsengespanne, die sie bislang gewohnt waren.

Wenn sie durch die Straßen ging, fühlte sie sich mitten im Leben, die vielen unterschiedlichen Düfte, dieser unglaublich riesige See, die Berge mit ihren leuchtenden Schneehauben – kurzum: Sie wollte es nicht zulassen, dass er ihr diesen Genuss gefährdete durch die bösartige Arroganz, die er von Tag zu Tag mehr anzunehmen begann, und indem er seine Position falsch einordnete – noch war er Hilfsprediger und mehr nicht, also hatte er sich als ein solcher zu benehmen. »Du!«, zischte sie böse und deutete mit der Nadel in Richtung seines Gesichts, dass er zurückfuhr, »Du! Hüte dich, etwas Derartiges verlauten zu lassen, hüte dich … Sodom und Gomorrha! Es sind reiche und einflussreiche Leute, die Mauchin. Sie betreiben Korn- und Weinhandel, kennen Gott und die Welt und jeder, wirklich jeder braucht sie … Relaisstation! Postrecht! Getreidelager! Und diese Frau von Seutter ist eine Person, auf deren Wort die wichtigen Leute in der Stadt etwas geben. Sie scheint den Mauchins in besonderer Weise zugetan. Seit einigen Jahren ist sie verwitwet. Ihr Mann war ein erfolgreicher Kaufmann und ist auf einer seiner Reisen heimgeholt worden. Ihre Tochter hat einen Freiherrn im Frankenland geehelicht. Was man hört, sollen sie auch zugegen sein. Ihre Kutschen sind dieser Tage bereits angekommen.«

»Ah. Naja. Und weiter?«

Sie zierte sich ein wenig. Am Rande einer Spelunke in der Carolinenstraße hatte sie von einer dort beschäftigten Dirne von einem Prozess gehört, den Franzisca Mauchin vor Jahren angeblich geführt habe, und von den Verstrickungen in Oberreitnau hinsichtlich der Schwangerschaft, die ihr vorgeworfen worden war. Sie erzählte davon in umständlichen Worten und fügte an: »Und die Juden aus Hohenems kehren bei ihr ein.«

»Was?!«

»Ja. Das habe ich drunten im Hafen von einem Lader erfahren. Sie hat die Juden schon immer bei sich aufgenommen, weil sie doch in der Stadt nicht haben Quartier nehmen dürfen, und was man hört, haben sie auch Geschäfte mit ihnen. Keiner weiß etwas Genaues, doch es wird das ein oder andere gemunkelt. Ihr Handel reicht bis nach Italien und Frankreich und sie sollen sogar Teilhabe an Niederlassungen besitzen«, sie zögerte ein wenig und ließ einige unentschlossene Laute hören.

»Sag schon!«, forderte er.

»Ein Küchenmädchen hat mir am Brunnen vorne erzählt, sie würden draußen am See baden … so wie Gott sie geschaffen hat.«

»Du lieber Himmel …«, beinahe hätte Gaiserle sich bekreuzigt, »das ist ja eine feine Gesellschaft. Und es zeigt wieder, wie klug Gott in die Dinge eingreift, die außer Rand und Band, ja, die außerhalb jeder Moral geraten sind. Weshalb sonst hätte er mich in diese Stadt schicken sollen, in der Sodom und Gomorrha ihr Ebenbild gefunden haben.«

Seine Tante warf ihm einen bösen Blick zu. »Denk, was er will, aber halt er am Tisch sein Maul! An diesem Tisch wird auch ein alter Schafhirt hocken, den sie Schaffer nennen und der soll … «, sie unterbrach künstlich, »… der soll mit der Elisabeth Mauchin in einem Häuschen zusammenleben … draußen, hinter den Weiden.«

Als sie nicht weitersprach, richtete er sich auf. »Herr mein Gott! Schlangenbrut und Otterngezücht!«

»Der Mann von Katharina, der war Offizier bei den Franzosen, man erzählt viele Geschichten von ihm. Er war mit der Armee bis in Moskau. Sein Name hat einen Klang *enormement* in der Stadt. Im Grunde soll er ein gutmütiger Kerl sein, der sich mehr um seine Pferde sorgt als um das Geschäft, was seine Frau versorgt, doch niemand wollte ernsthaft mit ihm in Streit geraten. Er soll einen Halunken nicht weit von hier in einem Wäldchen mit seinem Säbel regelrecht in Stücke gehauen haben, vor einigen Jahren.«

Gaiserle machte eine abschätzige Miene. »Soso … Krämerseelen, Huren, welsches Blut – eine feine Gesellschaft. Und wer wird sonst noch zugegen sein?«

Sie erzählte vom Geheimen Rat Gaupp als einem alten Mann, der ehemals Gerichtsvorstand in der freien Reichsstadt gewesen sei, von Ernst und Auguste Kringlin, über die sie nicht viel herausbekommen hatte, und einem Fremden, der in die Stadt gekommen und geladen worden war, dessen Namen sie aber vergessen hatte. Collector nannten sie ihn in der *Krone*, wo er Quartier bezogen und für zwei Monate vorab Pension geleistet habe. Die Tochter der Frau von Seutter sei von weither angereist – eine geehelichte Sarah von Bibra samt ihrem Mann in Begleitung ihrer Freunde Auguste Rühle von Lilienstern und deren Mann Leopold, einem sächsisch königlichen Kammerherrn. Beide kämen aus Orten weit im Norden, deren Namen sie sich nicht gemerkt hatte.

Er schnaufte aus. »Dieser Abend, das wird ein schwerer Ritt werden.«

Ihr wurde ein wenig bang. Hoffentlich würde er sich im Griff behalten. »Nun – wir sind nur zur Soirée geladen, niemand verlangt etwas von uns …«, schnell verbesserte sie sich, »niemand verlangt etwas von dir. Sei zurückhaltend, höflich, lobe den Wein, lobe die Gerichte und bedenke – du hast es mit einflussreichen, mächtigen und wohlhabenden Menschen zu tun. Ein wirklich herrliches Essen erwartet uns und köstliche Weine dazu. Als Prediger hast du keine andere Aufgabe, als das eine oder andere Bonmot zum Besten zu geben, dich würdig und lobend zu benehmen und eine höfliche Erscheinung zu machen.«

»Weibergeschwätz!«, fuhr er sie an und sprang auf. »Sieh zu, den Kittel fertig zu bekommen. Ich werde mir eine Rede zurechtlegen, die ich halten werde.«

Hätte er gedacht, damit das letzte Wort gesprochen zu haben, so sah er sich getäuscht, denn nun bohrte sich eine ätzende Stimme in seinen Leib, als die Muhme schrie: »Niemand verlangt von dir eine Rede und schon gar keine Predigt, es sei denn, du willst, dass wir nächsten Monat in ein Nest am Ende der Welt reisen dürfen!« Sie warf ihm den Kittel hin.

Er stürmte aus der Stube und hinaus auf die Gasse, wo ihn sogleich Enge einfing – hohe Mauern, die dunkle Gasse zu beiden Seiten, ein Hund kläffte böse aus nächster Nähe, unmittelbar hinter der hohen Mauer des nachbarlichen Innenhofs. Tauben und Spatzen flohen geräuschvoll. Von irgendwoher waren Kinder zu hören, die einen unsittlichen Reim sangen. Etwas brannte in seinem Innern. Seit geraumer Zeit schon fühlte er diese Hitze in sich, die schlimmer zu werden schien.

Die Muhme drinnen fühlte eine unangenehme Aufregung. Sie holte ein Seidentuch aus der Nähkiste und begann daran zu arbeiten, schließlich brauchten sie ein angemessenes Geschenk für die Gastgeber. Die Arbeit an dem kleinen Stück ließ sie den Ärger vergessen. Aus ihren kunstvollen Stichen erstand ein Pfau, umgeben von floralen Mustern. Die Farben leuchteten prächtig, und aus ein wenig Entfernung war das Stück auch für eine Malerei zu halten.

Festabend

Am Tag des Empfangs fuhren die Kutschen bereits vor der Abenddämmerung am Haus zum Baumgarten auf. Schaulustige, solche, die zufällig vorüberkamen, oder jene, die vom Festabend wussten, reihten sich rund um den Marktplatz auf, vor dem Cavazzen, dem Stift und entlang der Kirchenfassaden von St. Stephan und Münster.

Frau von Seutter ließ es sich, auch gegen den Rat von Elisabeth und ihrer Tochter, nicht nehmen, die Gäste vor dem Haus zu begrüßen, wodurch vor dem breiten Tor zum Bürgerhaus ein größerer Andrang von Menschen entstand, der die Besonderheit des Ereignisses noch betonte.

Einige Pferde wurden dadurch nervös und tänzelten, dass die Hufe laut auf dem Kopfsteinpflaster klapperten. Die Kutscher pfiffen ihre Befehle, Rufe, Lachen und Wortfetzen füllten den Platz. Ein Taubenschwarm kreiste schwirrend über den beiden Kirchtürmen, und eine wohlige Aufgeregtheit ergriff auch alle Umstehenden.

Franzisca und Lucas erfreuten sich einer besonders herzlichen Begrüßung und trafen im Hof hinter dem Tor auf den Schaffer und den ehemaligen Geheimen Rat Gaupp.

Beiden hatte das Alter ihr ehemals kräftiges, gerades Rückgrat ein wenig gebogen.

Franzisca klopfte das Herz vor Freude, als sie die beiden sah. Der Schaffer trug ein altmodisches Kamisol in glänzendem Blau, wo immer er es auch herhatte. Es gelang ihm bei solchen Zusammenkünften gut, zu verbergen, wie wenig er sich an die Stadt gewöhnt hatte. Es war ihm zu laut und zu hektisch, weswegen er froh um das kleine Häuschen am Festland war. Die Stadt, das war da, wo man redete, redete, redete und Besorgungen machte, oder darüber redete. Er, dessen Herz in der Natur der Berge und auf dem Meer zuhause war, gehörte eher zu jenen, die hörten und schauten und die Eindrücke in aller Stille ablegten.

Sein Kompagnon Gaupp war in schlichtem Schwarz gekleidet, was sein Gesicht noch etwas blasser in Szene setzte. Erst kürzlich war er vor Schwäche niedergelegen, und Franzisca hatte täglich eine kräftige Brühe bringen lassen, wenn sie nicht selbst Zeit gehabt hatte oder gerade auf der Insel war. Ansonsten kümmerte sich Katharina um den alten Freund der Familie.

Die meisten Gäste kamen zu Fuß, da sie auf der Inselstadt ihre Unterkunft fanden: Katharina, Christian, sein Zwillingsbruder mit seiner Frau Martha, das Ehepaar Kringlin, der geheimnisvolle Fremde aus der *Krone*, der Collector geheißen wurde, und der Hilfsprediger Gaiserle, der von der Carolinenstraße her mit Hildegund Zschuk herankam und im allgemeinen Empfangstrubel beinahe unentdeckt blieb, weil es auch nichts an ihm gab, was Aufmerksamkeit hätte erregen können.

Ein wenig hatte er sich nachmittags ausgeruht und trotz der Einrede seiner Betreuerin eine Rede zurechtgelegt. Doch nun, wo er dem *Baumgarten* näherkam, die vielen Zuschauer und die Gäste in ihrer festlichen Garderobe gewahrte, die modernen Kutschen, die hell erleuchteten Fenster der stolzen Fassadenreihe, da wurde er kleinherzig und ängstlich. Sein Stubenmut hatte ihn verlassen und auch die erträumte Imagination davon, wer er hätte sein können – sie waren perdu.

Schüchtern trat er an die Gesellschaft heran, die in herzlicher Verbundenheit plauderte und lachte – man kannte sich. Betreten stand seine Muhme daneben und verfolgte das Treiben mit offenem Mund. Sie konnte es nun, wo sie diese großartige Gesellschaft und die vielen Neugierigen rundherum sah, noch weniger glauben, selbst Teil dieser Festgesellschaft zu sein.

Es dauerte eine ganze Weile, bis Elisabeth Mauchin die beiden in dem Andrang gewahrte. Sie hielt die anderen Gäste nun an, endlich ins Haus zu gehen, wo der Empfang fortgesetzt werden konnte, und wendete sich dem Hilfsprediger und seiner Tante freundlich zu, begrüßte ihn und bat ihn, ihr zu folgen. Doch der blieb stumm stehen und tat so, als gäbe es diese Bedienstete nicht, da er der Meinung war, es gehörte sich, wenn er zuerst Frau von Seutter offiziell vorgestellt würde. Starr blickte er zu der noblen Frau, die im Gespräch mit einigen ihm unbekannten Herren und Damen war. Sie war betagt, doch ihre Haltung, ihre Stimme, ihre Kleidung – einfach alles an ihr drückten ihre Stellung und ihr Selbstverständnis aus.

Elisabeth Mauchin unternahm einen weiteren Versuch und sprach seine Muhme an. »Kommen Sie doch bitte mit ins Haus. Es wird auch zunehmend frisch und wir wollen pünktlich beginnen, denn wie ich gehört habe, ist die Küche bereits soweit.«

So ließ sich Gaiserle, gezogen von der Freundlichkeit der Hausdame und geschoben von seiner Muhme, in die Vorhalle bringen, von wo es auf der prächtigen Treppe nach oben ging. Je mehr sein Herz vor Aufregung pochte, desto angestrengter mühte er sich um einen gelangweilten Gesichtsausdruck. Die Benommenheit, die ihn umfing, ließ ihn übersehen, wie seine Tante ihr Geschenk überreichte und welchen Eindruck die kunstvolle Stickerei machte. Frau von Seutter war über die Maßen angetan von dem vollendeten Pfau und den floralen Mäandern, die den Rand des Tuches in außergewöhnlicher Weise schmückten. Sie hielt ein Kunstwerk in Händen – ohne jede Frage.

Joseph Gaiserle hingegen war wie betäubt. Der Saal mit dem langen, überbordend eingedeckten Tisch nahm ihm fast den Atem. Es roch angenehm nach Bienenwachs. Noch nie in seinem Leben hatte er einen derart vor Festlichkeit überquellenden Raum gesehen. Zwischen der langen Fensterreihe, die zum Marktplatz hinauswies, standen stumm und ohne eine sichtbare Regung in den Gesichtern die Bediensteten in den Livrees alter Mode. Der ungeheure Tisch war mit feinstem

Porzellan, Silberbesteck und Kristallgläsern eingedeckt; in Letzteren spiegelte sich das warme Licht der zahllosen Kerzen, die auf den Kronleuchtern hell und gleichmäßig brannten. Aus all dem Getuschel war zu hören, es handele sich um eine neue Erfindung zweier Franzosen – Stearinkerzen.

Elisabeth Mauchin sah zufrieden in den Saal. Vergessen die Plagerei, die den halben Vormittag gedauert hatte, die Kronen der Leuchter in die Einzelständer einzudrehen. Eine ganze Zeit hatte sie zudem aufwenden müssen, nach den Dingern zu suchen. Wann brauchte man in diesem Hause schon Kronleuchter?

Von unten, aus der Küche, zogen wunderbare Düfte durch das weite Treppenhaus herauf.

Vor der breiten Doppeltüre zum Festsaal entstand wiederum ein Stau, da nun die Gäste einander vorgestellt wurden, was abermals eine gewisse Zeit in Anspruch nahm.

Wieder war es Elisabeth, die den Gästen mit freundlicher Bestimmtheit ihre Plätze zuwies.

Frau von Seutter hatte dem Hilfsprediger kurz die Hand gereicht, ihn mit oft geübten warmen Worten willkommen geheißen, ihm versprochen, er werde einen wunderbaren, belebenden Abend erleben, ihm versichert, wie sehr sie sich über seine Anwesenheit freue, hatte daraufhin ein paar freundliche Worte mit seiner Muhme gewechselt, nochmals das Kunstvolle ihrer Stickerei betont, und sich dann einem der anderen Gäste zugewandt. Hildegund Zschuk war vor Rührung kaum in der Lage gewesen, ein vernünftiges Wort hervorzubringen. Auch ihr Neffe hatte nur ein paar wenige Worte entgegnet, was sie peinlich fand, weshalb sie ihm einen schnellen, strafenden Blick zuwarf, der sagte: *Reiß dich zusammen!*

Er entgegnete mit einem bitteren Lächeln.

Nachdem alle ihre Plätze eingenommen hatten, folgte ein offizieller Akt der Begrüßung nach alter Art, welchem seitens der Gastgeberin große Bedeutung für eine gelungene Soirée zugemessen wurde. Ein jeder am Tisch wurde begrüßt und vorgestellt, woraufhin das Fest mit einem ersten Glas Champagner begann. In einem kurzen Toast brachte die Gastgeberin ihre Freude darüber zum Ausdruck, sich in Friedenszeiten an dieser wunderbaren Tafel versammeln zu können.

Als sie geendet hatte, wanderte ihr Blick über die Gesellschaft und das Herz wurde ihr warm und schwer zugleich. So viele Jahre, so viele Feste – die Gesichter verschwammen vor ihren Augen und die Jahrzehnte flogen vorbei. Längst Verstorbene tauchten auf. Keiner der Anwesenden hatte eine Vorstellung von der inneren Freude und gleichzeitigen Wehmut, die ihre Gastgeberin empfand, die spürte, es würde der letzte große Empfang in ihrem Hause sein. Das warme Lächeln auf ihrem Gesicht ergriff die Anwesenden und erzeugte ein kollektives Wohlgefühl.

Nur Joseph Gaiserle saß steif auf seinem Stuhl, fühlte sich als Fremdkörper und wusste nicht, wohin mit seinen Händen; so lächelte er mal nach links, mal nach rechts. Ihm gegenüber saßen der Schaffer und Elisabeth Mauchin, daneben Katharina und Christian. Es strengte ihn an, einen direkten Blickkontakt zu ihnen zu vermeiden. Das Fest hatte noch nicht recht Fahrt aufgenommen und er musste sich schon den Schweiß von der Stirn wischen.

Die Königinnensuppe wurde aufgetragen, und bereits der Geruch verriet ein wenig über die Köstlichkeit, die die Köchin in ihr konzentriert hatte. Schweigen, allenfalls Gemurmel, Lob der Speise, Geklapper von Besteck, wohltuend nach der ersten Anstrengung und Aufregung, die so ein Empfang mit sich bringt.

Joseph Gaiserles Blick hob sich immer wieder versteckt über den Löffelrand hinaus. Diesen Schafhirten, den man ihm gegenüber gesetzt hatte, zusammen mit seiner Konkubine – es war ihm eine Zumutung; doch so sehr es ihn auch enervierte, war es eine moralische Unverschämtheit, die er zu ertragen hatte.

Ab und an huschte sein Blick an das linke Ende des Tisches, wo Franzisca Mauchin und ihr Mann Lucas saßen. Keinen einzigen Blick hatte diese Hure ihm bisher zukommen lassen. Eine schöne Frau allemal und mit den Gepflogenheiten an solchen Tischen vertraut, wie man sehen konnte. Wäre es zu viel verlangt gewesen, einmal zu schauen und freundlich zu nicken, so wie es die Höflichkeit geboten hätte? Doch nichts dergleichen. Sie tat so, als existiere er nicht. Natürlich hatte sie ihm drunten vor dem Haus bei der offiziellen Begrüßung höflich die Hand gereicht, wie es neue Mode war, aber was bedeutete das schon.

Rechts des Schafhirten dann ihre Tochter Katharina in vollkommener Schönheit, glänzend, prächtig, stolz und unverschämt freisinnig. Sie lachte, redete, gerade so, als wäre es ihr Tag. Eine unerreichbare Göttin. Eine, die, wenn er ihre Blicke richtig deutete, mit der Tochter der Gastgeberin sehr speziell war.

Diese Selbstverständlichkeit, mit der sie da saß, redete, schaute, trank, die Gerichte inspizierte – es schüchterte ihn ein, denn sie hatte ihn wiederholt aus offenen Augen angesehen, und einmal war ihm dabei vor Schreck die Suppe aus dem Löffel getropft.

Und erst ihr Gatte! So viel er auch schon von ihm gehört hatte, bereitete ihm dessen Ausstrahlung wirklich Angst. Groß, ernst, kräftig, die dunklen lockigen Haare an den Seiten bereits leicht angegraut, ein kantiger Knochen über den Augen. Ja, ihm konnte man einen vernichtenden Hieb mit dem Säbel zutrauen. Der Held vergangener Schlachten saß allerdings nur da, schaute, aß, prostete dem ein oder andern zu, nickte zu den Gesprächen, blieb selbst allerdings auffällig zurückhaltend. Ein düsterer Geselle anscheinend, der sich unverkennbar nicht annähernd so wohlig fühlte wie seine Gattin, die redete, argumentierte, kokettierte, lachte, kicherte und neckte.

Gänzlich unbemerkt vom Getriebe, jedoch in großer Gelassenheit hatte der Collector den solitären Platz der Gastgeberin gegenüber eingenommen, wenngleich Kronleuchter, Schalen, Gläser und Karaffen nur schmale Sichtachsen der beiden zueinander zuließen.

Seine Haltung verriet, wie gewohnt ihm Situationen wie diese waren. Mit freundlicher Miene ließ er seinen Blick umhergleiten und bevorzugte das Nonverbale, welches er meisterhaft beherrschte. Unbemerkt musterte er dabei den Gengler. So sah er also aus. Immer wieder ließ er seinen Blick für kurze Zeit auf ihm haften. Niemandem fiel es auf. Einmal, als die Szene aus seiner Erinnerung aufblitzte, wie er fassungslos vor dem Totenbrett des Onkels stand, und das Tafelgeschehen überlagerte, griff er geschickt nach dem Weinglas und nahm einen Schluck, sodass keiner den grimmigen Zug hatte sehen können, der über sein Gesicht gehuscht war.

*

Nach der Suppe und vor dem Kalbsrücken wurden die Gläser gefüllt. Die Damen nahmen vorerst Wasser, die Herren den Wein. Gaiserle optierte für den *Erbacher* Weißen.

Das Mahl, die anregenden Gespräche und der Rebensaft ließen die Temperatur steigen und die zwei großen Fenster, verborgen hinter Mauernischen, wurden geöffnet, womit ein zarter Durchzug mit frischer Luft gesichert war, ohne dass die Kerzen anfingen zu flackern oder gar gelöscht wurden. Der Appenzeller Baumeister Jakob Grubenmann hatte seinerzeit wirklich an alles gedacht.

Erstaunt nahm Joseph Gaiserle wahr, wie, angefacht durch Alkohol und einen der Hungergefühle beraubten Magen, eine ungezwungene, ja ungehemmte Konversation ihren Lauf nahm. Jeder sprach mit jedem, Frauen mit Männern, Männer mit Frauen, jeder und jede, gerade wie er wollte. Leise und gehörig zwar, aber immerhin erschien es ihm so ungemein – ja wie? So ungemein frei!

Diese Menschen wirkten so selbstständig und offen, wie es ihm nicht natürlich erschien. Nein – ein solches Verhalten war nicht natürlich. Wo war bitte der Unterschied zum Wirtshaus?

Es war August von Bibra, der Schwiegersohn der Gastgeberin, der mit seiner unaufdringlichen prägnanten Stimme moderierte. Ein kräftiger Kerl um die Fünfzig, mit dunklen glatten Haaren, lebendigen Augen und einem Körper, der den Genussmenschen nicht nur andeutete. Er erzählte von seiner Heimat, einem entlegenen Landstrich ganz im Norden des Königreichs mit dem eigentümlichen Namen Grabfeld. Das Schloss seiner Familie lag in einem Taleinschnitt namens Milzgrund, den er wortgewandt als ein Ideal der deutschen, romantischen Landschaft pries, wenngleich hier am Tisch noch niemand jemals von diesem Landstrich gehört hatte. Er kam allerdings schnell auf ein Ereignis zu sprechen, welches sich kurz vor ihrer Abreise zugetragen und ihn über die Maßen beansprucht hatte.

Eine Anklage hatte er vertreten müssen, gerichtet gegen einen gewissen Sebastian Burbach; den Namen sprach er mit Abscheu aus. Seiner Beschreibung nach ein im vierundvierzigsten Jahr stehender, lediger Schneidergeselle aus einem Dorf namens Höchheim. Noch kurz vor der Abreise hatte er am zuständigen Landgericht Königshofen die Klage eines Verbrechens der Brandstiftung vorgebracht.

Das Wort Brandstiftung löste erschrockenes Gemurmel aus, denn Feuer jenseits der Öfen und Kamine war jedem ein Teufel, ein Dämon, von allen gefürchtet, und Brandstifter waren nicht weniger als einem Satan gleich, aus welchem Antrieb heraus sie auch immer handeln mochten.

August von Bibra ließ den Schrecken eine Weile wirken, bevor er von der Feuersbrunst selbst berichtete: »Es war eine rechte Schreckensnacht«, fuhr er fort und wendete sich kurz seiner Frau zu, die es mit einem zarten Senken ihres Kopfes bestätigte. »Das Wohnhaus einer armen Tagelöhnerin, Anna Schubert lautet ihr Name und er sei hier an dieser Festtafel genannt, samt dem darin befindlichen Vieh- und einem Schweinsstall, sowie ihre gesamte bewegliche Habe wurden ein Raub der Flammen. Es war eine warme Nacht, voller frühem Sommerduft, und ich kam spät mit der Kutsche zurück, als ich die

Glocken läuten hörte. Ich nahm sofort das Pferd und ritt hinüber, es liegt von unserem Schloss in Irmelshausen nur eine Zehntelmeile entfernt. Der Feuerschein war aus der Ferne schon zu sehen, das ganze Dorf, Männer, Frauen, Kinder auf den Beinen. Alle schleppten Wasser vom nahen Bach herbei, der den Namen Milz trägt. Nach der örtlichen Lage der Brandstätte stand bei dieser Gelegenheit das ganze Dorf in Gefahr niederzubrennen, zumal der Brand um Mitternacht ausbrach und die Ortsbewohner im ersten Schlafe lagen, müde von der anstrengenden Feldarbeit. Das Feuer konnte aber in hartem Kampf beherrscht und wenigstens das Dorf gerettet werden, wenngleich Beschädigungen in der Nachbarschaft eintraten. Dem Ökonomen Wilhelm Werner nahmen die Flammen eine größere Quantität unausgedroschener Frucht und andere Werte von etwa zweihundert Gulden. Der durch diesen Brand angerichtete Immobiliarschaden allein wird auf einen Wert von vierhundertfünfzig Gulden geschätzt. Die gute Tagelöhnerin, eine gottesfürchtige, tätige Seele im vierundsechzigsten Jahr, konnte nur mit Mühe ihr Leben retten.« Er unterbrach seine Schilderung und ließ eine Pause entstehen, um sogleich mit entschlossener Stimme fortzufahren: »Dass eine Brandstiftung hier in Frage kam, war sofort klar, und ebenso richtete sich der Verdacht hiergegen auf diesen einen, ganz verkommenen Menschen, der sich seit seiner vor drei Jahren erfolgten unfreiwilligen Rückkehr aus Ungarn liederlich und arbeitsscheu in seiner Heimat herumtrieb … und sich dem Trunke ergab. Derselbe wurde am nächsten Tage verhaftet und gestand gleich bei seinem ersten Verhöre die Tat ein, was einen bei dieser Verbrechensart seltenen Fall darstellt.« Er sah mit ernstem Blick in die Runde.

Der alte Gaupp stimmte ihm nickend zu. Brandstifter hatten kein gutes Schicksal zu erwarten, und seine Erfahrung war die, dass sich nur Mörder und Totschläger noch heftiger wanden, um dem Schafott oder dem Strick zu entgehen, was wenigen, Gott sei Dank nur wenigen, gelungen war.

Herr Rühle von Lilienstern, ein gebildeter Feingeist und Naturmensch, wendete sich der Literatur zu: »Wie heißt es doch bei Schiller: *Wohltätig ist des Feuers Macht, wenn sie der Mensch bezähmt, bewacht, und was er bildet, was er schafft, das dankt er dieser Himmelskraft.* Aber dann: *Wehe, wenn sie losgelassen.*«

Die Gespräche widmeten sich in der Folge dem Verbrechen im Besonderen und Allgemeinen. Insbesondere eine Bande, die gerade die Wege zwischen dem See und den helvetischen Städten unsicher machte, gab Rätsel auf. Erst vor Tagen war ein Kaufmann, der mit zwei Gespannen auf dem Weg von Arbon zum Hafen in Fußach gewesen und unglücklicherweise in die Nacht geraten war, von den Lumpen aufgebracht und ausgeraubt worden. Ein ganzes Gespann hatten sie mitgenommen. Lucas fand die Vermutung fasslich, sie würden sich tagsüber im undurchdringlichen Schilf und Röhricht am Rohrspitz verstecken. Der Schaffer lachte und meinte, ohne Unterstützung durch die Bevölkerung würde es nicht so lange gehen, wie es schon gehe, und in der Tat gäb es Gerüchte, die Bande sei so gefürchtet nicht und ginge sogar im ein oder anderen Wirtshaus ein und aus.

Joseph Gaiserle wusste nicht recht, wem er die Aufmerksamkeit des Zuhörens schenken sollte, ohne einen Fehltritt der Höflichkeit und gebotenen Umgangsform zu begehen. So blieb er bei seiner unverbindlichen Haltung – sah mal in die eine, dann wieder in die andere Richtung, ohne an einem der Gespräche teilzuhaben.

Seine Tante war aus anderem Grund hin- und hergerissen. Sie war von diesem Abend entzückt, in jeder Hinsicht. Ihr Kopf begann vor Aufregung zu wackeln und sie lachte öfter als erforderlich das ihr eigene Lachen, das weder hell noch schallend war, sondern glucksend, beinahe hätte man an eine Erkrankung der Brustwege denken können, und manchmal sorgte man sich, sie hätte sich übel verschluckt. Nein, sie fühlte sich rundum wohl. Dies war eine Welt, die die ihre war. Sie mochte die Leute – vor allem die zwei alten Kerle, den Schaffer und den Gaupp.

Der alte Geheimrat Gaupp meinte in Richtung des Freiherrn von Bibra, von diesem *Grabfeld* und *Milzgrund* noch nie etwas gehört zu haben, was wohl die Frage erlaube, ob sie denn wirklich existierten und diese Region nicht vielleicht eine imaginäre sei und sich völlig jenseits des Lebens befinde.

Der Freiherr nahm die Vorlage gerne an. »Jaja, eine alte, im Geiste noch immer freie Reichsstadt hat ihre Mühe, über die eigenen Grenzen hinauszublicken. Mir ist auch bekannt, dass vor nunmehr gut zweihundert Jahren der berühmte Franzose Michel de Montaigne Ihre wundervolle Stadt aufgesucht und schöne Zeilen darüber hinterlassen hat. Doch ist das schon lange her. In unseren Dörfern weilte aber ein Friedrich von Schiller, und er empfahl unserer geschätzten Nachbarin, Charlotte von Kalb im benachbarten Schloss Waltershausen, den geschätzten Dichter Friedrich Hölderlin als Hauslehrer aufzunehmen. Auf der hohen See sind wir in unserer Abgeschiedenheit denn doch Inseln, auf denen sich die Vornehmsten Ruhe und Kraft verschaffen können.«

Frau von Seutter wendete sich an ihren Schwiegersohn. »Hölderlin … wirklich … dieser Hölderlin?«

»Oh ja«, bestätigte der, »er hat in der Gesellschafterin der Charlotte von Kalb, einer Frau Wilhelmine Kirms, mit zweiundzwanzig Jahren bereits Witwe, eine Dame gefunden, die er sehr liebte und … die ihm eine Tochter geboren hat.«

Frau von Seutter schüttelte den Kopf. »Nein, ich meine … ist das nicht die arme Seele, die in Tübingen in einem Turm eingesperrt lebt?«

Albrecht von Bibra, der dem Hilfsprediger zur Linken saß, ließ seine zarte Stimme hören, die sich dennoch Raum verschaffte:

»Mit gelben Birnen hänget
Und voll mit wilden Rosen
Das Land in den See,
Ihr holden Schwäne,

Und trunken von Küssen
Tunkt ihr das Haupt
Ins heilignüchterne Wasser.

Weh mir, wo nehm' ich, wenn
Es Winter ist, die Blumen, und wo
Den Sonnenschein,
Und Schatten der Erde?
Die Mauern stehn
Sprachlos und kalt, im Winde
Klirren die Fahnen.«

Katharina und Auguste applaudierten ihm sogleich, worauf die anderen am Tisch einstimmten.

Rühle von Lilienstern übernahm nun geschickt die Führung des Gesprächs und brachte es auf das *Jahr ohne Sommer*, welches nun sieben Jahre zurücklag und zu Recht den Schandnamen *Achtzehnhundertunderfroren* trug.

Die Unwetter waren zahlreich, Flüsse waren über ihre Ufer getreten, und auch der Schaffer konnte von Sorgen um seine Herde berichten und dass selbst er mit seinem hohen Alter ein solches Phänomen des Wetters noch nie erlebt habe. In der Schweiz schneite es jeden Monat mindestens einmal bis in die Täler herab, sogar im Juli und im August. Die Hungersnot noch im selben und im darauffolgenden Jahr war unausweichlich, und jeder am Tisch wusste eine Geschichte beizusteuern, bis auf Gaiserle und seine Muhme, die betreten schwiegen.

Rühle von Lilienstern betonte, wie wichtig diese bittere und schmerzhafte Erfahrung andererseits war, um verschiedene Maßnahmen zur Förderung der Landwirtschaft und darüber hinaus auch für andere Organisationen umzusetzen. Seine Frau ließ sich über die zahlreichen Stiftungen karitativer Einrichtungen ein, die bis zum heutigen Tag

Bestand hätten. Lucas wusste viel vom Elend zu berichten, welches gerade Württemberg heimgesucht hatte. Dort, wo er sonst seine Kornspeicher bis an den Rand füllen konnte, kratzten damals die Menschen jedes Gran zusammen, um überhaupt überleben zu können. Er hielt die Gründung jenes landwirtschaftlichen Vereins, die König Wilhelm veranlasst hatte, für eine rundum gelungene Maßnahme, nicht nur wegen des jährlich stattfindenden landwirtschaftlichen Wettbewerbs am Cannstatter Wasen, sonder wegen der positiven Konsequenz, die die Wissenschaften in die landwirtschaftlichen Arbeiten nun brachten. Er erzählte von seinem Besuch an der Versuchs- und Musteranstalt in Hohenheim, was vor allem die Männer interessierte. Die Frauen schweiften ab, zu literarischen Neuigkeiten.

Gaupp wendete sich mit skeptischem Blick an Lucas. »Jaja, die Wissenschaft hält Einzug – könnte man meinen. Doch schon blüht die Volksfrömmigkeit erneut auf und in Scharen pilgert man nach Altötting und sonstwohin, und Bittgottesdienste für eine gute Ernte werden nun sogar von der Obrigkeit angeordnet. Das einzig wirklich sinnvolle aus der letzten Zeit war wohl die Erfindung der Rumfordsuppe, von der unser König behauptet, er habe sie regelrecht genossen. Naja – ich weiß nicht ...«

Joseph Gaiserle war von dem sarkastischen Ton und der Kritik an religiösen Dingen mindestens konsterniert. Er fühlte sich unwohl, wusste nicht recht, wie er sich verhalten sollte.

Albrecht von Bibra richtete sich nach einer Weile mit seinem angenehm schwingenden Bariton an den Schaffer – es klang freundlich, wissbegierig und respektvoll. Die anderen Gäste stellten ihre Gespräche entweder ein oder wurden merklich dezenter.

Joseph Gaiserle ließ ein Lächeln um seine schmalen Lippen spielen, sah in ein leeres Nichts und war um eine neutrale Miene bemüht, dahinter er sein Entsetzen verbarg, denn wie nur konnte ein wirklicher

Freiherr einen Schafhirten derart *de garçon* ansprechen? Der Inhalt der Frage ging ihm dabei völlig verloren. Was war das für eine Welt, in die er da geraten war, in der alle moralischen und sittlichen Ansprüche ins Gegenteil verkehrt waren? Ein Schafhirt an einer Festtafel, samt Konkubine, Bastarde daneben, gegenüber Barone, Freiherren. Wie sollte, wie würde er diesem Wildwuchs beikommen können?

Die Muhme spürte die innere Unruhe und hatte ein paarmal verstohlen zu ihm hingesehen, wo sie erschrocken die Abscheu auf seinem Gesicht feststellte. Sie lächelte gekünstelt und grapschte unauffällig seinen Unterarm und ließ ihre Fingernägel tief eindringen. Dabei wandte sie ihren Kopf in einer Geste des Vertrauens dem seinen zu und flüsterte leise: »Beherrsch er sich, um Himmels willen.«

Niemand nahm Notiz davon, denn alle Aufmerksamkeit galt Albrecht von Bibra. »Was man hört, Schaffer, erlauben Sie mir bitte die Unverfrorenheit, Sie mit diesem in hiesigen Räumen arrivierten Namen anzusprechen … Ihr seid zur See gefahren, habt mit dem berühmten Cook eine ganze Weltreise unternommen. Ich selbst hatte noch nie das Glück, an der großen Küste zu sein oder gar draußen auf See. Ich bin ein Mann des Waldes und der Jagd, wie mein guter Freund hier, Rühle von Lilienstern. Was würdet Ihr mir erzählen wollen, wenn ich Euch bäte zu beschreiben, wie es ist – das Meer? Ihr müsst noch eines wissen – auf der langen Fahrt in der Kutsche hatten wir uns voller Vorfreude in Gespräche verwickelt, und da uns der Brief unserer geschätzten Mutter erreichte, die auch Ihre werte Anwesenheit erwähnte, begann aus der kleinen Glut des Wissensdurstes eine rechte Flamme zu werden – das Meer, das Meer – wie ist es?!«

Die weiteren Gespräche verebbten nun, denn man war allgemein wissbegierig zu hören, was der Schaffer erzählen würde – vom Meer.

Der selbst blieb äußerlich ungerührt und sah den Freiherrn mit einer Mischung aus Ernst und Amüsement an. Seine Augen jedoch, die leuchteten. Er senkte seinen Kopf und ließ ein paar Laute hören, die bedeuten konnten, er wäre mit seinen Gedanken uneins und im Widerstreit mit sich selbst darüber, wie und was er auf die Frage antworten solle. Dieser Moment des Innehaltens ließ eine gebannte Stille entstehen, die noch eindringlicher wurde, als er sich aufrichtete. »Wie ist es also, das Meer?«, begann er mit der Frage, und seine altersknarrige Stimme füllte den Raum: »Das Meer, mein lieber Freund, das ist nichts anderes als ein Wesen. Ein gutmütiges, freundliches Wesen von unvorstellbaren Ausmaßen, angefüllt mit Lebewesen, die sich kein Zauberer vorstellen könnte. Und ab und an, da ist es zornig, das Meer, wie es eben mit gutmütigen Wesen einhergehen kann, und dann frisst es die Menschen zu Hunderten und Tausenden, ohne sich sonderlich darum zu scheren. Ja, so ist es, das Meer. Und wenn die unglücklichen Leiber samt ihrer Schiffe in der Tiefe versunken sind, dann versinkt auch die Sonne wieder an seinem Horizont wie an jedem anderen Tag auch, und die Wellen sind irgendwann zutraulich und sanft und entbehren jeder Gewalttätigkeit. So ist es, das Meer – unendlich weit und gütig, denn wir alle kommen und leben aus ihm, und uns Menschen gegenüber ist es gleichgültig, weil wir für das Meer keine Größe sind, nichts Bedeutendes, viel zu klein, mit unseren Nussschalen und Wünschen, unserem Begehren und unserem Stolz.«

Joseph Gaiserle unterdrückte einen Reflex, auf diese Ungeheuerlichkeit etwas zu entgegnen. Keiner am Tisch nahm das Zucken wahr, das durch seinen Körper vibriert hatte. Das war Häresie, blanke Häresie!

Der Schaffer nahm das Glas zur Hand und trank einen Schluck Wein, bevor er weitersprach: »Die Natur der See ist im Allgemeinen regelmäßig gewaltigen periodischen Bewegungen unterworfen und darin liegt, wie ich meine, der große Unterschied zu unseren majestätischen Bergen – diese verändern ihr Wesen nicht, wozu die See durchaus in aller Vielfältigkeit imstande ist. Und was die furchtbaren Stürme angeht, die allenthalben in unseren Zeitschriften und Journalen beschrieben werden und das Publikum verstören, so sind diese nur von vorübergehender Erscheinung, die keineswegs den wahren Charakter dieses Wesens aufzeigen können. Die Persönlichkeit eines Menschen beurteilt man nun auch nicht nach seinem Dasein während eines Fieberanfalls. Das Meer, überall dort, wo es in die Tiefe reicht, zeigt ein ausgeglichenes, vollkommen in sich abgestimmtes, ruhiges und fruchtbares, ganz seinem ewigen Gebären hingegebenes Leben. Diese kleinen flatterigen Zufälle, die sich an seiner Oberfläche abspielen, nimmt es im Grunde gar nicht wahr. Es mögen Wellenberge sich auftürmen und uns Menschen schrecken, so ist es indes wahrscheinlich, dass die Tiefe und die große Masse des Wassers ziemlich ruhig ist und in dunkler Abgeschiedenheit und völliger Harmonie eine unvorstellbare Fruchtbarkeit vollbringt. Und überhaupt ist die See der Meister der Stille. Auf einem Schiff täuschen wir uns die Geräusche unserer Welt vor … die Holzkonstruktion knarrt, die Segel flattern … Es gibt aber Tage in endloser Weite, die so von Stille erfasst sind, wie sie vor der Entstehung der Welt geherrscht haben muss. Ich erinnere mich an das Erschrecken und Beben, das mich erfasste, als ich nach einiger Zeit solcher Stille auf einmal den Schrei eines Sturmvogels vernahm, der unser Schiff passierte. Es war, als schnitt sein durchdringender Schrei durch die Zeit selbst. So ist es eben: In Dunkelheit wird das jämmerlichste Licht zur Sonne.«

Er ließ seinen Blick umherwandern – ernst, erfüllt von der Erinnerung. Einige Damen fröstelte es beim Gedanken an dieses Meer. »In der Tat war ich auf einem der Schiffe, die mit dem unvergessenen Cook um die Welt gesegelt sind. Und weil wir die südlichen Ozeane ergründeten, gab es einige Strände, an denen ich anlangte, wo ich eine solche erfüllte Stille und alles umfassend wohltuende Wärme erfahren habe wie nirgends sonst. Eine Stille, wie sie am ersten Tage der Welt gedröhnt haben muss. Vielleicht wollte mir deshalb scheinen, als sängen dort die Vögel schöner denn anderswo. Nie hörte ich noch einmal eine Lerche wie jene im Juli an einem Strand von Neuseeland. Wir waren gerade mit unseren Booten dort angekommen und standen wie benommen da – denn: Ein Paradies tat sich vor uns auf. Als ich in Richtung des Gehölzes ging, welches sich gleich hinter dem Strand anschloss, stieg die Lerche auf und sang. Hinter ihr leuchtete der rote Ball der aufgehenden Sonne und ihr Ruf, der von weit oben kam, war trotz seiner Stärke schlicht und sanft, konnte dennoch das Rauschen der Brandung übertönen. Aus all dem – aus Vogelsang, den Gerüchen, der sanften Luft und dem mit Süßwasser eines flachen Flusses vermischten Meer war eine vollkommene Harmonie entstanden, obgleich ohne großen Glanz. In den Nächten, die wir am Ufer des Meeres verbrachten, schien mir der Mond lichtstark, aber ohne helle Klarheit zu sein; die Sterne waren gut sichtbar, doch funkelten sie wenig.«

Der Schaffer räusperte sich und nahm einen Schluck Wein.

Albrecht von Bibra nutzte die Gelegenheit und fragte: »Aber doch sind es die Stürme auf See, die unsere Phantasie und Gefühle in besonderer Weise bewegen? Man hört und liest furchtbare Dinge.«

»Ja, und es ist in der Tat furchtbar in einen Sturm zu geraten, auch und vor allem, weil man sich im Tosen der eigenen Kleinheit und Bedeutungslosigkeit bewusst wird. Die Natur, sie hat kein Gewissen – sie existiert, lebt, blüht, vergeht, modert, gebiert Samen und beginnt das Leben von neuem, und das Meer, so aufgewühlt wie ein Höllenschlund es am einen Tag ist, liegt Stunden später still und sanft wie ein Lämmchen im Sommerwind. Was aber die Stürme angeht, so schulden wir Landmenschen den Seefahrern Hochachtung dafür, dass sie den von ihnen bezeugten Phänomenen, dem, was sie gesehen und erlitten haben, eine solche Bedeutung zumaßen und getreulich wiedergaben. Ich halte die skeptische Leichtigkeit, welche die Stubengelehrten den Berichten der Seeleute – etwa über die Höhe der Wellen – entgegenbringen, für ausgesprochen abgeschmackt. So mokieren sie sich über Seefahrer, die Wellenhöhen bis zu hundert Fuß angeben. Ingenieure glauben, dem Sturm Maß anlegen und präzise berechnen zu können, dass das Wasser kaum über zwanzig Fuß hoch steigen kann, weil sein flüssiger Zustand nicht in ausreichender

Weise Stabilität erzeugen könne. Ich weiß aber, was ich in aller Deutlichkeit gesehen habe, als ich dem Steuermann in einem dieser Stürme des Südmeeres, welchem wir den Namen Pazifik gegeben haben, zu Hilfe sein musste. Obschon es streng verboten war, sich nach hinten umzublicken – tat ich es und gewahrte ein Bergmassiv aus Wellen, ein in sich bewegtes, schlängelndes, schäumendes, brüllendes Wesen, das sich höher als der Turm von St. Stephan auftürmte!«

Erschrockenes Gemurmel erfasste die Tafel.

»Wie kommt man aus den Höhen der Berge auf ein Schiff der englischen Krone?«, wollte Sarah von Bibra wissen.

Der Schaffer lachte amüsiert und suchte nach einer eleganten Weise, die Frage mit einer Antwort zu versehen. »So weit entfernt vom Meer sind wir hier in den Bergen gar nicht. Aus meiner Verwandtschaft väterlicherseits habe ich Bezug nach Holzgau, hinten im Lechtal. Ein reicher Ort mit stolzen Häusern. Einige der Holzhändler dort haben schon seit langem exzellente Beziehungen zu den Holländern aufgebaut und liefern ihr Holz für den Schiffbau. Es gibt kaum besseres, denn unsere Witterung lässt die Bäume langsam wachsen, was das Holz schwer, belastbar und hochwertig macht. Ein paar der Händler verfügen sogar über Beteiligungen an Schiffen. So bestehen gute Kontakte zwischen den Händlern und ein reger Verkehr zwischen den Bergen und der Küste. Und was mich selbst angeht, so waren es wohl zuallererst Gottes Wege. Wir waren drei Freunde, sind zusammen bis nach England gereist und schließlich auf dem Schiff gelandet. Und als ich nach diesen Erlebnissen wieder zurück in der Heimat war, da war mir der Wunsch nach Frieden und Ruhe so wichtig geworden – was anderes blieb mir übrig, als mit einer Herde Schafe durch paradiesische Landschaften zu ziehen?«

Ein feines Lachen, welches am Tisch entstand, signalisierte ihm die Sympathie der Gäste.

Franzisca saß Frau von Seutter zunächst und genoss die Gespräche und die Erzählung des Schaffers. Es war angenehm, hier zu sein und nah bei ihrer mütterlichen Freundin. Die Speisen, der Wein, die Gespräche – alles gefiel ihr und sie bemühte sich, den wunderbaren Abend im Jetzt zu genießen und nicht einfach an sich vorüberziehen zu lassen. Nach den vielen Jahren der Herausforderungen konnte man ein solches Fest als noch befriedigender empfinden. Es war das erste Mal, dass sie dem Schwiegersohn ihrer Gastgeberin begegnete. Sie mochte die vornehm-joviale Art des Freiherrn von Bibra und seiner Freunde. Zu einer Person am Tisch vermied sie allerdings jeden Kontakt – zu diesem Hilfsprediger. Während des Empfangs vor dem Haus hatte sie zufällig in Richtung Carolinenstraße geblickt, als er gerade die Straße entlangkam. Sein Blick war voller Abscheu auf die Gästegruppe gerichtet gewesen, und sie spürte, wie ihr seine Person regelrecht Angst bereitete. Sie meinte auch eine gewisse fundamentale Aversion dieses Kerls zu registrieren.

Rebhuhn und Schmaltier wurden auf vorgewärmten ovalen Silberplatten hereingetragen.

Viele wechselten nun zu *Cabarrus* und *Larose*. Auch der Joseph Gaiserle entschied sich für einen der roten Weine und stellte konsterniert fest, welches unglaubliche Gewicht dieser Franzose auf den Gaumen brachte. Seine Tante war selig und wusste vor Begeisterung gar nicht, wie sie noch herzlicher lächeln sollte, ohne es unpassend erscheinen zu lassen.

Frau von Seutter war manches Mal den Tränen nahe, angesichts des Wohlbefindens ihrer Gäste. Alle in ihrem Haus, insbesondere die Köchin samt ihrer Mannschaft, hatten Vorzügliches geleistet und sie beschloss, die Gute und ihre Helferinnen heraufkommen zu lassen, was nach dem zweiten Hauptgang auch geschah.

Wieder war es Albrecht von Bibra, der aufstand und eine feurige Rede auf die Kochkunst hielt, sie von der Abendgesellschaft hochleben ließ und der Köchin somit Tränen in die Augen trieb.

Früchteschalen wurden kurz darauf präsentiert und man war sich einig, ein wenig länger damit zu warten, die Birnen in Sahnesauce aufzutragen.

Franzisca hatte gerade einen Schluck *Larose* genommen und wollte das Glas zurückstellen, da verfing sich ihr Blick im Lichterglanz eines Kerzenständers und aus dem Nichts, völlig unerwartet, schwebte der Adler aus der Zimmerecke kommend auf sie zu und verging im klaren Licht der Kerzen. Das war ihr noch nie widerfahren und – einen Traum konnte man es nicht nennen. Ihr Herz begann heftig zu pochen, die Gespräche erschienen ihr für den Augenblick ganz aus der Ferne zu kommen. Noch hielt sie das Glas in der Hand, nur ein wenig über dem Tisch. Lucas bemerkte, dass etwas nicht mit ihr stimmte und fasste ihre Linke. Es war diese Berührung, die sie aus der Trance riss. Ihr Blick klärte sich, die Stimmen klangen vertraut und nah. Froh darüber drückte sie seine Hand, lächelte und folgte dem Gespräch, das sich zwischen Frau von Seutter, ihrer Tochter und den Freunden ergeben hatte. Niemand hatte von der kleinen Absence etwas mitbekommen.

Auch Lucas wirkte beruhigt, denn er stieß ausgelassen mit Gaupp an.

Franzisca achtete auf einen ruhigen Atem, so wie es ihr die Kirchenschmiedin vor langer Zeit gelehrt hatte, und bald hörte ihr Herz auf zu hämmern und zu pochen.

Was war das, was ihr gerade widerfahren war? Kein Traum, keine Einbildung – ein Schwindel?

Was sollte diese Traumszene mitten im Alltag? War es am Ende eine Warnung? Saß hier am Tisch etwa die Gefahr, die sich ihr schon angekündigt hatte? Sie blickte in die Runde, von einem zum andern, hatte wieder das Weinglas zur Hand genommen und prostete jenen zu, deren Blick sie traf.

Die verteilten Gespräche am Tisch verschafften Frau von Seutter die Gelegenheit, sich an dem ein oder anderen zu beteiligen, bis sie gekonnt die Konversation auf das Ehepaar Kringlin lenkte, von welchem ihr besonders die Frau gefiel, in deren Augen sie ein Funkeln wahrnahm, das Entschlossenheit und Klugheit ausdrückte.

Für eine Gastgeberin war es *totalement impensable*, den Gästen Fragen zu stellen, also kaprizierte sie ihr Gespräch auf die Tätigkeit des Herrn Kringlin so geschickt, bis Lucas endlich fragte, was denn nun eigentlich unter der sogenannten *Ersten Bank* zu verstehen sei, welche Tätigkeit, welche Dienste sich dahinter verbargen.

Auguste Kringlin frohlockte innerlich und lächelte Katharina zu. Jetzt war geschehen, worauf sie gehofft hatte. Nach diesem Abend würde man über dieses Neue, diese *Erste Bank* reden – gleich wo, und vor allem die Dienstboten würden es weitertragen. Es gab keine bessere Anpreisung des Unternehmens, zumal sich ihr störrischer Gemahl nach wie vor zierte, im Intelligenzblatt zu inserieren, weil er es nicht für adäquat und der besonderen Stellung der *Ersten Bank* angemessen hielt. Nicht einmal von einer Annonce über die Geschäftseröffnung wollte er etwas wissen. Seine energische, aufgebrachte Antwort klingelte ihr noch in den Ohren: *Ja soll ich da zwischen Buchverkäufern, Schuhmachern, Quacksalbern und Tandlern firmieren – was stellst du dir vor!?* Entrüstet war er die Stufen nach oben getrampelt, um sich wieder hinter dem alten Schreibtisch zu verschanzen, als böte er ihm Schutz vor was auch immer.

Sie tat sich schwer mit seinem Festklammern am alten Glanz, vergangenem Reichtum und verlorener Bedeutung. Das alles war perdu und Geschäfte machte man in diesen Zeiten nicht mit den wenigen Vermögenden, sondern mit den vielen Unvermögenden, die sich vermögend fühlen wollten – Dienstboten, Kutscher, Handwerker, Händler, Schiffer, Gastwirte, Binder, Bürster, Seiler. Wieso nur war er derart verbohrt?

Keiner der anderen Gäste am Tisch konnte auch nur im Ansatz ihre Gedanken erahnen, so beiläufig und unaufdringlich saß sie neben ihrem Gatten.

Wenigstens bemühte er sich an diesem Abend, ließ seinen Missmut nicht Oberhand gewinnen und bedankte sich artig für die Frage. »Ja, vor nunmehr vier Jahren hat sich unsere Spar-Casse nach schottischem Vorbild gegründet, und wie in unseren Statuten festgelegt, soll sie dem Handwerker, dem Landmanne oder sonst einer gewerbefleißigen und sparsamen minder- oder großjährigen Person die Mittel an die Hand geben, von ihrem mühsamen Erwerbe von Zeit zu Zeit ein kleines Capital zurückzulegen, um solches in späteren Tagen zur Begründung einer besseren Versorgung, zur Aussteuer, zur Aushülfe in Krankheit, im Alter oder zur Erreichung irgendeines löblichen Zwecks zu verwenden. Fleiß und Sparsamkeit gebären Wohlstand, weswegen wir als Symbol unserer Cassa auch die Biene und den Bienenstock als Signet erwählt haben. Im nächsten Jahr werden wir expandieren und in der Lombardei engagiert sein. Unsere Spar-Casse wird es bald hundert-, ja tausendfach geben und wer immer Geschäfte tätigt, wird auf unsere Verbindungen zurückgreifen. So ist die neue Zeit.«

Gaupp nickte gütig und lächelte dem jungen Mann freundlich zu, und sagte mit erhobenem Zeigefinger. »Nimm nie dein eigenes Geld, um ein Geschäft aufzuziehen.«

Ein feines Gelächter breitete sich am Tisch aus und auch der Gengler lachte mit, wenngleich er den alten Kerl für den Einwurf verwünschte.

Dessen Gedanken waren gerade völlig in die Vergangenheit gerichtet. Er erinnerte ein Zusammentreffen mit dem alten Gengler – dem Vater des Burschen, der hier so hölzern von seinem *Geschäfte* berichtet hatte. Natürlich war man hier höflich, doch ein neues Geschäft konnte man durchaus eloquenter präsentieren. Der alte Gengler war ein stolzer, herrischer Kerl gewesen. Er erinnerte sich, wie der Griesgram vor vielen Jahren mit erhobenem Haupt und grantiger Miene in seine Amtsstube getreten war: Den Gehstock hatte er damals laut auf den Boden gesetzt und geradezu entrüstet das Angebot zurückgewiesen, die Postlizenz für Lindau zu übernehmen. Voller Abscheu hatte er ihn angesehen und gesagt: »Ja, da hätt me ja mit all dene Leut zum schaffe! Des ischt kei Gschäft für die Gengler! Des ischt kein Geschäft für uns.«

Gaupp hatte es damals zur Kenntnis genommen, war aufgestanden, hatte eine Verbeugung angedeutet, mehr nicht, angedeutet. Der Gengler hatte es, hochnäsig wie er war, lediglich mit einem Murren beantwortet und war mit schweren Schritten und erneut lautem Aufschlagen seines Stocks, der mit einem silbernen Knauf verziert war, davongezogen.

Nur wenige Jahre später hätte er doch gerne *mit dene Leut* zu schaffen gehabt, der Gengler. Die Kriege, die Kontinentalsperre – die Volatilität eines andauernden Kriegsgeschäfts – das alles hatte ihn schlicht ruiniert und die Substanz, von der anfangs gar nicht so wenig vorhanden war, zehrte sich über die Jahre auf, auch weil man vom Lebensstil, den man gewohnt war, nicht lassen wollte und konnte. Dann noch die Spekulation in das viele bedruckte Papier, das über Nacht seinen Wert verlieren konnte, weil es ja nur Papier war. Zwei Dekaden – und nichts war mehr vorhanden von dem, was Generationen aufgebaut hatten. Den stolzen Genglers, denen weniger das Geschäft als vielmehr ihre vertraute Welt abhandengekommen war, blieben ihr Hochmut, die Erinnerung und das alte Inselhaus. Der Alte war nach zwei Schlagfüßen verbittert dahingeschieden. Man erzählte sich, der Schlagfuß hätte ihn getroffen, weil er seine Mätresse nicht mehr hätte unterhalten können. Und noch verschwörerischer und leiser machten Geschichten von düsteren Geschäften die Runde, in die sich die feine Kaufmannsfamilie verstrickt haben sollte. Niemand wusste etwas Konkretes. Doch aus Briefen und Botschaften, die über die Alpenkette hin- und hergingen, sowie aus einer gewissen Heimlichtuerei und ungewöhnlichen Reisen ergab sich ein zwar unvollständiges, dennoch verdächtiges Muster, das dem nachträglichen Gerede immer wieder Nahrung gab. Gaupp nahm das Weinglas hoch und prostete in die Runde. Ein wundervoller Abend. Der Gengler prostete ihm zu, sein Gesicht zeigte ein Lächeln, die Augen blieben kalt.

Gaupp nickte ihm abermals freundlich zu. Seine Schwestern hatten sich billig verheiraten müssen, und wie man gehört hatte, auch nicht ganz ohne Zwang, weil der Nachkomme und Erbe sie nicht umfangreicher unterhalten wollte oder konnte. Ja, und da saß er nun am Tisch, dieser Schlaks, aus dessen Augen noch der gleiche Dünkel leuchtete wie damals dem Alten und der versuchte, wieder Fuß zu fassen, wobei zu spüren war, wie sehr er gefangen war vom Glanz der Vergangenheit und dem animalischen Willen, ihn wieder leben zu können. Gaupp kostete nochmals vom herrlichen Roten, war ganz mit seinen Gedanken befasst und folgte dem Tischgespräch überhaupt nicht mehr. Jetzt also hatte er wirklich *mit Leuten* zu tun, sammelte das Geld von Dienstboten ein. Den alten Gengler hätte alleine der Gedanke an ein solches Geschäft umgebracht. Gaupp allerdings hielt es grundsätzlich für eine exquisite und erfolgversprechende Idee. Was wohl daraus werden würde? Er lehnte sich zur Seite und flüsterte dem Schaffer etwas ins Ohr. Der nickte und hob seinerseits sein Weinglas. Die beiden alten Kerle amüsierten sich prächtig.

Erstmals ließ der Collector einen Ton vernehmen. Es war anstrengend für ihn gewesen, seine Gefühle im Zaum zu halten, wo er mit demjenigen an einem Tisch saß, dem seine ganze Verachtung, ja sein tiefsitzender Hass galt. So war es guter Rat, möglichst wenig bis gar nichts zu reden und dem Gemüt eine Zeit lang Gewöhnung an die Situation zu verschaffen.

Inzwischen traute er sich etwas zu und wendete sich an Ernst Kringlin. Weder laut noch darauf gerichtet, die anderen Anwesenden in seine Frage einzubinden, doch da er bislang in jeder Hinsicht unauffällig geblieben war, richtete sich die Aufmerksamkeit ganz natürlich auf ihn, als er fragte: »Ich hörte Ihr ökonomisches Unterfangen betreffend von so einem ähnlichen Ansinnen im letzen Jahr in Augsburg, wo am Lichtmesstag die *Augsburgische Ersparnißkasse* mit dem allgemeinen Angebot der Verzinsung ihren Geschäftsbetrieb aufgenommen hat. Ist das Ihre Geschäft diesem in seiner Art vergleichbar?«

Kringlin lächelte freundlich und zustimmend, wenngleich ihm die Frage nicht so ganz behagte, da der Verweis auf die Augsburger Konkurrenz ihm das Erscheinungsbild der Einmaligkeit nahm. Daher blieb er zurückhaltend undeutlich. »Man könnte es in etwa vergleichen, so man wollte.«

»Ein interessantes Geschäft, will ich meinen«, entgegnete der Collector, wobei er diesmal Auguste von Kringlin adressierte, die ihm freundlich zunickte.

Ernst Kringlin wusste nicht recht, was er von diesem Kerl halten sollte, der sich so geheimnisvoll gab, wobei es doch schon genügte, in einer Stadt fremd zu sein, um eine gewisse Exotik auszustrahlen. Er meinte auch, diesen Menschen schon einmal gesehen zu haben, was allerdings auch eine Täuschung sein konnte in diesen Zeiten, in denen es überall zuging wie im Taubenschlag. Den Namen Collector fand er abstoßend, weil es so funktionell klang. Andererseits machten diese modernen Ausdrucksweisen den Wert der alten Hausnamen erst recht sichtbar, was man als einen Vorteil betrachten konnte. Mit Genugtuung wiederholte er den seinen im Stillen und war zufrieden.

Direkt neben dem Hilfsprediger Gaiserle saß, noch unauffälliger als der Collector, Albrecht von Bibra, ein junger, bleicher Mensch von würdevoller Erscheinung, gänzlich introvertiert und mit einer angenehmen Aura. Es war, als sauge er mit seinen Augen jeden der vielfältigen Eindrücke ein. Den festlichen Saal, das warme Kerzenlicht, die Gerüche, die inspirierenden Gespräche.

Um der Höflichkeit Genüge zu tun, beugte er sich zum Hilfsprediger und sagte: »Es ist nun bald zwei Jahre her, da wir zur Eröffnung des Lutherdenkmals in Wittenberg zugegen waren. Ich darf Ihnen berichten, es war ein erhebender Moment und ein erhebendes Gefühl, auf wirklich beeindruckende große Künstler zu treffen, wie Johann Gottfried Schadow und Karl Friedrich Schinkel es sind. Waren Sie schon einmal an den Wirkungsstätten der Reformation?«

Joseph Gaiserle empfand dies als Übergriff und entgegnete knapp: »Das Gotteshaus ist mir Wirkungsstätte genug.«

»Ah, das ist ein gefestigter Standpunkt«, lautete die Antwort, von der Gaiserle nicht wusste, ob sich darin nicht doch ein Gran Ironie versteckt haben konnte.

Albrecht von Bibra wendete sich an den Schaffer, der ihn mit freundlich leuchtenden Augen über den Tisch hinweg angeblickt hatte, und fragte, was ihn denn besonders auf seinen weiten Reisen über die Ozeane beeindruckt hätte. Der Schaffer beugte sich ein wenig nach vorne und sprach leise, fast heimlichtuerisch und erzählte von der paradiesischen Schönheit der Natur, der Leichtigkeit des Lebens und den faszinierenden Frauen in diesen fernen Gestaden.

Ernst Kringlin befand sich am untren Ende der Tafel ein wenig entfernt vom aktuellen Geschehen, was ihm allerdings nicht das Gefühl vermittelte, abgesondert zu sein. Alles, was ihn wirklich interessierte, konnte er von seinem Platz aus völlig unbemerkt beobachten: Katharina. Sie saß ihm fast gegenüber und war die meiste Zeit dem Schaffer und den Bibras zugewandt.

Sein Herz pochte, denn sie war noch schöner geworden. Nichts war mehr übrig von dem hübschen, unbefangenen Mädchen, das einst durch die Inselgassen mehr getanzt denn gegangen war, und dem er voller Sehnsucht und Begehren nachgeblickt hatte, ohne jemals auch nur eine einzige wirkliche Erwiderung von diesem Wesen erfahren zu haben. Heute nun saß ihm eine erwachsene Frau gegenüber, stolz und ohne jeden Selbstzweifel über ihre hervorgehobene Stellung und Geltung an dieser Tafel wie auch im gesellschaftlichen Leben der Stadt. Mochte sie auch Ganal heißen, wie der stumme Kriegsheld neben ihr, – sie war eine Mauchin, und jetzt, wo sie eine erwachsene

Frau war, konnte man Mutter und Tochter auch für Geschwister halten.

Er räusperte sich zum Schutz, um Worte zu verschleiern, denn eine hinterhältige Regung des Unterbewussten hätte ihn beinahe dazu gebracht, etwas von seinen Gedanken laut auszusprechen.

Wie hätte man das auch ahnen können? Damals, als er ihr für sein Leben verfallen war, da wäre jeder Zugang zu den Bürgerhäusern jenseits der Dienstbotenpforte für sie undenkbar gewesen – ein Bastard, die Mutter mit Juden verbandelt, ein Gehöft außerhalb der Stadtmauern. Und Lucas – ein halber Franzos, lange bei den Welschen gewesen und eines Tages aus dem Nichts aufgetaucht. Es gab schlimmstes Gerede und die verrücktesten Gerüchte dazu. Vor allem fragte man sich, woher das Vermögen stammen konnte, mit welchem der Kauf des Hofs möglich gewesen war. Von der Dreistigkeit einer Pfarrköchin, einen Advocaten für ihre Zwecke einzuspannen, gar nicht zu reden. Und heute? Saßen sie alle hier an dieser Tafel!

Er blickte mit freundlicher Miene in Richtung der Gastgeberin, deren Glück an diesem Abend sichtbar war. Was wohl der Grund sein konnte, dass ausgerechnet diese Patrizierin einen Narren an der ganzen Bagage der Mauchin gefunden hatte?

Katharina erzählte gerade voller Emotion eine Anekdote aus ihrem Haus. Ein Grinsen spannte sich in seinem Gesicht auf, das niemandem am Tisch galt. Ja, sein Vater, der alte Idiot, der hätte sie, diese Göttin, niemals in sein Haus gelassen. Niemals! Und jetzt?! Sie hatte ihn begrüßt wie jeden der anderen Gäste auch – freundlich, zugewandt, mit ihrer natürlichen Herzlichkeit. Mehr nicht. Ob der alte Gaupp sich an seinen Vater erinnerte? Vermutlich nicht. Er hingegen erinnerte noch gut den Tag, als der Vater zurückgekommen war und im Haus ein fürchterliches Geplärr veranstaltete, weil der Geheime Rat Gaupp ihn in herabwürdigender Weise behandelt hätte – ihn, den Gengler! Die Postlizenz habe man ihm angeboten! Man stelle sich diese Impertinenz vor! Das Personal hatte, wo immer möglich, zugesehen, dem Tobenden aus dem Weg zu gehen, während die Frauen im Haus wie erwartet sehr entsetzt taten und ihre Abscheu über diesen Gaupp laut hören ließen. Alles war längst vergangen, aber auch wiederum nicht, denn er hockte diesem Gaupp gegenüber und den Inhabern der Postlizenz. Nein, er war sich sicher – der alte Kerl erinnerte sich vermutlich an gar nichts mehr.

Ihm aber kam es unvermittelt nahe, wie sein Vater, der alte Gengler, noch auf dem Totenbett liegend, fahl im Gesicht, mit eingefallenen Wangen und einem gelben Schimmer auf der Stirn, seine ganze Schlechtigkeit offenbarte. Er, der Erbe des Niedergangs, hatte ihm gesagt, er wolle fortgehen, nach Wien, um eine Möglichkeit zu finden zu retten, was zu retten war, den Schwestern vielleicht doch eine angemessene Heirat zu ermöglichen. Da hatte das alte Gespenst noch mit harter, bösartiger Stimme gesagt, es hätte seit nunmehr zweihundert Jahren kein Gengler mehr die Stadt verlassen müssen, um etwas zu bewirken. Mehr nicht. Kein Segen, kein guter Wunsch. Und er hatte sich nach unten gebeugt und dem Sterbenden ins Ohr geflüstert, es gäbe sie nicht mehr, die Genglers, weil er, der gerade auf dem Weg in die Hölle sei, sie durch Unmäßigkeit, Arroganz und Dummheit vernichtet hätte. In der Nacht war das alte Gespenst gestorben. Gleich vom Friedhof aus hatte er sich auf den Weg gemacht, um dem Geplärr zu entgehen, welches ihn zuhause erwartet hätte. Alles, alles wurde verkauft, bis auf dieses eine Inselhaus mit der großen repräsentativen Kammer unter dem Dach.

Er lächelte bei dem Gedanken an diese Szenen aus der Vergangenheit.

Als er sich wieder nach rechts, den Rühle von Liliensterns zuwendete, streifte sein Blick Katharina und Christian, der stumm wie ein Fisch dahockte, schon den ganzen Abend lang. Ab und an tat er interessiert, aber selbst hatte er kaum einen Ton hervorgebracht. Der Kriegsheld – so war das also mit diesen Helden, wenn sie nicht im Krieg waren – Stille.

Säure stieg in ihm auf. Die Damen hatten die Hoheit über den Tisch gewonnen und debattierten ihre Romane. Es galt galant zu sein, sich interessiert zu geben und zuzuhören. So hielt sich sein Erschrecken in Grenzen, als Frau Rühle von Lilienstern ihn fragte, ob er auch der Meinung Jean Pauls sei, der behaupte, die Eifersucht lebe länger als die Liebe. Gekonnt nippte er an seinem Weinglas und sagte, er hätte diesbezüglich nicht das Vergnügen persönlicher Erfahrung. Sein Herz aber pochte hart, und er konnte nicht umhin, noch einmal hinüber zu Katharina zu schauen.

Diese verfluchten Dichter!

Der Collector hatte zwar an dem ein oder andern Gespräch teilgenommen, hier genickt, dort einen Satz fallen lassen und ansonsten das jeweils passende Mienenspiel vollzogen; ein geübter Begleiter solcher Abende, der wusste, wann ein Augenblick gekommen war und wann nicht.

Aus den Augenwinkeln hatte er Ernst Kringlin im Blick und konnte einmal beobachten, wie dessen Blick lange und voller Selbstvergessenheit auf der in voller Blüte stehenden Katharina haftete. Ja, sie war schön. Aber dieser Kringlin … er stand in der Tat kurz davor sich zu vergessen. Dieser schmachtende Blick – so unpassend wie töricht. Der Mann hatte sich ja kaum unter Kontrolle. Doch wenigstens offenbarte es ihm, dass es da etwas gab, was ihm vielleicht nützlich sein konnte. Mit den Mauchin verband diesen Kringlin in jedem Falle nichts, wenn er seine Blicke und sein Verhalten richtig deutete. Es war in jeder Hinsicht töricht und unbedarft, wenn man ein Geschäft in die Welt bringen wollte und die Favoriten der Gastgeberin eines solchen Abends ignorierte und nicht umschmeichelte. Auch eine feine Erkenntnis, wie er fand. Entspannt folgte er den Tischgesprächen. Gesehen und erfahren hatte er für sein Vorhaben schon genug.

Am anderen Tischende hatte sich der Cancan in eine ernste Konversation gewandelt, und der Schaffer musste überlegen, was er auf die

Frage, was ihn auf den Reisen besonders beeindruckt hatte, antworten sollte. Wenn Katharinas Buben bei ihm waren und er mit ihnen und den Hunden in einer warmen, windgeschützten Ecke hockte, ja dann fand er kaum ein Ende, und die drei wurden niemals satt von der Unendlichkeit des Meeres, dem gewaltigen Sternenhimmel, den Stürmen, den Walen und den fernen Ländern zu hören, wo braune Menschen in Hütten lebten und es keinen Winter gab. Und ab und an erzählte er ein wenig von den Kannibalen, allerdings in zurückhaltender Dosierung.

An dieser Tafel hier saß man auch warm und windgeschützt und die Erwachsenen dürsteten auch nach aufregenden Berichten, doch die köstlichen Speisen verboten es, auch nur irgendetwas von Menschenfresserei anklingen zu lassen; schon gar nicht jene Geschichte vom Kopf eines Neuseeländers, der an die Bordwand genagelt war und dessen sich befreundete Wilde in aller Natürlichkeit bedienten und die Wangen über einem Feuer rösteten und verspeisten.

Er entschied sich für eine Begebenheit, die ihm ohne jede Aufforderung selbst immer wieder in den Sinn kam. Neben all den unglaublichen Naturerlebnissen, den Erfahrungen auf See war es die Art und Weise der Menschen, wie sie auf diesen paradiesischen Inseln lebten, auf der anderen Seite der Welt, und er knüpfte an das an, was der Gengler gesagt hatte. »Wo wir gerade von der *Ersten Bank* gehört haben, die uns künftig allen das Geld zuerst aus den Taschen ziehen wird, um uns sodann als reich fühlen zu lassen …« Er wartete das Lachen ab, das sich in Richtung Gengler ausbreitete, der es mit einem freundlichen Nicken goutierte: »Touché!«

»Auf diesen paradiesischen Inseln also, da kennt man kein Geld, allenfalls Muscheln, die eine Art Gegenwert darstellen. Aber Geld, so wie wir es haben, ist dort unbekannt, wie vieles andere auch, was für uns eine Selbstverständlichkeit sein mag. Und dennoch existieren diese Gesellschaften seit Jahrhunderten gemäß einer festgefügten Ordnung.«

»Ah, das ist in der Tat interessant«, entgegnete Albrecht von Bibra.

»Und so fremd diese Welt auch sein mag – Pfaffen haben sie dort auch«, fügte der Schaffer an und grinste in die Runde. »Eines Tages gehörte ich mit meinen beiden Freunden, dem Ameisler und dem Vitus, Gott möge sie beide in seiner Herrlichkeit aufgenommen haben … wir waren also Teil einer Landmission und begleiteten einen deutschen Gelehrten, Georg Forster war sein Name, auf eine der vielen vulkanischen Inseln. Eine unvorstellbare Hitze hatte sich unter dem Blätterdach angestaut. Wir mühten uns einen Hang empor und gelangten schließlich im Schatten von Kokospalmen an eine große, mit breiten Blättern eingedeckte Hütte. Ein unverschlossener Zugang verschaffte den Blick nach innen und dort gewahrten wir eine bequeme Liege, aus Bambus gefertigt, mit duftenden Blütenblättern aufgepolstert. Auf der lag müßig ein großer, fetter Kerl. An seinem Kopfe stand eine halbnackte junge Frau und fächtelte ihm mit einem großen Farnblatt kühle Luft zu, während eine andere Schönheit damit befasst war, ihm Köstlichkeiten in den Mund zu stopfen. Wir fanden bald heraus – es handelte sich um einen ihrer Priester, der sich das so gefallen ließ.«

Unterdrücktes Gelächter schwappte am Tisch auf und ab, und der Hilfsprediger wusste gar nicht, wohin schauen. Zorn und Hass diesem gottlosen Schafhirten gegenüber flammten in ihm auf.

Er meldete sich zu Wort und war bemüht, seiner Stimme etwas Gütiges zu geben: »Es sind Heiden und man muss sie so werten und richten«, sagte er und lächelte den Schaffer müde an.

»Oh, Heiden … nun ja, das klingt sehr harsch, und über sie zu richten, meine ich, das steht uns nicht an … denn – woher nähmen wir das Recht dazu. Ich kann dem Herrn Prediger versichern, es sind freundliche, gläubige Menschen, die ihrer Religion mit ganzem Herzen zu Dienste sind und in der Mehrzahl im Rahmen ihrer Traditionen den Frieden bevorzugen.«

Gaiserle fühlte sich dem Schafhirten auf diesem Felde überlegen und setzte zu einer kleinen Predigt an: »Nun ja, dennoch sind es Heiden. Und was die Rechtfertigung angeht, so lesen wir in der Genesis: *In dir sollen gesegnet werden alle Völker der Erde.* Gerechtigkeit vor Gott erlangt man nicht durch Taten, sondern durch Glauben. Halten wir dankbar daran fest, dass der heilige Geist in vielen Heidenvölkern weilt und für sie ruft: *Komm, Herr Jesu.* Seine Missionstätigkeit ist oft eine unmittelbare, er weckt das Sehnen nach Erlösung, bereitet das Ackerfeld für die kommende Saat, lässt keinen Heiden aus der Welt ohne Sehnsucht scheiden. Und so tun wir Gutes daran, die Heiden zu bekehren.«

Der Schaffer nickte dem Hilfsprediger freundlich zu und fragte ruhig: »So, wie der berühmte Vasco de Gama, der auf seiner Seefahrt die Pilger eines Schiffes nach Mekka, welches ihm begegnete, allesamt ermorden ließ?«

Frau Rühle von Lilienstern sprang schnell ein: »Oh, das hat mich, als ich es las, auch entsetzt.« Schnell wechselte sie aber auf ein anderes Feld: »Sie waren wirklich mit dem unglücklichen Georg Forster zusammen?«

Der Schaffer bejahte. »Mein guter Freund, der Ameisler, hat mich einmal in der Schafferei in Bezau besucht und mir das Buch gebracht, das er geschrieben hat von der Reise um die Welt, und vieles darin habe ich wirklich wiedererkannt.«

»Sie wissen … er ist am Fieber gestorben, in Paris.«

»Vor einer Ewigkeit, ja. Ein bitteres Ende für einen so großartigen Burschen.«

Die Gespräche verteilten sich erneut auf verschiedene Gruppen über den Tisch. Die einen wogen die Sinnhaftigkeit einer Bank, die anderen debattierten über die fernen Länder und manche landeten in der Politik lokaler Themen.

Draußen vor dem Haus zum Baumgarten hatte sich eine kleine Schar Schaulustiger gehalten, die in der Überzahl aus Halbwüchsigen bestand. Sie wussten, wenn eine so große Tafel gegeben wurde, war die Küche anständiger Patrizierhäuser gehalten zu teilen. So kamen denn auch in einer der Pausen die Küchenmägde mit Blechen und Körben, um zu verteilen, was noch zwischen Stift und Cavazzen köstlich duftete.

Franzisca, Katharina, Auguste Kringlin und Frau Rühle von Lilienstern tauschten sich über Fragen der Erziehung aus. Katharina hatte tatsächlich erwogen, ihre Buben nach Trogen zu geben, wo seit zwei Jahren eine, wie sie sagte, *moderne* Lehr- und Erziehungsanstalt existierte. Sie betonte, die von Johann Caspar Zellweger gegründete Lehr- und Erziehungsanstalt sei explizit für die Söhne der gebildeten Stände eröffnet worden. Zum Entsetzen Franziscas hatte Christian keine Argumente dagegen vorzubringen, als er erfuhr, es handele sich um eine Einrichtung, die nicht in kirchlicher Hand sei. Den Pfaffen hätte er die Kinder niemals überlassen wollen.

Es war Franzisca, die alles daran setzte, die Buben in Lindau zu behalten und in ihrer Tante Elisabeth eine Mitstreiterin hatte. Seither waren die drei viel öfter bei ihnen am Hof und beim Schaffer. Sie hätte es nicht verwunden, die drei in der Ferne zu wissen, wo sie doch für sie wie eigene Söhne waren.

Sarah von Bibra hatte ihren Sohn in eine Erziehungsanstalt in Sachsen gegeben, die Tochter in eine Klosterschule, während die Kinder der Familie Rühle von Lilienstern zuhause unterrichtet wurden. Auguste Kringlin hätte ihre Kinder niemals weggeben wollen. Bei ihrem Gatten war sie sich dessen nicht sicher, fand aber in den beengten finanziellen Verhältnissen, denen sie ausgesetzt waren, eine passable Unterstützung für ihre Position.

Frau von Seutter ließ die Gespräche gewähren. Ihr hatte der kleine Disput gefallen, der sich zwischen Schaffer und dem neuen Hilfsprediger entwickelt hatte, denn er hatte ihr das giftige Wesen des Neuen vor Augen geführt.

Noch vor den Birnen in Sahnesauce, dem Käse und den Liqueuren wollte sie aber den etwas geheimnisvollen Gast ins Zentrum stellen, der ihr am weitesten entfernt gegenüber am Tischende saß – den Collector. Mit ihrer ganzen Erfahrung, wie sich Konversation leiten ließ, entspann sie ein Gespräch über die vielen Reisenden, die die Inselstadt aufsuchten, und ganz von selbst landete das Interesse mit einem Mal bei Franz von Riefenstein, dem Collector, der der Abendgesellschaft bisher als interessierter, wenn auch passiver Teilnehmer gefolgt war.

Es war Auguste Kringlin, die die Frage an ihn richtete, was man sich denn unter einem Collector vorzustellen habe. Die Frage erregte derartige Aufmerksamkeit, dass er sich unerwartet der ungeteilten Aufmerksamkeit der Abendgesellschaft gegenübersah. Es verunsicherte ihn keineswegs. »Seinerzeit war ich Angehöriger der Kommission der Königlich-baierischen Hof- und Staatsbibliothek, die darum bemüht war, die wertvollsten Bücher zu sichern, da im Aufruhr der Auflösung der Klöster in zum Teil nicht wiederzugebender, schrecklicher Weise zahlreiche wertvolle Werke sogar der Vernichtung zugeführt wurden. Nun – nach der Auflösung der Kommission hat mich das Faible für diese wunderbaren Werke erfasst und nun bin ich teils in eigenem Auftrag, teils für Auftraggeber dabei, verlorene Schätze wiederzuerbringen – vor allem Gemälde, Kunstgegenstände und Bücher, insbesondere jene Stücke, die eine gewisse Bedeutung für manche meiner Auftraggeber haben. Aus irgendeinem, mir selbst unerfindlichen Grund hat sich mir der Name Collector angeheftet«, er sah in die Runde, »der im Grunde genommen nicht zutreffend ist, denn ich selbst sammle diese Dinge nicht, so schön sie auch sind.«

Frau von Seutter war angetan. »Hier in dieser Stadt wird seit Jahrhunderten Handel getrieben, darauf fußt unser Wohlstand. Dieses Haus selbst ist Ergebnis der großartigen Erfolge einer dieser Handelsfamilien. Wir handelten mit Korn, mit Salz, mit Rebstöcken, Leinen und Wein – einen Kunsthändler allerdings, den haben diese Mauern noch nicht begrüßen dürfen.«

Der Collector zeigte sich entzückt. »Das ist ein schöner und zutreffender Begriff – Kunsthändler. Ich fürchte allerdings, der *Collector* wird mir eher haften bleiben, wie das eben so ist.«

Rühle von Lilienstern fragte unverblümt: »Und welcher Art sind Ihre Auftraggeber?« Ihm schien klar, dass hinter solchem Auftrag einflussreiche Personen stehen mussten.

Der Collector behielt sein Lächeln bei. »Sie werden verstehen, dass ich darüber keine Details offenbaren kann, aber seien Sie versichert, es handelt sich um äußerst distinguierte, den Künsten und Wissenschaften gegenüber aufgeschlossene Persönlichkeiten von Ehre und Stand.«

»Und welche Bücher und Gemälde konkret … lässt sich das ein wenig eingrenzen?«, ließ der Oberjagdmeister nicht locker. Der Formulierung des kunstsinnigen Herrn bezüglich seiner Auftraggeber nach konnten durchaus auch Königshäuser unter den Auftraggebern sein.

Der Collector lachte – nicht laut, nicht leise – einfach gekonnt, einnehmend und sympathisch. Eine bestimmte Form von Erziehung musste hinter einer solchen Kunst des Benehmens liegen, denn sein Oberkörper kam dabei nicht annähernd in eine Art von Bewegung. Er sprach ruhig und erklärend, ohne bei seinen Gesprächspartnern das unangenehme Gefühl von Ahnungslosigkeit aufkeimen zu lassen. »Bei den Gemälden sind es vor allem Darstellungen unserer Landschaften, Städte, Szenen des alltäglichen Lebens. Und was die Bücher angeht, nun, es sind gewiss besondere Bücher, und sollte ich sie charakterisieren, so überwiegen diejenigen Werke, die eher dem Metaphysischen zuzuordnen sind.«

»Ah, davon ist gerade viel in den literarischen Journalen die Rede, von diesen Büchern, die in den Klöstern selbst in Verschluss waren und in denen es um Zauberei ging, um Hexenwerk …?«, entfuhr es Sarah von Bibra.

Der Collector kniff die Augen zusammen. »Gnädige Frau, ich darf Sie beruhigen. Nichts dergleichen. Im Grunde hoffte ich ja, die Venus von Milo zu finden, doch dieses unendliche Glück war einem hellenischen Bauern beschieden mit dem unaussprechlichen Namen *Georgios Kentrotas,* auf der Suche nach banalem Baumaterial. Solches Geschehen beflügelt den Jäger und Sammler.«

»Metaphysik schließt ja auch andere Sujets ein … zum Beispiel könnten Sie dann auch auf der Suche nach Büchern über die Liebe sein …«, meinte Frau Rühle von Lilienstern.

»Dann doch eher über Zauberei und Hexenwerk«, konterte der Collector amüsiert und konnte sich der Pointe sicher sein. Noch kunstvoller aber war es, wie er es nicht bei einer Pointe beließ, vielmehr die Ernsthaftigkeit zurückkehren ließ: »Natürlich ist das Augenmerk meiner Interessenten vor allem auf Werke gerichtet, die sich einst im *Index Librorum Prohibitorum* wiederfanden, also jenen Schriften, die unsere geliebte katholische Kirche als, sagen wir, nicht empfehlenswert qualifizierte.«

Der alte Gaupp stieß derweil dem Schaffer in die Seite, ohne dass es jemand bemerken konnte. Natürlich log der Collector, wenngleich er seine Überraschung über den erschrockenen Kommentar der noblen Dame sehr gut hatte verbergen können. Mit Sicherheit ging es bei den Büchern, denen er auf der Spur war, um überhaupt nichts anderes als eben um Liebe, Zauberei und Hexenwerk.

Man erfuhr noch, dass der stille Mann bereits in vielen Klöstern, darunter Ottobeuren, Wessobrunn und Kempten, gewesen war und vor allem den Beständen des Klosters Bad Schussenried und der Mehrerau nachgehen wollte. Vor allem von Letzterer erhoffte er sich Erfolg. »Als vor nunmehr bald zwanzig Jahren Bregenz dem Königreich Bayern zugeschlagen wurde, hob man auch die Mehrerau auf. Das Kloster wurde geplündert, die barocke Kirche zerstört und die Konventgebäude hat man in rüdester Weise zu Fabrik und Kaserne umgestaltet. Viele Schätze sind dabei verloren gegangen und nun ist es an der Zeit, unsere Geschichte vor den schlimmsten Verlusten zu bewahren.«

»Und Sie haben Quartier in der *Krone* genommen«, stellte Katharina fest. »Haben Sie denn vor, Ihre Familie nachzuholen?«

»Oh, nein, das beabsichtige ich nicht.«

Albrecht von Bibra sinnierte laut: »von Riefenstein … Salzburger Gegend … das ist eine alte Familie, wenn ich recht weiß.«

»Oh, das darf man gerne so sehen – uralt sogar. Mein Adel ist sogar so alt, dass sich mein Vermögen daran verbraucht hat.«

Frau von Seutter lachte, wie alle anderen auch. Das war eine Konversation ganz nach ihrem Geschmack. Familie, Reisen und die Kunst – das waren die Themen, die interessant und ergiebig waren. Politik, Moral und Religion hatten an solchen Tischen nichts verloren. »Was sagt Ihre Familie zu Ihren metaphysischen Exkursionen?«

»Oh … meine Eltern sind früh heimgegangen und ich wuchs bei meinem Onkel mütterlicherseits auf. Ich liebte ihn wie einen Vater. Er war ein sehr dem Genuss zugetaner Mensch mit einem Faible für die Kunst und elegante Unterhaltung … ich dachte heute Abend schon einige Male an ihn – er hätte sich hier in besonderer Weise wohl gefühlt, dessen dürfen Sie versichert sein.«

Wie elegant, dachte Auguste von Kringlin, auf so natürliche Weise zu komplimentieren.

So unangenehm es der Gastgeberin auch war, war es nun doch an der Zeit, diesem Hilfsprediger Gelegenheit zu geben, ein paar Worte zu sagen. Von sich aus war er offensichtlich nicht in der Lage, etwas Interessantes in die Diskussion einzubringen. Sie beugte sich etwas nach vorne und baute einen Blickkontakt zu ihm auf: »Haben Sie sich denn inzwischen gut einleben können hier in der Stadt? Es ist doch erst kurze Zeit her, dass Sie … dass Sie von …«

»Aus dem Donaumoos, verehrte Frau von Seutter, aus dem Donaumoos sind wir vor nunmehr genau drei Monaten hierhergekommen.«

»Ah … das Donaumoos … Es soll eine eindrückliche Landschaft sein, dort im Norden von Dachau, nicht wahr? Sie waren Landprediger bislang …?«

Gaiserle fühlte sein Herz kräftig pochen, jetzt, wo er offiziell zu einer Äußerung gebeten worden war. »Es ist nicht Dachau. Günzburg«, sagte er, hieße der nächste größere Ort. »Und, oh ja, ich bin Landprediger gewesen, und ich kenne die Schwierigkeiten, welche sich einem als Landprediger auf dem Wege der Pflichterfüllung entgegenzustellen pflegen, aus eigener Erfahrung.« Es folgte eine lange Aneinanderreihung von Phrasen über Gott, den Menschen, die Welt und den Prediger im Zentrum dieses, seines Universums. Er schloss mit einer Bemerkung über die Orientierungslosigkeit der Menschheit, die seiner Meinung nach an der zunehmend, sich durch alle Klassen hindurch verbreitenden, ungeordneten Lektüre bestand, insbesondere von Zeitschriften und Magazinen für dies und jenes. »Und so nimmt die Gemeinde auch den ungepflegten Ton darin auf«, fügte er mit ernster Miene an.

»Was wäre denn eine geordnete Lektüre?«, fragte Frau Rühle von Lilienstern mit amüsiertem Ernst in der Stimme.

»Nun, eben eine Ordnung hinsichtlich der Ansichten und Grundsätze, welche sich in Religionsvorträgen, Katechisationen, Privatgesprächen und Schriften finden, in der Art und Weise, wie sie bei der Verrichtung der Amtsgeschäfte und den Verhandlungen des gemeinen Lebens üblich sind. Es ist wie in den Akademien – und jeder städtische Prediger, der sich etwas hebt und dadurch sich auszeichnet, hat sein Publikum, welches mehr oder weniger auf diese oder jene Art in wichtigen oder unwichtigen Hinsichten Anleitung findet.«

»Und die Wissenschaften?«, fragte sie irritiert.

»Wissenschaften?«, gab Gaiserle die Frage zurück, so als wäre es völlig aus jedem Denken.

Der Schaffer sprach in die Runde. »Ja, mit der Wissenschaft tut sich die Kirche noch etwas schwer. So gibt es bei unseren Geistlichen durchaus noch die Meinung, unsere Erde sei sechstausend Jahre alt, während der berühmte Alexander von Humboldt schon von Millionen Jahren ausgeht.«

Obschon er es mit ganzem Ernst gesagt hatte, kam das ein oder andere Lachen auf.

Frau von Seutter schaltete sich ein. Es wäre unhöflich gewesen, jemand anderen in den Fokus zu ziehen, daher fragte sie Gaiserle: »Wie ich gelesen habe, sollen in St. Stephan ein Mannssitz im Stuhl,

ebenso zwei Weibersitze im Stuhl zu verkaufen sein. Gibt es bereits Interessenten?«

Für den Hilfsprediger war die Information neu. Er wusste von den Verkäufen nichts, weil ihn derlei nicht interessierte. Er nickte aber beflissen und log: »Ja. Es besteht ein sehr reges Interesse.«

»Wo sieht er denn die Schwerpunkte seiner künftigen Arbeit?«, fragte Frau von Seutter, um der Höflichkeit weitere Dienste zu erweisen. Sie empfand seine Stimme als unangenehm, noch mehr allerdings die stechende Art und Weise, in der er sich äußerte, worin Verbindlichkeit und Wohlwollen fehlten. Bis jetzt hatte sein Gerede noch amüsiert, doch befürchtete sie, bald würden seine Monologe die Stimmung trüben.

Gaiserle, vom vielen Reden etwas schwindlig im Sinn geworden, verstand die Frage falsch, indem er sie als Grund für einen Stoß nutzte, als vielmehr zu einem allgemeinen wohltuenden Abschluss. Er richtete sich auf. »Sowohl im Bürgerstande wie bei der erwachsenen Jugend hat die napoleonische Zeit so viel Rohheit, Verwilderung, Unwissenheit und Sittenverderbnis hinterlassen, dass für mich die Sittlichkeit … die Wiederherstellung der Sittlichkeit im Vordergrund stehen soll. Es ist zwar erst eine kurze Zeit vergangen, in welcher ich die hiesigen Verhältnisse kennenlernen durfte, doch scheint mir eine gute Ordnung auf unbekannte Weise durcheinandergekommen zu sein. Es gibt doch viele vom Weg abgekommene Existenzen zu bejammern, die in Sünde geborene Kinder unter Gottes Himmel gebreitet haben, auch ist mir ein zweifelhaft freier Umgang mit fremden Juden zu Ohren gekommen. Ich möchte mich vor allem diesen beiden Defiziten widmen. Bei Epheser 2 lesen wir: *Ihr Frauen, ordnet euch euren Männern unter, wie ihr euch dem Herrn unterordnet.*« Er lächelte selbstsicher in die Runde.

Katharina neigte den Kopf ein wenig und sah ihn mit hochgezogener Stirn an. »Aber das klingt mir sehr nach einem harten und reizlosen Lebensentwurf, so gänzlich ohne Poesie.«

Gaiserle wusste ihre Einlassung nicht zu deuten und sah verstört drein.

»Ich meine«, erklärte Katharina, »es wäre ein Leben ganz ohne Überraschung, die einen doch dazu bringt, der ein oder anderen Seite, die einem einförmig und fade erscheint, etwas abgewinnen zu können, nicht wahr?«

Frau von Seutter hatte es geahnt, und schon war es geschehen: Etwas Kühles hatte sich im Raum ausgebreitet. Franzisca hatte sich dem Hilfsprediger erstmals zugewendet und ließ ihn nicht mehr aus den Augen, ebenso ihre Tante Elisabeth, die ihn mit fragendem Blick fixierte. Christian hatte den bubenhaften Kerl in seinem schwarzen Kirchenmantel bisher eher als eine Art religiöse Vogelscheuche wahrgenommen. Jetzt aber, mit den letzten Sätzen, war er mit allem, was seine Familie betraf, in Konflikt geraten. Er hatte sich zurechtgesetzt und nahm den Kerl mit der schneidenden Stimme, der ihm bislang gleichgültig gewesen war, ebenfalls in die Zwinge seiner Augen.

Katharina spürte, wie die eintretende Stille dem fröhlichen Verlauf des Abends im Wege war und sagte spöttisch: »Er scheint das Hebelwerk des Ehestandes nicht zu kennen, der neue Hilfsprediger. Ich sähe daher die Aufgabe, ihm eine geeignete Frau zu beschaffen, als dringlich an.«

Die Damen lachten fein.

Gaiserle sah irritiert über den Tisch und seine Miene changierte zwischen amüsierter Gelassenheit und zornigem Zucken. Derart naturfrech war ihm noch nie in einer offiziellen Runde begegnet worden, noch dazu kam diese bissige Replik von einer Frau, und niemand an diesem angeblich so feinen Tisch wollte sich daran stören. Allerdings war es auch das erste Mal, dass er in einer solchen Runde zugegen war.

Der Schaffer sah ihn mit blitzenden Augen an und meinte finster und anklagend: »Aber Gott … Gott liebt doch jedes Kind unter seinem Himmel.«

Gaiserle wusste nicht, wie auf derartige Widerrede zu reagieren war, und fixierte die gegenüberliegende Wand mit der Fensterreihe, womit er niemanden anblicken musste. *Womit?!*, dröhnte es hallend in seinem Innersten. Womit sollte er diesen Menschen drohen, womit sollte er sie locken, womit konnte er sie ängstigen? Konnte er ihnen mit den Schilderungen von ewiger Verdammnis und Fegefeuer Angst bereiten? Zwischen Kalbsbraten und Rebhuhn? Konnte er ihnen die Verzückungen des Paradieses darlegen, zwischen Champagner und Birnen in Sahnesauce? Nein. Sie waren verloren, für ihn waren sie alle verloren, unerreichbar. Und daher hasste er sie, weil sie der Hölle, die er beschreiben konnte, keine Furcht entgegenbrachten und seinem Himmel kein Verlangen. Sie lebten ihr Paradies auf Erden und verhöhnten ihn.

Frau von Seutter lenkte das Gespräch auf allgemeinere Dinge und fragte ihn unvermittelt, wie er es denn mit Krankenbesuchen hielte, da sie gehört habe, er wäre bisher weder im Hospiz noch Heiliggeistspital zu sehen gewesen, was insofern traurig sei, da eine gute alte Kraft vor ihrem Heimgang sehnlichst auf geistlichen Beistand gewartet hätte. Man hätte zweimal nach ihm geschickt …

Vor Aufregung erkannte er die Falle nicht, in die er tappte, und war sogar dankbar, sich aufgefordert zu fühlen, den Kelch mit memorierter Wissensbrühe am Tisch auszugießen. »Ja, nun endlich kann der Krankenbesuch uns auch allerlei Aufschlüsse geben über die Wirksamkeit unseres Amtes sowie über das persönliche Ansehen, in welchem wir bei unsern Gemeinden stehen.«

»Ah, das hört sich wohlmeinend an«, entgegnete ihm die Gastgeberin, was ihn freute. »Wir sind uns ja des umfänglichen Treibens in einer Stadt wie der unseren kaum bewusst, weil es uns selbstverständlich erscheint, da wir selbst Teil des Getriebes sind, nicht wahr?«, wendete sie sich an den alten Geheimrat Gaupp, der ihr beflissen zustimmte.

Ihre Stimme nahm einen mütterlichen Ton an. »Und welch eine Anstrengung muss es für einen Landprediger darstellen«, fuhr sie fort, »zumal er auch noch alleine eine so große Stelle versorgen muss! Das sehe ich ein. Gleich in dieser Woche werde ich nach Augsburg schreiben, diesem Zustand gerecht zu werden und die Stelle des Stadtpredigers zu besetzen. Es ist schädlich, junge, aufstrebende Charaktere, die so viel religiöse Kraft in sich tragen, in solchen Situationen alleine zu lassen.«

Sie grüßte in Richtung ihres Gastes mit einem leutseligen Nicken, welches er artig erwiderte und ihn zugleich die eisige Kälte spüren ließ, die von seiner Muhme her auf ihn wirkte.

Als diese einige Zeit später eine belanglose Höflichkeit zurückgeben wollte, drang nur ein peinliches Krächzen aus ihrer Kehle.

Die Konversation am Tisch nahm ihren freudigen Fortgang und keinerlei Notiz vom abgrundtiefen Schrecken, der die beiden Seelen erfasst hatte. Das Lächeln der Muhme wandelte sich in ein verzweifeltes Grinsen. Joseph Gaiserle fühlte sich in sich selbst gefangen. Wo war er hingeraten, an welchen Ort, in welch üble Gesellschaft? Sie feierten sich selbst und redeten, als wäre man im Wirtshaus. Keiner hier am Tisch, keiner hatte Gottesfurcht, Ehrfurcht, Respekt – keiner von ihnen! Die einen suhlten sich in ihrem Wissen über Kunst und Literatur, die anderen ergötzten sich an fürchterlichen Geschichten über Heiden. Nichts bereitete ihnen Furcht oder Angst – bis auf eines: Ganz am Anfang des Abends hatte dieser Baron von einem Brand in einem seiner Dörfer berichtet, und das war ihnen wirklich nahegegangen. Vor Feuer, vor Brand, vor der Vernichtung dessen, was sie alle ausmachte, davor hatten sie also durchaus Angst. Gut so … gut so, dass es wenigstens etwas gab in diesen Leben, vor dem sie sich fürchten mussten – Feuer!

Die Gespräche kamen nur noch wie von Weitem an sein Ohr, Geräuschen gleich, frei von Inhalt. Das Bild eines Vogels tat sich vor ihm auf, der aus den Flammen stieg – Phoenix. War es nicht ein schönes Bild? Konnte am Ende nur Feuer alles erneuern, und konnte er selbst erneuert, wie ein Phoenix aus der Asche steigen? In Venedig war vor Jahrzehnten ein Theater den Flammen zum Opfer gefallen, und die reiche Stadt hatte es wieder aufgerichtet und ihm den Namen *Teatro La Fenice* gegeben. Ja, so war es wohl. Wollte man etwas Neugeborenes, musste Altes zuvor in Asche verfallen.

Über seine Gedanken geriet er in eine Art Trance, bis ihn die Stimme Albrecht von Bibras zurück in die Realität holte. Der war mit Lucas dabei, die Schwierigkeiten des Handels zu disputieren, jene, die sich gerade hier in der Grenzregion zeigten. Über diesen Gesprächen war zutage getreten, dass der Freiherr nicht ganz zu privatem und familiärem Vergnügen in der Inselstadt weilte. Wie zu erfahren war, stand ein Treffen mit hohen Vertretern einer Kommission an, die um die Harmonisierung von Maßen und Gewichten bemüht war.

Der Freiherr führte humorvoll aus: »Natürlich wirkt die preußische Maß- und Gewichtsordnung, die seit nunmehr sechs Jahren gilt, über ihre Grenzen hinaus. Wir kommen nicht umhin, uns zu vereinheitlichen. Schauen wir nur einmal zu den Eidgenossen: Eine Elle misst in Aarau generell neunundfünzigkommadrei Zentimeter, in Appenzell für Leinen sind es vierzehn Zentimeter mehr, für Tuch allerdings nur einen knappen Zentimeter mehr, während man in Chur auf sechundsechzig Zentimeter kommt. Schaffhausen hat ein ganz fürchterliches Maß, und in St. Gallen leistet sich der Eidgenosse die Leinenelle mit dreiundsiebzigeinhalb Zentimetern, die Wollenelle mit zwölf Zentimetern weniger. Das ist doch unfassbar. Nicht besser bei den Feldmaßen. Und das ist ja noch gar nichts, angesichts der fünf Uhrzeiten, die hier am See gelten – in Bregenz die Prager Zeit, in Lindau die Münchner Zeit, Friedrichshafen fährt nach der Stuttgarter Zeit, in Konstanz gilt die Karlsruher Zeit, und die Helvetier wollen von ihrer Berner Zeit nicht lassen. Eine Fahrt von Lindau nach Konstanz ist so eine halbe Stunde schneller vollzogen, als sie wirklich dauert, sofern man nicht von dort wieder zurückfährt …«

Der Ausflug in die Physik erheiterte die Stimmung am Tisch, Lachen breitete sich aus, worauf von Bibra mit den Worten schloss: »Ducunt fata volentem, nolentem trahunt – *das Schicksal führt die Willigen und schleppt die Unwilligen* – Seneca.«

Der Abend fand seinen stillen Abschluss, indem man noch das Mitternachtsschlagen vom Münster abwartete. Dann löste sich die Gesellschaft in gegenseitigen Wünschen und Dankesreden an die Gastgeberin auf.

Ein Dienstjunge verständigte den Schniefer, der mit den Kutschen in der Hofstatt gewartet hatte. Dort hatte er die Nische im Pferdestall bezogen, die schon dem Poschter so gut gefallen hatte, und vor sich hingedöst. Die rußigen Kutschenlampen waren gesäubert und neue Kerzen in die Federn gedrückt worden. Die Hufe der Kaltblüter wie auch die Eisenringe der Reifen knirschten in der Stille der mondlosen Nacht besonders laut auf dem Kopfsteinpflaster. Die Sterne waren von Wolken verdeckt, die düster und stumm über den See wanderten.

Im Cavazzen schimmerte Laternenlicht aus einem Fenster im oberen Stockwerk, ansonsten setzten nur die Kutschenlaternen Lichtpunkte in das Dunkel, aus dem sich die aufragenden Türme von St. Stephan und Münster als pechschwarze Schatten abhoben.

Die Verabschiedung hatte nochmals eine gelinde Aufregung bereitet. Frau von Seutter hatte gegen ein Gefühl der Wehmut angekämpft und war im Torbogen stehengeblieben, bis auch der letzte Zipfel im Dunkel verschwunden und das letzte Geräusch der Kutschen verklungen war. Elisabeth Mauchin hatte ihr ein Tuch um die Schultern gelegt und leitete sie nun zurück ins Haus. Ihre Herrschaft verharrte nochmals und blickte in das Dunkel. »So viele schöne Abende … so wunderbare, befruchtende Abende … man muss dankbar sein … dankbar.«

Ein Dienstbote schloss das Tor. Stille sank hernieder über dem Marktplatz, zwischen St. Stephan und Münster, dem Stift und den Bürgerhäusern. Droben im großen Saal war die gesamte Festtafel bereits abgeräumt und auch im Haus zum Baumgarten kehrte Schweigen ein. Die Köchin schlief tief und glücklich auf einem Strohsack hinter dem Ofen, die Küchenmägde draußen auf der Galerie zum Innenhof.

*

Die Muhme war mit ihrem Neffen, wie es die Höflichkeit gebot, so lange am Haus geblieben, bis sich die Gesellschaft aufgelöst hatte und alle Kutschen abgefahren waren. Erst dann begaben sie sich ihrer Wege in die dunklen Straßen und Gassen. Stumm gingen die beiden den Weg hinunter in Richtung Carolinenstraße, vorbei am Schulplatz. Einmal wurde in der Nähe die Tür einer Spelunke aufgerissen, wodurch Gesang und Geschrei für den Augenblick nach außen drangen. Ein kurzer Moment, der eine andere Welt, laut, verschwitzt, plärrend und trunken, zeigte. So ganz anders als die Gesellschaft, der sie den Abend über beigewohnt hatten.

Joseph Gaiserle vermied jedes Wort. Umständlich öffnete er die Tür zum Haus in der schmalen Gasse und tastete im Hausgang nach der Laterne und dem Döbereiner Feuerzeug. Kaum erhellte die entzündete Funzel den Raum, fiel die Muhme über ihn her. Sie schrie nicht, kreischte nicht. Ihre Finger hatten sich in seine dünnen Haare vergriffen und rissen sein Haupt hin und her, mehrfach schlug er gegen die Wand. Aus ihrer Kehle kam nur gurgelnde Wut: »Du warst nicht im *Heiliggeist* … Elender …! Du warst gar nicht im *Heiliggeist*!?«

Noch geschockt vom ungünstigen Verlauf des Abends, ließ er sich hilflos wie ein Sack durch Kammer und Küche zerren. Ermattet sank die Muhme endlich auf einen Stuhl und schnaufte ächzend. Wut, Erbitterung und innere Raserei hatten ganz von ihr Besitz ergriffen. Sie hasste sich dafür, diesem hochmütigen Kerl hierher gefolgt zu sein, in dieses dunkle Loch, in dem sie nun dahinsiechen würden. Wo sie doch ein Häuschen gehabt hatten, einen Garten drumherum und eine ungeheure Weite von Landschaft. Ihr hatte es dort gut gefallen und das Leben war auskömmlich gewesen. Aber dem Kerl war es nicht gut genug, weil er meinte, mehr zu sein als er war und es den verrückten Predigern gleichtun wollte, die die Dummen um sich scharten und von einem Gottesgeschenk predigten, welches ihnen im fernen Russland zuteilwerden sollte, wo jeder so viel Land für sich haben konnte, als er nur bestellen konnte, und keiner von ihnen schenkte den Briefen Glauben, die von schrecklichen Sümpfen berichteten und Wintern, die kein Mensch und kein Vieh überstehen konnte. In Erdlöchern hausten sie und verbrauchten alles, was sie mitgenommen hatten, da es zwar Land gab von einem Horizont zum anderen, das aber weder zur Weide- noch zur Feldwirtschaft taugte. Nein, der Hundsfott ging über diese Nachrichten hinweg und predigte den Auszug ins gelobte Land, geriet in Streit mit dem Lehrer und meinte Wunder, als er nach Lindau beordert wurde … eine Falle, und sie hatte es geahnt, von Anfang an. Von hier wollte niemand nach Russland auswandern. Dass er aber ihrem dringenden Rat entgegen gehandelt hatte und der mehrfachen Anforderung aus dem Hause Seutter nicht nachgekommen war – das empfand sie als einen Angriff auf sich selbst. Sollten sie nun hier in diesem Loch bis an ihr Lebensende hausen? Sie erhob sich halb und schrie: »Du bist Dreck von Dreck! Niemals hätte ich mich deiner annehmen sollen! Eine Irre war sie, deine Mutter, die sich von einem Lumpen einen Balg hat anhängen lassen. Im Militärheim wärst du gut untergebracht gewesen!«

Er verzog sich wortlos nach oben, legte sich, angezogen wie er war, ins Bett und zu seiner eigenen Überraschung fühlte er in sich eine große Ruhe. Was war es nur, das ihn trotz allem innerlich so still hatte werden lassen, beinahe glücklich? Es hatte mit diesem Abend zu tun, an dem er auf etwas gestoßen war.

*

Nach dem Pfingstfest schleppten sich die Sommertage dahin. Unter den Gästen des Pfingstempfangs blieb die Erinnerung noch lange präsent; begegnete man sich, wurden die Geschichten des Abends wieder aufgefrischt.

Auch Katharina dachte oft an jenen Abend und hielt ihre Gefühle dazu in einem kleinen Büchlein fest, wie es gerade in Mode gekommen war.

Auguste Kringlin, mit der sie eine enge Freundschaft und inzwischen ein delikates Geheimnis verband, war zweimal zu Besuch gekommen, und gemeinsam hatten sie von der Seutterschen Soirée geschwärmt.

Gegen Ende einer der darauffolgenden Wochen, als die Kinder im Bett waren, suchte sie mit Christian das Gespräch über den Festabend, weil er sich bisher mit keinem Ton dazu geäußert hatte, und auch am Festabend selbst war er ihr seltsam verschlossen und wortkarg erschienen. Nicht dass es in irgendeiner Weise unangenehm aufgefallen wäre, aber vielleicht plagte ihn eine Sorge, von der sie noch nichts wusste. Zwar hatte sie ihn gebeten, wenn möglich, allen Gesprächsstoff zu vermeiden, der irgendwie mit dem Krieg zu schaffen gehabt hätte, doch es gab so viele andere Dinge, über die er unterhaltsam erzählen konnte. Etwas stimmte nicht.

Er suchte eine Weile lang Ausflüchte auf ihre Nachfrage hin, was ihre Neugier noch mehr anstachelte. Wusste er am Ende etwas von Augustes *amour fou*? Sie insistierte vorsichtig, doch nicht weniger nachdrücklich.

»Nein, nein … es hat mir ausgesprochen gefallen und ich habe den Abend genossen«, wehrte er ab, »es ist nur … es war vielleicht eine melancholische Gemütsregung, die mich etwas stiller hat sein lassen.«

Katharina lachte neckend: »Ach ja … melancholische Gemütsregung. Seit wann liest du bitte meine literarischen Journale, die voll davon sind? Was war also!?«

Er antwortete ernst: »Der Collector … ich bin mir über ihn nicht sicher …«

Sie war in der Tat überrascht und hielt es für ein weiteres Ausweichmanöver. »Der Collector? Dieser stille, freundliche Franz von Riefenstein? Das kann doch wohl nicht dein Ernst sein.«

Er stand auf und goss aus der Karaffe Wein nach und sah sie mit großer Ernsthaftigkeit an, ließ sich von ihrem Lächeln nicht überzeugen.

Sie winkte ab. »Nein, ich mag keinen Wein.«

Er sagte nichts.

»Christian … ein derart gebildeter, zurückhaltender und höflicher Mensch … was sollt mit ihm sein? Hingegen – dieser schmächtige, blasse Hilfsprediger – der! Ja, vor ihm fürchte ich mich wirklich, so verbohrt er sich gezeigt und so insistierend und anmaßend er aufgesprochen hat … und das an einer solchen Tafel. Also ich weiß nicht, was ich davon halten soll … Riefenstein … der Collector … hmm.«

Er setzte sich ein Stück vom Tisch entfernt in einen Sessel, um die Beine übereinanderschlagen zu können. »Ja, dieser kleine giftige Kerl war in der Tat unangenehm. Mein Gefühl aber … ich weiß nicht, ob dieser Collector nicht doch ein Schurke sein könnte.«

Der stille, sachliche Ton, mit dem er die garstigen Worte aussprach, erschreckte sie. »Schurke? Das kannst du nicht wirklich meinen. Ich bitte dich!«

»Worum? Dass ich gefällig sein soll? Ich war im Krieg, von dem du nichts hören willst. Ich weiß aber genau, was ich für einer bin, und daher auch, was andere für Kerle sind. Ich habe ein Gespür dafür … kenne den Schmerz – den eigenen und den der andern, die Schreie unendlich – den Gestank, der aus sterbenden Leibern kommt, und das Leid der Viecher, das unendliche Leid der Viecher … Ich weiß, was ich in einem Menschen sehe und erkenne, der ähnlich fühlt. Was glaubst Du, aus welchem Grund gerade ich noch am Leben bin!? Glück? Gottes Fügung? Nein! Aus einem einzigen Grund: Weil Gott mir dieses Gespür für die Gefahr geschenkt hat, weil ich spüre, wo sich Gefahr bündelt. Und an jenem Abend hat mich, unmittelbar als ich ihn begrüßte, dieses Gefühl ergriffen, achtzugeben und auf der Hut zu sein. Ja, ich habe ihn ein wenig beobachtet und studiert.«

Sie war erschüttert von seiner Ernsthaftigkeit. »Mhm … und was hat dein Studium ergeben?«

»Was weißt du über ihn?«, fragte er.

Sie war konsterniert. »Ja, was soll ich denn von ihm wissen? Er ist hier in der *Krone* zu Gast, sammelt Kunstgegenstände für vermögende hochstehende Herrschaften und ist bei seinem Onkel aufgewachsen, den er sehr mochte.«

»Ja eben … nicht viel, nach einem so langen Abend. Er logiert in der *Krone*, stammt aus altem, verarmtem Adel und sammelt für unbekannte, ehrenvolle Herrschaften metaphysische Bücher und Gemälde … und da gab es noch einen Onkel … ha!«

Sie stand auf und holte sich ein Gläschen Liqueur. Auf dem Weg dahin überdachte sie seine Worte. Durchaus … jetzt, wo er es sagte. Geschickt war dieser Collector jedem Umstand ausgewichen, der ihn in die Lage gebracht hätte, etwas von sich zu erzählen, und das alles so elegant, dass es niemandem möglich gewesen war, weitere Fragen zu stellen, ohne dass es indiskret und unpassend gewesen wäre. »Was denkst du also von ihm?«, fragte sie.

»Ich weiß es nicht. Es ist ja nicht so, dass er mir unsympathisch erschienen wäre, aber ich hatte das Gefühl, er wäre sehr angespannt gewesen und sei von etwas getrieben. Ich werde nachforschen ... sei gewiss darüber.«

Sie war nun ernsthaft besorgt. »Ja denkst du denn, er führt etwas gegen uns im Schilde?«

»Ich denke, er ist nicht allein der Gemälde und Bücher wegen in die Stadt gekommen.«

»Und wie willst du nachforschen?«

»Der Brief zu einem Freund in Salzburg ist schon auf dem Weg.«

Brandschatzer

Die Sonnenaufgänge kamen und gingen, ließen das Pfingstfest in der Vergangenheit zurück und mit dem Johannismarkt stand ein neues, von vielen freudig erwartetes Ereignis vor der Tür.

Im Haus des Hilfspredigers hingegen war seit jenem Festabend Düsternis eingezogen. Kaum ein Wort wechselten die beiden mehr und schauten zu, sich möglichst aus dem Weg zu gehen. Die Muhme war tagsüber lange außer Haus, was ihr nicht schwerfiel, da man überall, wo sie hinkam, begierig darüber war, etwas von jenem Abend im Hause zum Baumgarten zu erfahren. Erzählungen und Berichte aus erster Hand waren wie Bargeld im täglichen Austausch von Neuigkeiten und Informationen.

Sie zierte sich, gab sich vordergründig zurückhaltend und war bemüht, den Eindruck entstehen zu lassen, derlei Abende seien etwas für sie Gewöhnliches. Einmal, einer schlechten Laune folgend, äußerte sie sich gar in mokanter Weise darüber, wie sehr sie sich auf Wachteln gefreut und dennoch mit Rebhühnern habe vorliebnehmen müssen.

In diesen Tagen ergab sich für sie eine Begegnung mit einem Ehepaar, welches zielstrebig auf sie zuging, als sie gerade vom Fischmarkt zurückkam. Irritiert blieb sie stehen, als sie der Mann der beiden vornehm Gekleideten mit Namen ansprach, sein Kompliment machte und sich als Kaufmann Schindlin vorstellte. Schnell kamen die beiden auf ihr Anliegen zu sprechen: Sie erzählten von der wundervollen Stickerei, die sie im Haus zum Baumgarten hatten betrachten dürfen, und wären schon geraume Zeit auf der Suche nach einer Gelegenheit, mit ihr ins Gespräch zu kommen.

Vor Stolz und Überraschung geriet sie in einen Zustand der Verunsicherung und vermochte nur mit Lauten zu kommunizieren – hier ein *Oh*, da ein Lachen, dazu ein *Ah* oder *Mhm*.

Die beiden verlangten ihr allerdings keine sonderliche Konversation ab, erzählten munter von der Art ihres Kaufmannsgeschäfts, vor allem jenem mit feinen Stoffen, und fragten letztlich, ob es pässlich wäre, sich bei einem Kaffee oder Tee ausführlicher zu unterhalten, denn sie seien schon seit geraumer Zeit auf der Suche nach einer Person, die in der Lage wäre, derart feine, kunstvolle Stickereien zu fertigen.

Man einigte sich gleich auf den nächsten Tag für ein Treffen im Kontor der Schindlins am Knabenschulplatz.

Die Begegnung hatte die Muhme in einem Zustand der Verwirrung zurückgelassen. Wenn sie auch nichts an sich hatte, was annähernd einnehmend oder gewinnend gewesen wäre, so war ihr doch eines gegeben, was sie niemals hatte erlernen müssen: Ein Blick und eine Hand für alles, was gewebt war. Schon ihre Augen ordneten Stoffe ihrer Machart und Qualität zu, ein unbedeutender Strich mit ihren Fingern über Gewebe und Materialien lieferte ihr alles Wissenswerte über Qualität der Verarbeitung, ja sogar über die Intensität der jeweiligen Färbung. Es war jedoch in ihrem Leben nie zu einer sonderlichen Förderung dieses besonderen Talents gekommen. Was sie auch immer gestickt und verziert hatte, wurde entweder abgetan oder war als hübsches Ergebnis eines Zeitvertreibs betrachtet worden. Niemand hatte die Kunstfertigkeit, das hohe Können in der Darstellung vor allem der Pflanzen und Blüten jemals zur Sprache gebracht und erkannt, welche günstige Anlage und Befähigung hier in die Welt gekommen waren. Das karge Elternhaus war auf allgemeinen Fleiß und Erfüllung der Gottespflichten bedacht gewesen. Vergnügen galt als sündig, alles über den Gebrauch hinaus Geschmückte und Verzierte als hoffärtig. Nicht besser geschah es ihr in der kurzen Ehe mit einem Viehhändler, der an nichts anderem interessiert war als an seinen Schweinen, Rindern und Schafen, einem mit viel Salz gewürzten

Essen, dem mit billigem Wein gefüllten Keller und natürlich den Dirnen in den Gasthöfen der Städte, in die er von Berufs wegen regelmäßig kam. Einige Jahre ertrug sie die Einsamkeit im Haus, mit dem wenigen Geld, das er ihr ließ, und dem frechen Hausmädchen. Zu Beginn war es somit gut, aus einem Haus zu kommen, welches einem keine zu großen Erwartungen an das irdische Dasein eingepflanzt hatte. Sie ließ die Ehe über sich ergehen wie einen kalten unerwarteten Regenguss.

Als er eines Tages von Krämpfen geschüttelt auf der Liege neben dem Ofen in der Stube lag, saß sie daneben am Küchentisch, schaute ab und an zu ihm hinüber, auf die glänzende Stirn, die nassgeschwitzten Haare und die tief unter dem Stirnvorsprung liegenden Augen, in denen noch Feuer sprühte. Das Hausmädchen hatte sie davongejagt und aus dem losen Bretterverschlag im Dachboden die Kiste mit dem Nähzeug nach unten geholt. Die Krämpfe zogen ihn mit unglaublichem Ungestüm zusammen. Schließlich lag da ein kleines Paket auf der Liege, aus dem kaum ein Laut drang, denn der Schmerz saugte alles in den bösartigen Kern, der sich in der Leibesmitte eingenistet hatte. Nur der offene Mund, der zitternde Kopf und die aufgerissenen Augen glotzten sie an, was ihr aber nichts ausmachte. Lang saß sie da und studierte, wie die Krämpfe, wenn sie ihre Zwingen etwas gelockert hatten, abermals zupackten und ihn zu etwas falteten, was ihr weniger wie ein Mensch erschien. Wenn er doch einmal vor Schmerz laut stöhnte, warf sie ihm einen fragenden Blick zu oder unterbrach ihre Arbeit und lächelte ihm zu. Sie stickte an einem weißen Tuch, auf welchem eine Efeuranke den Rahmen bildete, darinnen Schweine, Kühe und Schafe standen und glotzten. »Ich leg es dir in den Sarg, dass du sie immer bei dir hast«, sagte sie versonnen, als spräche sie mehr zu sich selbst. Zwei weitere Tage quälte er sich noch auf der Liege. Der Doktor, der neu in der Gegend war und den sie geholt hatte, als sie sicher sein konnte, dass die Zunge des Kranken noch nicht schwarz werden würde, tastete den Leib ab, sah in Mund und Augen, klopfte auf dem knochigen Rücken herum und machte ihr traurige Augen, empfahl, den Pfarrer kommen zu lassen, und fuhr dann im Einachser weiter zu Patienten, die besser dafür geeignet waren, ihm einen Ruf zu schaffen, der sich in Gulden auszahlen würde. »Seit Jahren schon quält er sich mit etwas herum«, log sie zum Abschied mit echten Tränen, die ihr über das Gesicht liefen, auf dem sich ein befreiendes Lächeln zeigte, während sie dem Doktor nachwinkte, als er sie schon nicht mehr sehen konnte.

Es war zu ihrer Überraschung nicht wenig, was ihr der Kerl hinterließ. Alles hatte er somit nicht versoffen und verhurt – selbst dafür war er zu geizig.

Bald nachdem das Grab zugeschaufelt war, verkaufte sie das verhasste Gehöft am Rande des Dorfes, dazu alles, was darum und darinnen war. Da das Schicksal es gefügt hatte, ihren Neffen allein in die Welt gestellt zu haben, just in dieser Zeit, nahm sie sich des jungen Burschen eben an, ohne jeden weiteren Gedanken. So fanden sich die zwei zusammen.

Und jetzt hatte sie die Fügung – die Vorsehung vielleicht? – in diese Stadt am See gebracht, wo sie in höchsten Kreisen um ihre Kunst bewundert wurde, die, wie aus dem Gespräch unschwer hervorgegangen war, eine nicht unerhebliche ökonomische Bedeutung haben konnte.

Sie trug die Fische in ihrem Korb, länger als gewollt und gut für sie war, durch die Straßen, um die aufkeimende Euphorie auf dem Pflaster zurückzulassen – die sollte nicht in die engen, dunklen vier Wände, die ihr zunehmend abträglich wurden.

Je näher sie diesem Ort kam, desto schwärzer schichtete sich ein diffuses Gefühl von Enttäuschung unter der Euphorie auf. Es erwuchs aus der Ahnung, welche Möglichkeiten ihr im Leben versagt geblieben waren. Die ganze Nacht über konnte sie nicht schlafen und starrte in die Schwärze der Kammer, wo sie in ihren düsteren Gedanken von den Geräuschen des Hauses aufgeschreckt wurde. Die Balken sprachen ihre eigene Sprache. Bis zum Morgen war sie voller

Hass auf ihre Herkunft und die Menschen, die sie in die Welt gestellt hatten. Sie hätte sie, obschon sie alle unter der Erde lagen, noch einmal töten wollen.

Das Kontor der Schindlins war im Hochparterre eines Hauses am Knabenschulplatz gelegen. Ein Schreiber stand hinter dem Eingang am Pult und setzte seine Zahlen und Worte beflissen in großen Kontorbögen. Als sie eintrat, sah er nur kurz auf, ohne eine Regung zu zeigen.

Höflich leitete man sie durch einen Raum mit Stoffballen. Es roch nach Wolle, den Farben der Stoffe und nach fernen Ländern. Sie konnte es nicht sein lassen, ihre Finger im Vorübergehen über den ein oder anderen Stoffballen gleiten zu lassen. Gute Qualität.

In einem fein ausgestatteten Raum, dessen Fenster zum See ausgerichtet waren, von dem nur ein kleiner Spitz zu sehen war, wurde Tee aufgetragen, und ohne Umschweife kamen die Schindlins auf ihr Geschäftsinteresse zu sprechen. Sie sahen beide eine große Chance, kunstvolle Stickereien an ihre Kundschaft vermitteln zu können. »Dieser lange Frieden, wissen Sie, er hat in der kurzen Zeit seiner Wirkung den Wunsch nach Genuss, nach Kultur, Kunst und feinen Dingen beflügelt, und insgesamt erfahren wir immer mehr Nachfrage nach … nach dem Besonderen«, sagte Herr Schindlin, wobei ihn seine Gattin auf unaufdringliche Weise unterstützte. Sie merkte an: »Vor allem kleine seidene Tischtücher für die französischen Kartentische und englischen Sideboards, wie sie gerade modern sind, werden gewünscht, gerne auch bestickte Westen.«

Hildegund Zschuk konnte sich das auch gut vorstellen und sah, wie euphorisch sich die Mienen ihrer Gastgeber zeigten, als sie hörten, welche Motive ihr für diese Stickereien in den Sinn kamen.

Es war Herr Schindlin, der zielstrebig zum Geschäftlichen kam, denn er hatte durchaus anderes zu tun, als mit dieser Frau, die ihm unangenehm war, Tee zu trinken. Als er den ersten Betrag in Gulden genannt hatte, sah ihn die Muhme erschrocken an, was ihn veranlasste, nach einem kurzen Blick zu seiner Gattin und deren unmerklichem Nicken, ein ansehnlich höheres Angebot zu machen, ohne zu ahnen, dass bereits sein erster Vorschlag in einer für ihren Gast unerwarteten Höhe gelegen hatte.

Man wurde sich schnell einig und schon innerhalb der nächsten Tage lagen auf dem Tisch in der dunklen Wohnung des Hilfspredigers runde, quadratische und rechteckige Seidentücher und einige Westen. Sie begann ihre Arbeit, worüber sie zu einer tiefen inneren Ruhe fand, so wie dies bei anderen Menschen der Spaziergang durch einen Garten, der Blick auf die Weite des Meeres oder das Erleben der Mächtigkeit der Berge hervorrief. Hildegund Zschuk begab sich zudem mit jeder Fadenlänge auf einen neuen Lebensweg.

*

Der Hilfsprediger war während dieser Tage gänzlich in Gram versunken. Dieser Brief, den die Seutter nach Augsburg senden wollte, würde sein Schicksal besiegeln. Verzweifelt brütete er darüber, wie die Fügung günstig für sich zu beeinflussen war. In den Nächten plagten ihn Träume von jenem Dokument, das darin überdimensionale Gestalt annahm, auf ihn herabstürzte wie ein Fels und ihn erschlug. Dann wachte er auf und seine Gedanken marterten ihn weiter. Eines war ihm deutlich geworden: Der Brief durfte nie nach Augsburg gelangen.

Während dieser Zeit traute er sich kaum aus dem Haus und hockte meist droben in seiner traurigen Kammer. Draußen in der Gasse hatten sich die Straßenjungen aufgemacht, den Kerl, der ihnen verhasst war, zu ärgern, wo es nur ging. So klirrten Steine an den Fenstern, freches Lachen war zu hören und ein paar Mal schon hatte es dumpf gegen die Tür gepocht, aber wenn er hinaustrat, sah er niemanden – stattdessen dröhnte ein meckernder Knabenchor von irgendwo hinter den Mauern: »Schwarzer Zigeuner! Schwarzer Zigeuner!« Es machte ihn rasend, und in blinder Wut rannte er auf und ab, schlug wild mit seinem Stock gegen Mauern und Türen, was das hässliche Gelächter dahinter nur verstärkte. Sobald er die Innenhöfe betrat, war nirgends auch nur ein Kerl zu sehen, geschweige denn an den Haaren zu greifen. Das verzogene Lumpengesindel kannte jede Gasse, jeden Durchgang, jede noch so enge Treppe und Löcher in den Wänden dazu.

Den Weg hinüber zur Kirche vollzog er mit eiligen Schritten, um nur ja niemandem zu begegnen. Die Beerdigungen und Taufen, die er zu erledigen hatte, brachte er schnell und maschinenhaft hinter sich.

Eines Abends sah er die Postkutsche über die Landthorbrücke zur Insel schaukeln. Langsam trabten die müden Pferde zur Hofstatt, wo sie versorgt wurden. Am nächsten Morgen würde die Kutsche mit der Post der Woche beladen den Rückweg nach Augsburg antreten. Die Angst wandelte seine Furcht in Energie, eine düstere Kraft war es, die die ersten Umrisse eines Plans formte.

Am Tisch in der Stube hockte er im Halbschatten, Schweiß auf der Stirn, denn was er sich zusammenspann, die Einzelheiten immer wieder hin und her wendend, war gefährlich.

Von der Tür war Geklapper zu hören – die Muhme kam nach Hause. Er verzog sich umgehend nach oben in die Kammer. Ihr konnte er nicht trauen und sie durfte von seinen Plänen nichts, gar nichts mitbekommen. Auf dem Bett liegend lauschte er dem Klappern von Pfannen drunten in der Küche. Dunkel musste es sein, schwärzeste Nacht. Irgendwann nach Mitternacht würde er losziehen. Alles, was er für sein Vorhaben benötigte, lag vorbereitet unter der Bank in der Stube. Er schreckte auf – sie würde es doch nicht aufstöbern? Er sank zurück auf das Kissen. Und wenn schon. Sie würde sich nichts dabei denken können.

Im Haus wurde es ruhig. Draußen auf der Straße plärrten die Rotznasen bis weit in die Dämmerung hinein. Der Gleichtakt der Hufe der Kutschpferde, der von der Carolinenstraße zu hören war, nahm sich beruhigend aus, und das Lauschen auf die Geräusche der kommenden Nacht machte ihn ruhig. Hunde bellten, Türen schlugen, Spatzen zankten ein letztes Mal, Pferde wieherten in ihren Ställen. Alle Geräusche drangen wie durch einen Schleier an sein Ohr. Gerne wäre er eingeschlafen, doch es durfte nicht sein.

Bald darauf hörte er die harten Tritte der Muhme auf der Holztreppe und das Ächzen ihrer Kammertür. Er hasste sie inzwischen. Es würde ihm besser gehen, er wäre freier und sie wäre sonstwo, nur nicht hier.

Im Halbschlaf lauschte er auf den Stundenschlag. Ein ganzes Stück nach Mitternacht stand er auf, öffnete leise die Kammertür und stieg vorsichtig die Stiege hinunter. Die Stufe, die so unüberhörbar knarrte, ließ er aus. Er holte den vorbereiteten Sack aus dem Versteck, entzündete die Laterne und deckte sie mit einem nassen Tuch ab. Dann zog er den schwarzen Mantel über, schob sich eine dunkle Mütze tief ins Gesicht und trat unter größter Vorsicht hinaus in die Gasse. Die Luft war warm. Ein Hund bellte weit entfernt, ein anderer antwortete aus der Inselmitte.

Im Schatten der Fassaden schlich er bis zum Marktplatz. Einige Male hielt er im Dunkel eines Toreingangs inne, wenn Geschrei Betrunkener aus der Carolinenstraße kam. Das Wetter war ihm gewogen. Eine dünne Wolkendecke hing träge am Himmel, dahinter glimmte eine dünne Mondsichel. Sein Weg führte ihn am Cavazzen entlang und hinter dem Stift zwischen den Kirchen hindurch zum Bäckergässele. Zwischen diesem und dem schmaleren Pfaffengässele, das besseren Schutz bot, wechselte er ab und an seinen Schleichweg.

Er wartete auf den Nachtwächter, der bei seiner Runde hier vorbeikommen musste. Ihn musste er passieren lassen, bevor er seinen Plan umsetzen konnte. Obschon es eine warme Sommernacht war, fühlte er bald eine feuchte Kühle und es fröstelte ihn. Der Nachtwächter kam und kam nicht, was seine Ungeduld steigerte, bis er es schließlich wagte, über die Fischergasse hinüber zur Poststelle zu huschen und eng an der Fassade entlangzustreichen. Die Fensterfront lag tief, nur wenig über Hüfthöhe. Sein Herz pochte hart und ein Rauschen in seinen Ohren wurde so mächtig, dass er einmal meinte, ohnmächtig zu werden. Er wartete, bis der Affekt abklang, denn er musste sicher sein, nicht entdeckt zu werden. Stille und Schwärze umfingen ihn.

Auf der Rückseite der Poststelle befand sich ein Schopf, in welchem Decken in einer Holzkiste lagerten. Philipp Ganal und seine Frau hatten sie dort abgelegt, um dem Nachtwächter die Möglichkeit einer kurzen Rast zu geben, zumal dadurch dem Haus ein besonderer Schutz beschert wurde.

In diesem Schopf hockte dieser nun und döste ein wenig vor sich hin, wie in beinahe jeder Nacht, denn er wusste das Angebot wohl zu schätzen.

Ein helles Klirren weckte ihn aus seinem Dämmerzustand. Was konnte das gewesen sein? Es dauerte einige Zeit, bis seine Sinne beieinander waren und er wieder wusste, wo er sich befand – im Schopf an der Post. Dieses Klirren, klang es nicht, als wäre Glas zerbrochen? Er nahm die Laterne vom Boden auf, den Spieß in die Hand, tappte müde hinaus ins Freie und lauschte.

Auf der anderen Hausseite stand der Hilfsprediger mit zitternden Händen, gerade damit befasst, die Laterne durch die eingeschlagene Fensterscheibe zu bugsieren, einen tief mit Öl getränkten Lappen hatte er schon in den Raum geworfen, und endlich war die Laterne so positioniert, dass er sie mit einem Stoß in Richtung dieses Lappens werfen konnte. Im ersten Augenblick erschrak er, weil die Flamme erstickt schien, doch dann entlud sich eine explosionsartige Flamme mit einem dumpfen Geräusch, und in fruchteinflößendem Gelborange leuchtete der Raum schlagartig auf. Schatten zuckten wild im Kampf mit dem Feuerschein und hinten waren die Regalwände zu sehen, in denen die Postsendungen gelagert wurden.

Der helle Feuerblitz machte ihn für einen Augenblick blind und gerade, als er erleichtert ausatmete und meinte, eine schwere Last sei von seinen Schultern genommen, drang ein gellender Ruf durch die

Nacht: »Feuer! Feuer! Feuer!« Gleich in seiner Nähe. Und gleich darauf fraß sich der schrille Alarmton eines Horns in die nächtliche Stille. Der Nachtwächter konnte nur wenige Schritte entfernt auf der Stirnseite der Post stehen.

Gaiserles Herz tat wilde Sprünge und beinahe hätte er aus zutiefst empfundener Angst geschrien. Mit aufs Äußerste gespannten Nerven riss er seine Hände aus dem Fensterrahmen, griff nach dem Sack mit den getränkten Lappen und rannte hinüber in den schwarzen Schlund des Pfaffengässeles. Nur knapp entging er dem Nachtwächter, der keuchend vor Aufregung um die Ecke kam und nur noch den Schatten einer schmalen Gestalt in schwarzem Mantel und mit dunkler Mütze wahrnahm – gerade wie aus einem jener modischen Romane, die gerade kursierten.

Kurz geriet er in einen Zwiespalt, ob er die Verfolgung aufnehmen oder besser die Flammen bekämpfen sollte. In der Poststube flackerten die Flammen noch inmitten des Raums und warfen geisterhafte Schatten in die Fischergasse. Im ersten Stock war Gerumpel zu hören. Ein Fenster wurde aufgestoßen – Philipp Ganals Kopf tauchte auf – und plärrend tauschten die beiden Männer sich aus.

Mit Decken und Mänteln suchten sie die Flammen zu ersticken. Vom Fischergassenbrunnen schleppten sie Wassereimer heran, um auch die letzte Glut zu töten. Als sich eine Menschenmenge um die Poststelle versammelt hatte, war das Feuer gebannt, nur der hässliche Geruch von Rauch und Öl lag in der Luft.

Gaiserle war wie von Teufeln gehetzt durch schmale Gassen gerannt, eng im Schatten der Fassaden, von Türstock zu Türstock, immer auf der Hut, ja niemandem zu begegnen. Kein Mensch durfte Kenntnis erlangen, dass er überhaupt in dieser Nacht in der Inselstadt unterwegs war. Wie hätte er es erklären sollen? Er, der Hilfsprediger. Sein rechter Arm fühlte sich sonderbar warm und feucht an. Einer Intuition folgend, wickelte er den Sack darum. Bei seiner Bleibe angelangt, trat er leise in den Gang, schnaufte mit geschlossenen Augen, öffnete dann langsam die Tür zur Stube und trat ein. Die Augen wollten sich nicht recht an das Dunkel gewöhnen. Er wartete, bis sich sein Atem beruhigte. Nun spürte er den Schmerz im Arm.

Die Stimme traf ihn wie ein Schlag. »Wo kommst du her?«

Auf der Eckbank, ganz in Dunkelheit gehüllt, hockte die Muhme. Seine Augen nahmen das Fahle ihres Gesichts wahr – einer Maske gleich. Abermals schienen ihm die Sinne zu schwinden. Es kam ihm einer Ewigkeit gleich, bis er etwas von Feuer, Nachtwächter und Poststelle stammeln konnte.

Sie entgegnete ihm nichts, saß nur stumm da, weshalb er sich nicht traute weiterzugehen. Irgendwann stand sie wortlos auf und verschwand nach oben. Als er hörte, wie sie den Riegel ihrer Kammertür vorschob, suchte er mit zittrigen Händen nach dem Hausfeuerzeug, um endlich Licht zu machen.

Das trübe Kerzenlicht flackerte über einen tiefen Schnitt, der vom Handrücken bis zum Ellbogen reichte. Der Ärmel des Mantels war zerrissen und der Stoff blutgetränkt. Er hätte schreien wollen. Notdürftig wusch er die Wunde in der Küche mit Wasser aus dem Holzeimer aus, wickelte eine Lage Lappen drumherum und wischte anschließend das Blut vom Boden auf. Im flackernden Licht der Laterne suchte er nach einem Glas und wählte das ihre, zerschlug es am Boden und beschmierte mit den blutigen Lumpen die Scherben.

Die Lumpen nahm er mit in seine Kammer, wo er gemartert vom pulsierenden Schmerz bis in den späten Morgen lag. Er war verloren. Sicher war er verloren. Die Schmerzen, die Wut über das Desaster, die Angst vor der Entdeckung – es lenkte seinen ganzen Hass auf diese Frau, die ihn hier erwartet hatte.

*

Soldaten der Stadtwache sicherten die Poststelle. So wenig das Feuer einen wirklichen Schaden hatte anrichten können, war jedoch zum Morgen hin zweifelsfrei an den Spuren zu erkennen, wie skrupellos ein Verbrecher hatte Brand legen wollen. Es gab keinen besseren Begriff als jenen des Lauffeuers, mit welchem sich die Nachricht über die Insel verbreitete, man habe einen Brandstifter unter sich.

Dienstboten waren gleich in der Nacht zur Hofstatt geeilt und hatten Christian und Katharina verständigt, die noch in der Dunkelheit hinüber zur Post rannten, wo man sich darauf einigte, die Kinder beider Haushalte von der Insel zu schaffen. Wer wusste schon, was noch geschehen würde?!

Der Morgen graute bereits, als Christians treuester Stallbursche Anton sie allesamt hinaus zum Mauchinhof fuhr. Seerauch geisterte über der Wasserfläche. Die Vögel krakeelten ihre Morgenlieder und stoisch mahlten die Eisenringe der Räder über Sand und Stein. Keiner der Kleinen traute sich, auch nur einen Mucks zu machen, denn Anton hatte einen Degen umhängen und eine Pistole am Kutschbock liegen. Beides hatte Christian ihm mitgegeben, weil er wusste, wie gut er damit umgehen konnte. Und offenbar musste man mit allem rechnen.

Eine Schar Krähen zog von den Schlafbäumen auf der Insel über den See hinweg zum Ufer. Ihr Geschrei löschte für den Augenblick alle anderen Geräusche. Die vielen schwarzen Punkte am Himmel vertieften das Gefühl von Düsternis.

Der Schniefer stand auf der Weide, wo er einen der Ardenner striegelte, und sah verdutzt, wie die Kutsche zum Hof einbog und an ihm vorüberfuhr. Besorgt lief er ihr mit ausgreifenden Schritten nach, so gut es eben ging mit der maladen Hüfte. Alle Kinder? Es musste etwas geschehen sein.

Die Aufregung war groß, und Anton brauchte all seine Überzeugungskraft darzulegen, dass keinem aus der Familie etwas geschehen sei und es sich lediglich um eine Vorsichtsmaßnahme handele. Auf keinen Fall sollten sie auf die Insel kommen – Christian und Katharina ließen bestellen, noch heute herauszukommen, sobald die Sachlage etwas klarer war.

Bernadette kümmerte sich um die Kinder und brachte sie ins Haus. Lucas, der Schniefer und Franzisca berieten noch eine Weile, bevor Anton wieder zurück in die Stadt fuhr. Seine Bewaffnung hatte nicht gerade zur allgemeinen Beruhigung beigetragen.

Lucas fragte Franzisca: »Wer hat das noch vor Kurzem gesagt … es war mir so eindrücklich, dass ich es mir gemerkt habe? – *Wohltätig ist des Feuers Macht, wenn sie der Mensch bezähmt, bewacht, und was er bildet, was er schafft, das dankt er dieser Himmelskraft.* Aber dann: *Wehe, wenn sie losgelassen.*«

Franzisca erinnerte sich an den Abend – und an den Adler, der über die Tafel hinweggeflogen war. Sie schwieg und fühlte die Sorgen aufkommen. Ein bekanntes Gefühl.

Zwei Tage später ritt ein Trupp der Gendarmerie über die Landthorbrücke und bezog Quartier in der Maxkaserne. Sie waren vom Corps entsandt worden und sollten vor allem den Nachtwächter unterstützen und beruhigend auf die Bevölkerung wirken, denn die Tatsache, einen Brandstifter oder gar einen Feuerteufel in der Stadt zu haben, sorgte nachhaltig für Aufregung.

Die Ankunft der Berittenen sorgte für einen Stau an Kutschen und Karren auf der Brücke. Unsichtbar und unhörbar verbreitete sich die Nachricht von der Ankunft der Gendarmen, und jenseits der Heidenmauer ritten sie durch ein Spalier von Schaulustigen, die sich an den grünen Satteldecken, der grün-roten Uniform und den schwarzen Tschakos mit dem Federbusch nicht sattsehen konnten. Gendarmerie in der Stadt – das war eine Neuigkeit, die man loswerden wollte. Als sie bei den Wirten in der Carolinenstraße ankam, löste sie wenig Freude aus, denn die nächtlichen Patrouillen schadeten dem Geschäft. Selbst die größten Säufer waren vorsichtig und wollten nicht als Verdächtige in der anliegenden Sache in Gefahr geraten.

Die Wirte, so groß ihr Neid aufeinander auch sein mochte, waren sich schnell einig, wie sehr es für sie von Vorteil war, wenn man den Brandstifter möglichst schnell fasste, denn je länger die Gendarmen in der Stadt waren, desto größer die Gefahr, jemand könne auf die Idee kommen, sie fest zu stationieren. Kurzerhand beschloss man, eigene Ermittlungen anzustellen und die ein oder andere Quelle anzuzapfen.

Landrichter Metzger, dem die Polizeigewalt in der Stadt zustand, hatte die Ermittlungen aufgenommen, mehrfach den Brandort aufgesucht und Gespräche geführt.

Erneut stand er zusammen mit Philipp Ganal in der Poststube und betrachtete den Brandfleck am Holzboden und die Decke, die vollständig eingeschwärzt war, mit einem abgrundtief schwarzen Fleck im Zentrum. Die Regale und Schränke, in denen die Postsendungen verwahrt wurden, waren von jedem Schaden verschont geblieben. Der ein oder andere Sack mochte einen beißenden Brandgeruch angenommen haben, der jedoch in einigen Tagen verschwunden sein würde.

»Es macht doch keinen Sinn«, sagte Philipp und sah sich im Raum um, »es macht doch wirklich keinen Sinn.«

Metzger, ein untersetzter, breitschultriger Kerl mit Stiernacken und einem Schädel, der Kampfeslust anzeigte, knurrte nur. Ihm gefiel die Sache nicht – überhaupt nicht. Er konnte so etwas nicht in der Stadt gebrauchen. »Es scheint beinahe, jemand hätte die Postsendungen dem Feuer preisgeben wollen. Hätte er das Haus in Brand setzen wollen, dann wäre das im Schopf einfacher zu bestellen gewesen, nicht wahr? Sind besondere Sendungen für den Versand eingegangen in den letzten Tagen?«

Philipp ging zu den offenen Regalböden und strich über die Briefe; die größeren Sendungen wurden in den Schubkästen verwahrt. »Ich war in den letzten Tagen selbst zugegen. Nichts, aber auch gar nichts Außergewöhnliches und zur Abholung liegt auch nichts mehr auf. Es wurde alles innerhalb der ersten Stunden, nachdem die Kutsche angekommen war, abgeholt.«

Metzger war zum eingeschlagenen Fenster gegangen und betrachtete den Blutfleck. Wer immer das getan hatte, musste sich gehörig verletzt haben. Ein Betrunkener vielleicht? Der Landrichter drehte sich um. »Wollen wir ein Experiment wagen, Herr Ganal?«

*

Am Nachmittag zog der Ausrufer über die Insel. Ein alter Soldat, der die Kriege mit allerlei Blessuren zwar, aber dennoch überstanden hatte. Er zog das linke Bein ein wenig nach und es fehlten ihm drei Finger der linken und zwei an der rechten Hand. Im hageren Gesicht traten einige Narben dramatisch hervor. Seine Stimme allerdings war dröhnend, klar und laut. Als man die Stelle zu vergeben hatte, gab es viele Kriegsinvalide, die laut plärren konnten, doch die Art, wie er sprach, trug eine Form von Endgültigkeit in sich, weswegen man sich für ihn entschieden hatte. Über einem leichten Hemd hing der Uniformkittel eines Ulanen; noch mehr aber kennzeichnete ein ramponierter Tschako auf seinem Kopf den amtlichen Auftrag, in welchem er voller Ernst unterwegs war. Viele wussten seinen richtigen Namen nicht, weil er von allen nur *Ausrufer* genannt wurde und darüber sein bürgerlicher Name in Vergessenheit geraten war. Auf dem Karren, den er mitzog, befand sich ein kleines Podest. An den bekannten Stellen, wie an den Schulplätzen, vor dem Cavazzen und im Hafen vor dem Mangturm, verkeilte er die Räder des Karrens und stieg auf das Podest. Mit einer Handschelle übertönte er alles, und schnell bildete sich eine Ansammlung, denn jeder wollte von den Neuigkeiten hören, die die Stadt mitzuteilen hatte.

Diesmal wurde nach einigen Anordnungen zum Marktgeschehen die Brandstiftung an der Post erwähnt. Keine der abgelieferten Postsendungen sei beschädigt worden, jedoch habe sich der Versand durch den Brand verzögert. Wer Briefe und dergleichen aufzugeben habe, könne dies in den folgenden Tagen tun, denn der Postversand würde unverzüglich wieder aufgenommen.

Die Nachricht verbreitete sich von Lader zu Kutscher, von Dienstbote zu Dienstbote und weiter zu den Herrschaften. Schon mit Einbruch der Dunkelheit wusste jeder auf der Inselstadt, wie wenig der Postbetrieb beeinträchtigt war. Die Angst blieb dennoch. Hatten Uniformen über mehr als zwei Jahrzehnte nicht Sicherheit signalisiert, sondern Not und Elend, war man jetzt froh, die Gendarmen patrouillieren zu sehen.

*

Die sommerliche Wärme, die sich trotz Wetterwechsel verfestigte, drang nicht bis in die dunkle Wohnung des Hilfspredigers vor; dort, in den engen Räumen, gärte der unausgesprochene Hass zwischen ihm und seiner Tante. Die Muhme war voller Zorn, seit sie das zerbrochene Glas in der Küche gefunden hatte. So wenig sie Genaues wusste und nicht im Traum daran denken würde, er könne das Feuer gelegt haben, ahnte sie jedoch einen Zusammenhang.

Sie räumte die Scherben weg und in einem ersten, von Hass und Wut gezeugten Affekt wollte sie ihm die feinsten Splitter in die Suppe streuen; jene Suppe, die Gaiserle nun verlangte, weil er seinen Magen schonen müsse, wie er behauptet hatte.

Natürlich ahnte sie den wahren Grund, denn er konnte mit Messer und Gabel nicht mehr hantieren, weil sein Arm dick eingebunden war und unbeweglich an seiner Schulter hing.

So löffelte er mit der andern Hand seine Suppe, nur um danach wieder die Stiege hinauf in seiner Kammer zu verschwinden, was ihr nicht unrecht war.

Beim Wasserholen am nächstgelegenen Brunnen vor der Mädchenschule schnappte sie die Nachricht vom Postbetrieb auf und darauf folgend das Getuschel einiger Kerle, die Wirte wollten sich auf die Suche nach dem Feuerteufel machen, da sie ihre Geschäfte in Gefahr sähen.

Beim Nachtessen, kurz bevor Gaiserle sich wieder davonmachen wollte, erzählte sie ihm davon – vom ungestörten Betrieb der Poststelle und dem Ansinnen der Wirte. Ganz beiläufig tat sie, ohne jede Regung, beinahe, als spräche sie mit sich selbst. Sie achtete jedoch sehr wohl auf seine Reaktion und meinte, sein bleiches Gesicht sei noch blasser geworden.

Er legte sich droben auf das Bett und wartete auf das Pulsieren in seinem Arm.

Was ihn noch mehr quälte, als der Schmerz selbst: Er war gezwungen einen Arzt aufzusuchen. Was die Muhme erzählt hatte, ging ihm durch den Kopf – gab es eine zweite Chance für ihn? Wenn ja, dann nur heute Nacht, spätestens aber morgen.

*

Die Ereignisse hatten den gewohnten Ablauf in der Inselstadt ausnehmend gestört. Im Hafen, rund um den Mangturm, der wahrlich schon andere Zeiten erlebt hatte, hallte das Geplärr der Schiffsführer lauter und hitzköpfiger. Aufgeregt waren sie entlang der Hafenmauer auf den Beinen und hielten Lader und Kutscher mit derben Worten an, weniger zu schwatzen und ihrer Arbeit nachzukommen. Fässer wurden über Rampen gerollt, Ballen, Kisten und Säcke von den Booten gelöscht, nur um die Laderäume sogleich mit neuen Waren zu füllen. Bis zum Einbruch der Dunkelheit musste be- und entladen sein, denn dann verschwanden die meisten in die Spelunken und man musste hoffen, im Morgengrauen, wenn es mit dem ersten Wind losging, alle beisammen zu haben.

Eine warme Abendbrise wehte über das Wasser. Hunde strichen durch die Menge auf der Suche nach einem Bissen, immer auf der Hut vor einem Tritt.

Möwen verfielen ab und an in neidisches Kreischen, wenn es darum ging einen Brocken zu erbeuten, während weiter draußen am See Seeschwalben und Haubentaucher ihrer Jagd nach Beute nachgingen.

Nach und nach leerte sich die Seefläche zum Abend hin. Die Fischer ruderten zurück, am Horizont kein einziges Segel mehr. Die hereinbrechende Nacht zwang auch die letzten in die Häfen.

In der späten Dämmerung bogen vom Reichsplatz her drei Gendarmen in den Hafen ein. Langsam leiteten sie ihre Pferde im Schritt durch die von Kutschen und Lagerplätzen geschaffene Enge. Der Ernst war trotz der Dunkelheit auf ihren Gesichtern zu erkennen. Entschlossen musterten sie die Umstehenden. Viele wichen ihren strengen, forschenden Blicken aus, die sagten: *Du – du da! Bist du vielleicht der Brandstifter … der Feuerteufel!?* Nicht einmal die Dreisten wollten sich mit ihnen anlegen.

Draußen am Mauchinhof waren Christian und Katharina am späten Nachmittag mit einem Cabrio und einem schnellen Rappen eingetroffen. Die Kinder sollten fürs Erste am Hof bleiben, solange nicht klar war, was genau auf der Insel vorging. Christian trug seinen Pallasch, und so sehr Franzisca sich wünschte, man möge den Brandstifter möglichst schnell in die Hände bekommen, hoffte sie für ihn, es möge nicht Christian sein, der ihn in die Hände bekam. Die soldatische Rigorosität war über Nacht wieder präsent – Stimme, Körperhaltung und sein Blick, der Entschlossenheit zeigte. Er berichtete von den Ermittlungen des Landrichters, dem Zustand, in welchem man den Postraum vorgefunden hatte.

Franzisca war irritiert darüber, dass die Post so schnell ihren Betrieb wieder aufnahm. Christian verschwieg allerdings das Vorhaben des Landrichters, in das ihn sein Zwillingsbruder eingeweiht hatte. Gerade deswegen hatte er den Pallasch parat und vor der Abfahrt noch einige Übungen damit im Stadel der Hofstatt vollzogen. Ein gutes Gefühl war es gewesen, festzustellen, wie fix die Manöver noch saßen – Finte, Cavation, Coupé.

Nach einem schweigsamen Abendbrot, welches sie draußen im Schatten der Gartenlaube einnahmen, verabschiedeten sich die Insulaner wieder. Die Kleinsten hingen an den Beinen von Franzisca, und Bernadette und der Schniefer sahen dem Rappen lange nach. Welch ein feuriges Tier – schnell und elegant dazu.

Die Nacht verging ohne jede Besonderheit. Ein paar Betrunkene grölten auf ihrem Weg von der Carolinenstraße quer über die Insel zum Hafen, wo sie sich irgendwann auf den Booten in Decken hüllten und allmählich Ruhe gaben.

Der Morgen brachte einen linden Sommertag. Der Seerauch, dessen geisterhafte Dunstgespinste ihre Tänze vollzogen, verging mit den ersten Sonnenstrahlen in nichts. Solange das Getriebe der Inselstadt sein Werk noch nicht aufgenommen hatte, lag das Konzert der Wasservögel in der Luft, und selbst den verkaterten Kerlen war es, zusammen mit der Wärme der aufsteigenden Sonne, wie ein Hauch des Paradieses. Bald aber knirschten die Eisenringe der Kutschen- und Karrenräder über den Stein, plärrten die Kapitäne, brüllten Stiere, fluchten Lieferanten, bellten die Hunde – der Tag nahm seinen gewohnten Gang.

Joseph Gaiserle hatte eine unruhige Nacht verlebt, war immer wieder vom Schmerz geweckt worden und aus schrecklichen Träumen aufgeschreckt. Er löffelte eine Schale kalter Suppe, noch bevor die Muhme sich blicken ließ, und machte sich auf den Weg hinüber zur Salzgasse, wo ein Arzt seine Dienste bereitstellte.

Entsetzt blickte der auf die lange Schnittwunde, die sich unter dem durchbluteten Verband zeigte. »Wie konnte das geschehen?«, fragte er verwundert.

»Ein zerbrochenes Glas, in welches mich das Unglück hat stürzen lassen … noch dazu ein wertvolles und ein Andenken meiner Muhme. Ich habe es ihr noch gar nicht sagen können.«

»Mhm.«

Auf der Stirn des Hilfspredigers wuchsen die Schweißperlen.

Der Arzt träufelte eine Flüssigkeit auf ein Tuch und rieb den Unterarm um den klaffenden Schnitt ab. »Es schaut noch nicht nach Wundbrand aus. Ich werde eine Scharpie anlegen mit einem Gemisch aus Honigpaste und Kräutern. Wenn es gut wirkt, wird man den Arm lassen können, und ich denke, es wird gut wirken.«

Dem Hilfsprediger wurde schlecht. Daran hatte er noch nicht gedacht, dass man ihm den Arm würde nehmen müssen, wenn es schlecht ausging. Er zitterte vor Schreck und Schmerz, Schweißperlen liefen ihm übers Gesicht und tropften während der Prozedur auf seine Brust.

Der Arzt blieb ungerührt und sachlich, schließlich hatte er auf den Schlachtfeldern ganz anderes erlebt und schlimmere Schicksale zu begleiten gehabt. Er erzählte ein wenig, um seinen Patienten abzulenken: »Die Kriegskunst ist auf das Töten aus, wie der Teufel auf die arme Seele. Das verstehen Sie doch sicher als einer der Männer Gottes. Vor langer Zeit, als man noch mit Pfeilen aufeinander schoss, tunkten sie oft die Pfeilspitze in das verwesende Fleisch toter Tiere, um in jedem Fall den Wundbrand herbeizuführen. So ist das gewesen … so teuflisch.«

Was sollte Gaiserle schon dazu sagen und was wusste dieser Arzt schon von seinem Schicksal? Wenigstens fühlte er sich nach der Behandlung erleichtert, denn der Schmerz ließ tatsächlich nach.

Er wählte den Weg hinauf zu St. Stephan, wo er eine Weile in der Sakristei verbrachte und überlegte, wie er weiter verfahren sollte. Wenn er nur den Brief würde vernichten können, der ganz sicher in dieser elenden Post lag … diese Seutter, sie würde doch niemals ein zweites Mal schreiben, würde alles vergessen, wo Brände in der Stadt aufkamen, und vielleicht war ihm Gott ja besonders gnädig.

Als er nach Hause kam, hockte die Muhme wie ein böser Geist am Tisch und knetete einen Teig. Sie sprach unvermittelt, ohne ihn anzusehen, während sie unbeeindruckt den Teig bearbeitete. »Ein

Dienstmädchen war da und bat um Sterbebeistand für ihre Herrschaft Bilgeri, drunten in der Hinteren Fischergass.«

Ohne ihr eine Antwort zu geben, ging er durch die Tür und hinauf in seine Kammer, wo er sich aufs Bett legte. In der *Hinteren Fischergass* also. Das kam ihm gar nicht ungelegen.

Er wartete auf den Abend.

Diese finstere Unterkunft, die Schmerzen, die Ausweglosigkeit seinem Schicksal zu entkommen – er fühlte sich in die Enge getrieben, was zunehmend das Skrupellose, welches in seiner Person angelegt war, zutage förderte.

*

Als es dunkel wurde, ging Katharina nochmals durch das gesamte Haus und kontrollierte Fenster und Türen. Alle Türen und Durchgänge waren versperrt, der Zugang zu den Stallungen und der Kutschenhalle war abwechselnd von Pferdeknechten besetzt. Auf der ganzen Insel wurden in den großen Haushalten ähnliche Vorkehrungen getroffen.

Christian legte den Pallasch ab, schob dafür einen Dolch in den Stiefelschaft, wie er es als Offizier immer gehabt hatte. Auf eine Pistole verzichtete er für seinen Besuch bei Philipp und Martha. Er wollte ihnen versichern, wie gut die Kinder aufgehoben waren, und auf dem Rückweg noch einer anderen Fährte nachgehen. Die Gefahr machte ihm deutlich, wie sehr er die beiden aus reinem Herzen liebte und wie gerne er bei ihnen war. Es gab wenige Menschen, in deren Gesellschaft er sich so wohl aufgehoben fühlte und mit denen es möglich war, Stille zu teilen, ohne ein Gefühl der Peinlichkeit aufkommen zu lassen. Er litt darunter, sie in Gefahr zu wissen, was seine Entschlossenheit noch stärkte.

Zusammen untersuchten sie nochmals die Brandsstelle, beratschlagten sich, und nach einem Glas Wein und einer innigen Umarmung verabschiedete er sich, nahm jedoch nicht den Weg hinunter zur Hofstatt, sondern ging die Fischergasse nach Westen. Gerade am Eingang in die Ludwigstraße, wo das Wirtshausschild der *Krone* schon zu sehen war, begegnete ihm der Hilfsprediger, der einen langen schwarzen Talar trug, von dem das weiß glänzende Beffchen leuchtete.

Gaiserle fuhr zusammen, als Christian ihm im Militärton zurief: »Noch so spät im Namen des Herrn unterwegs?« Er hatte sich bemüht, es nicht zynisch klingen zu lassen, sondern mit dem nötigen Ernst versehen.

Joseph Gaiserle stammelte etwas Unverständliches, bevor er in halbwegs klaren Sätzen herausbrachte, auf dem Weg zum Rotgerbermeister Michael Franz Erbacher zu sein, der um Beistand auf seinem letzten Weg gebeten hatte.

Christian hob den Kopf. »Ah, der alte Erbacher ist nun an der Reihe, soso …« Er überlegte, welche Geschichte es gewesen war, die ihn mit diesem Kerl verband, der als missvergnügter, brummiger Kerl galt, seit Jahren kaum ansprechbar und noch weniger gut gelitten war. Ein Lebensunglück hatte ihn zum Griesgram werden lassen und die Sauferei tat ein Übriges. August Bilgeri hatte die Tochter des Murrkopfs geheiratet. Naja, der Tod – er konnte auch ein Segen sein. Er verabschiedete sich förmlich und ging weiter zur *Krone*, blickte noch einmal zurück und sah, wie der Hilfsprediger im Durchgang zur Hinteren Fischergasse verschwand.

Ein großer Krähenschwarm drehte Kreise über der Inselstadt und ihr Krächzen klang wie die Botschaft eines bevorstehenden Unheils.

In der *Krone* angekommen, ging er schnurstracks an der Wirtsstube vorbei in die Küche, wo er richtigerweise den Wirt vermutete. Eine kurze Bewegung mit dem Kopf signalisierte diesem, dass er ein Gespräch unter vier Augen führen wolle. Der Wirt ging voran in den Weinkeller, wo man ungestört, vor allem unbelauscht sein konnte.

»Es geht um einen Gast«, fing Christian an.

Der Wirt lachte. »Kann mir schon denken, um wen.«

»So?«

»Der Collector.«

»Habe immer acht vor der Gedankenschärfe eines Wirts«, entgegnete Christian. »Und was kann er mir von ihm berichten?«

»Ist's wegen dem Brand?«

»Ja, auch wegen dem Brand. Er ist neu in der Stadt ...«

Der Wirt wirkte erleichtert. »Jaja, ich weiß schon. Er ist am Tag vor dem Brand in der Poststelle mit meiner Gastkutsche und dem Jonas zum Kloster nach Bad Schussenried. Morgen erst wollen sie zurückkehren.«

»Ah ... so ist das also. Dann war er gar nicht hier, mhm. Und was gibt es sonst über ihn zu berichten?«

Ohne zu zögern oder nach dem Grund für das Interesse an seinem Gast zu fragen, erzählte der Wirt freimütig von den zwei Briefen, nannte die Adressaten, die ihm bekannt geworden waren, und verwies ausdrücklich auf die Solidität des Collectors. »Er ist unkompliziert, ein unauffälliger Gast, hat auf Wochen vorab bezahlt, überaus höflich. Es gibt keinerlei Klagen. Er ist still, zurückgezogen, führt keine Beschwerden, nicht über das Zimmer, über Lärm, den Wein oder das Essen, wie man es ja sonst mit derlei vornehmen Gästen erleben darf.«

»Wundert ihn das selbst?«, frotzelte Christian. Der Wirt wusste es einzuschätzen und lachte. »Wenn mir etwas bekannt werden sollte, etwas Ungewöhnliches, so meld ich es. Ich will aber sagen ... er ist mir auch ein sympathischer Gast und er schleppt unglaubliches Zeug zusammen – Bücher, Gemälde, auch Skulpturen.«

»Ja, ich weiß. Es ist sein Geschäft und offenbar ist es ein gutes dazu.«

Auf dem Heimweg wusste er nicht recht mit den Informationen umzugehen. Sollte er nun froh sein, dass sein Verdacht gegen den Collector sich als falsch erwiesen hatte oder nicht? Er war hin- und hergerissen.

*

In einem schmalen, windschiefen Haus der Hinteren Fischergasse hockte der Hilfsprediger in einer düsteren Kammer. Eine Laterne brachte schummriges Licht in den Raum. Auf dem Bett lag bewegungslos der Rotgerbermeister Erbacher. Manchmal begann er zu reden, ohne dabei die Augen zu öffnen, und selbst die Lippen bewegten sich nicht. So klang es verwaschen, und selbst wenn der Hilfsprediger die Sätze verstand, so erschienen sie ihm doch wirr. Vom Krieg war die Rede, von einem Valentin, von zweihundert Gulden, die er hätte zahlen müssen für nichts und wieder nichts. Mehrfach fluchte der Sterbende Gott für sein Schicksal.

Es berührte Joseph Gaiserle nicht, der ein Gebetbuch auf den Knien liegen hatte und im schalen Licht etwas vor sich hinmurmelte, das nach Gebet klingen sollte; ein Singsang, bestehend aus Gebetsfragmenten, Gebrabbel, wirrem Zeug. Man konnte nichts verstehen. Der Arm schmerzte ihn wieder und die Not, in der er sich befand. Er wusste nicht, was schrecklicher war. Sein Blick fiel auf den Einband seines Gebetbuchs, auf dem in großen goldenen Lettern eingeprägt war: *Wandle vor Gott und sei fromm*. Er drehte es um.

Auf einem Holzstuhl im Schatten der Ecke saß still und andächtig die Tochter des Rotgerbers und lauschte dem Gemurmel des Hilfspredigers. Auf sie wirkte es beruhigend. Drüben in der Stube hockte ihr Mann, August Bilgeri, den sie geheiratet hatte, so wie es ihr Vater einst befürchtet hatte. Vom Kontor der Bilgeris war nichts übrig geblieben, der Vater seit Jahren verschollen, die Mutter am Kummer über den Verlust des Ansehens dahingesiecht und gestorben. Bei der Stadt hatte er eine Anstellung als Schreiber gefunden, die er stoisch und genau wahrnahm, so wie sein ganzes Leben. Zwei Kinder schliefen in einer kleinen Kammer über den Gang. Sie war zufrieden mit dem, wie es war. Der Vater hasste es, sein Leben und das ihre. Sie war erleichtert darüber, hier zu sitzen.

Joseph Gaiserle linste immer wieder zum Fenster. Es war dunkel geworden. Die fremden Räume ließen ihn die gleiche Beklemmung spüren, die er zuhause empfand.

Er wusste nicht, wie beglückt und beschwingt der Sterbende vor Jahren gewesen war, als er die Militärpflicht seines Sohnes Valentin an einen Henisius verkauft hatte. Einen Vertrag hatten sie sogar aufgesetzt, seinerzeit. Diebische Freude war damals in jede Zelle des Rotgerbers gekrochen, als der Henisius unterschrieben hatte – einhundert Gulden sofort, zweihundert nach Rückkehr. Gute Chancen also, zweihundert Gulden zu sparen und den Sohn aus dem Kriegsgeschäft freigekauft zu haben. Wie grausam konnte Gott sein? Unbeschadet … unbeschadet war Henisius zurückgekehrt, forderte die zweihundert Gulden von ihm ab und nahm es gleichmütig, wie er ihm vom Tod Valentins berichtete, ganz ohne kriegerische Einwirkung – ein Pferdetritt. Ein Pferdetritt wie so viele andere auch, doch dieser eine hatte ihm das Leben vergällt, bis in die letzten Minuten hinein.

Da lag er, zwischen Leben und Tod, geisterte durch Verträge, die Leben sichern sollten und das Papier nicht wert waren, auf dem sie fixiert waren.

Manchmal ächzte und stöhnte er laut auf. Dann hob der Hilfsprediger die Lautstärke seines Singsangs an. Er wusste ja von all dem nichts, und es hätte ihn auch nicht interessiert. Sein mantrahaftes Gebrabbel hatte ihn in eine Art Trance versetzt. So zuckte er erschrocken, als er plötzlich eine Hand auf seiner Schulter spürte. Die Tochter hatte ihn angetippt. Er murmelte etwas, um zu vertuschen, wie weggetreten er gewesen war, und sah nun die erstarrten Gesichtszüge des Menschen vor ihm. Der alte Rotgerbermeister Erbacher hatte die Welt verlassen, die er sich zu einem Jammertal gemacht hatte.

Ein paar frömmlerische Phrasen, gespieltes Mitgefühl, nur keine zu schnellen Bewegungen, Beileidsbekundungen und dann froh, endlich aus dem Haus zu kommen, wo ihn die Schwärze der Nacht und

Sommerluft mit letzten Aromaresten der Lindenblüte empfingen. Ein Sommer für die Liebenden – eigentlich.

Er hielt eine Weile vor dem Haus inne, bevor er mit überlegt vorsichtigen Schritten die Hintere Fischergasse in Richtung Landthor ging, was ihn unweigerlich an der Post vorbeibringen musste. Er lauschte aufmerksam und beobachtete scharf. Es war still um ihn herum – Geräusche kamen nur aus der Ferne – sehr still. Seine Augen nahmen die Konturen der Fassadenreihen wahr. Hinten am Brettermarkt klang Hufschlag auf, verschwand aber in Richtung Hafen. So spät noch? Vielleicht ein Kutscher, der, aus welchen Gründen auch immer, ein Pferd umstellen musste. Die Klagelaute der Blässhühner drangen wehmütig in die Nacht, am Himmel nur einige Sterne zwischen Wolkenfetzen. Sommerwind, von den Ufern her in die Gassen tändelnd.

Er ging bedacht, den Kopf gesenkt, die Augen nach oben gerichtet. Drüben in St. Stephan hatte er alles, was er brauchte, parat. Das Pfaffengässele lag schon hinter ihm, und er wollte gerade ins Bäckergässele einschwenken, als er im oberen Stock des Eckhauses einen orangeroten Lichtschein wahrnahm. Jemand zündete sich dort oben offenbar in aller Ruhe ein Pfeifchen an. Allerdings wusste er, dass die Räume leer standen und da niemand hätte sein dürfen. Eine Falle!

Im Dunkel der engen Gasse beschleunigte er seine Schritte, wählte aber nicht den Weg zur Kirche und in die Sakristei wie geplant, sondern ging, einer bösartigen Eingebung folgend, schnurstracks hinüber zum Stift, wo die Stadtwache untergebracht war. Dort klopfte er dreimal kräftig mit dem bronzenen Türklopfer, wurde eingelassen und verlangte energisch, den Stadthauptmann zu sprechen, der alsbald aus einem der hinteren Räume auftauchte.

In scharfen Worten berichtete Gaiserle nun, er habe auf dem Heimweg von einem Sterbenden in der Hinteren Fischergasse im leerstehenden Dachgeschoss gegenüber der Post einen Lichtschein gesehen und er verlange, angesichts der erlebten Gefahr für die Stadt, unverzüglich eine Nachschau dort droben, um eventuell sogar den Brandschatzer und Feuerteufel dingfest zu machen. Als der Stadthauptmann sich nicht beweglich zeigte, wurde er sogar laut. Bis man ihn nach hinten brachte und ihm erklärte, es habe schon alles seine Ordnung dort vorne an der Post und er könne beruhigt nach Hause.

In der Tat also – eine Falle! Er ließ noch ein paar ungnädige Worte über die Zeiten, die Umstände, die Verkommenheit der Menschen fallen, verzog sich aber schleunigst nach Hause und war froh um sein Geschick, den Häschern entkommen zu sein.

*

Als die Postkutsche am folgenden Morgen beladen war und endlich über die Landthorbrücke holperte, war die Erleichterung spürbar. Der Landrichter ließ zwar seine Häscher an verschiedenen Orten noch zwei weitere Nächte lauern, doch ohne jeden Erfolg. Die Gendarmen hatten mittlerweile Gefallen an der Stadt, den Wirtshäusern und Spelunken gefunden und ihr Offizier besonderen Gefallen an einer Weibsperson. Er erreichte es mit schlüssiger Begründung, bis nach dem Johannismarkt in der Stadt verweilen zu können – der materiellen und gefühlten Sicherheit wegen.

*

Der Collector kam einen Tag später als ursprünglich geplant zurück in die Stadt und machte einen zufriedenen, ja beinahe beseelten Eindruck, als er durch den Gang der *Krone* lief. Der Wirt winkte ihm zu, verzichtete jedoch darauf, ihm ein Gespräch anzudrehen oder gar Fragen zu stellen.

Kaum war sein Gast aber auf der Treppe nach oben verschwunden, schlich er nach vorne und lauschte nach oben, wo sich das Schloss der

Tür mit dem bekannten Geräusch hörbar machte. Jede Türe samt ihrer besonderen Eigenschaften und Geräusche war ihm bekannt.

Draußen war sein Bursche Jonas mit dem Abspannen befasst und wollte gerade die Kaltblüter in den Hof führen.

Der Wirt gab sich besonders freundlich. »Es wird müßig sein zu fragen, ob der Gast zufrieden war, so gut gelaunt er nach oben gesprungen ist.«

Jonas nickte.

Der Wirt senkte seine Stimme und trat näher heran. »Sag schon! Was … was um alles in der Welt hat der Kerl so lange in einem Kloster gemacht? Kommt dir das nicht auch seltsam vor?«

Jonas sah ihm ohne jede Regung in die Augen. »Noi. Drei Kischtle Bücher hend mir aufgäbe, z'Ravenschburg, und fünf große Bilder. Es hat oin Dag länger dauret, weil mir für die Malerei noch ham en Transchportrahme fertige lasse müsse, beim Schreiner. Des Zeig muss a Heidegeld wert sei.«

Der Wirt warf einen Blick auf die leere Kutsche. »Ja, und wo is des Zeug etz?«

»Alls verschickt, alls scho glei verschickt in Ravenschburg.«

»Und wo na is ganga?«

»Stuttgart, Karlsruhe und Salzburg.«

»Oha … und welche Herrschaften?«

»Wois i ned gwies, aber hohe Häuser und a guts Gschäft war des allemal … jeder will doch a guts Gschäft macha, oder etwa ned!?«

Der Kaltblüter, den er am Zaumzeug hielt, wurde unruhig, denn er witterte den Hafertrog. Und auch die letzten Worte von Jonas bargen eine gewisse Verdrossenheit über die neugierige Fragerei des Wirts. Der ließ ihn, sprach noch ein paar lobende Worte, tätschelte den Gaul und verschwand.

Mit dem jungen Burschen wollte er es sich nicht verscherzen, denn er brauchte einen verlässlichen Kutscher für die Kundschaft. Einen, der es mit den Pferden konnte und mit den Leuten, der nicht soff und der verlässlich war. Und das hatte er an ihm. Zudem wusste er, wie sehr der Schniefer vom Mauchinhof ein Auge auf ihn geworfen hatte, denn irgendwann würde er eine Nachfolge brauchen, und der Jonas würde denen gut reinpassen. Das zu befördern, lag ihm nicht im Sinn.

Wenigstens war er beruhigt über das, was er erfahren hatte, wo ihm Christians Besuch doch ein wenig Sorgen bereitet hatte. Einen Brandstifter beherbergte er mit dem Collector jedenfalls nicht in seinem Haus, vielmehr einen kunstsinnigen, gebildeten Kerl, der darüber hinaus mit den vornehmsten Häusern in geschäftlicher Beziehung stand. Was wollte er mehr? Er würde alles tun, ihn lange in der Stadt und vor allem in seinem Haus zu halten. In diese Gedanken versunken ging er zurück in die Wirtsstube, stoppte, als ihn eine unvermittelte Eingebung verschmitzt lachen ließ. So ein geschäftiger junger Mann brauchte sicher ein wenig Abwechslung, wenn nicht gar mehr. Er ging über die Küche in den Hinterhof, wo der Jonas noch den Gaul versorgte.

Mit einem energischen Wink holte er einen der Hausburschen her, die im Hof herumalberten. Ihn herplärren, wonach ihm gewesen wäre, konnte er nicht, weil es die Vornehmheit seiner Gäste betroffen hätte. So ging er hinüber, packte den Burschen an den Ohren, zischte ihm einen Auftrag zu und schickte ihn mit einem Stupser los in Richtung Ludwigstraße. »Heut Abend soll sie da sein, die Emilie, zum Servieren, fein hergemacht, und keine Ausrede soll sie bringen!«, rief er dann doch halblaut hinterher.

Ganz gerührt von der Genialität seines Gedankens blieb er versonnen stehen und schaute dem Kerl nach. Für einen Moment wurde ihm warm ums Herz und sein Gesicht zeigte eine tiefe Zufriedenheit, so wie man es selten bei ihm sah; eigentlich nie, da ihn immer etwas um- oder antrieb. Die Verantwortung, der er ausgesetzt war, das Haus in Schwung zu halten und den guten Ruf, den er über die Jahre erworben hatte, zu verteidigen – ja, das setzte ihm zu. Und nein, er war kein schlechter Mensch, nur einer, den die Verantwortung für das Gasthaus gänzlich in Beschlag nahm, weswegen ihm die erforderliche Zeit für sein Mündel fehlte. Emilie – ein außerordentlich hübsches Ding, wie man ihm immer wieder bestätigte, und gescheit und fleißig noch dazu. Im Gasthaus wollte er sie allerdings nicht arbeiten lassen, weil er selbst es nicht für passend empfunden hätte und auch irgendwelches Gerede vermeiden wollte, wo die Leute doch jetzt, wo Frieden war, so schnell etwas in die Welt trugen, sei es auch noch so unwahr. Über was sollte man auch reden und erzählen, wo es keinen Krieg mehr gab.

Emilie hatte eine großzügige Kammer auf der anderen Seite der Insel, wo sie Schreibarbeiten und dergleichen erledigte. Genau wusste er gar nicht, was sie tat, doch aus dem Hause Stettner und von einem Redakteur des Intelligenzblattes hörte er nur Lob. Das war ihm im Grunde egal, aber ihre handfesten Einkünfte sprachen eine Sprache, die er deutlich verstand. In einem Kontor war es nicht ziemlich für eine Frau zu arbeiten, selbst wenn sie es gut konnte. Da sie gut zu schreiben vermochte, galt sie weithin als eine Adresse, bei der man alle möglichen und unmöglichen Briefe, Anfragen, Wunschlisten und dergleichen fertigen lassen konnte. Wenn er es nicht selbst wüsste, hätte er nicht im Traum daran gedacht, jemand könne vom Schreiben alleine leben – eine bizarre Vorstellung. So weit war er jedoch auch nicht aus der Welt, um nicht zu erkennen, wie sehr das Geschriebene immer größere Bedeutung erlangte. Inzwischen musste sogar er Journale im Abonnement beziehen, weil Gäste danach fragten und derlei erwarteten. In einigen dieser Publikationen waren sogar schon Gedichte von Emilie gedruckt worden. Bislang war es ihm gelungen, das in der Stadt geheim zu halten. Nicht, weil er sich dafür schämte, sondern um sie vor Neid und Anfeindung zu schützen.

Er mochte sie wie eine eigene Tochter. Trotz ihrer Kunstfertigkeit war sie frei von Dünkel; wenn es nottat, so half sie gerne in der Küche, in den Zimmern oder im Gastraum. Herrgott! Und mit diesem Collector, da war ein Typ in die Stadt gekommen – also, wenn diese zwei nicht zueinander passten, dann – ja dann wollte er kein Wirt mehr sein. Der Kerl las alle Journale und war zu einem Stammkunden in der Post geworden. Natürlich war es ein Geheimnis, allerdings eines, das unter der Hand die Runde in nicht unwichtigen Kreisen der Stadt machte – die Adressaten waren durchweg allerfeinste Herrschaften. Was konnte diesem Kerl auch Besseres widerfahren als Emilie? Er wollte also alles tun, was in seiner Macht stand.

*

Vor dem Abendmahl unternahm Franz von Riefenstein einen kleinen Spaziergang in den Hafen. Die Lädinen dümpelten, da schwer mit Fässern, Kisten und Ballen beladen, tief und träge im Wasser. Segeltuch wurde über die Kornsäcke gespannt und darauf wurden Bohlen gelegt, um ein Deck zu bilden – begehrtes Gut, denn die Schiffseigner durften die losen Decksbalken zollfrei handeln.

Die Müdigkeit, die alle zum Abend hin erfasste, hatte das Geschrei wenn schon nicht verstummen, so doch zurückhaltender werden lassen. Der Hafen war auch wegen der ständigen Streitigkeiten, der wilden Flüche und des Gezänks ein Ort, der viele anzog, beinahe wie ein Theater – ein deftiges Schauspiel allemal, wenn Kutscher, Kapitäne, Lader und Kaufleute miteinander in Streit gerieten und sich einander kunstvoll den Tod an den Hals wünschten.

Die Lader, allesamt junge kräftige Burschen und die allermeisten im Tagelohn, schleppten sich zu der späten Stunde müde über die Bohlenstiege, die hinüber zu den Schiffen führten. Die Hemden waren verschwitzt, die Haare klebten in nassen Strähnen auf der Stirn. Zeit für den Feierabend. Im Schatten der Hafengebäude standen Kaufleute und Zahlmeister mit den Geldsäcken.

Ein junger Bursche fiel dem Collector auf, der trotz der späten Stunde noch recht munter wirkte, ab und zu einen Schalk trieb und bei den andern dennoch gut gelitten war. Er fiel aber auch durch eine andere kleine Begebenheit auf, denn einmal konnte er beobachten, wie er mit der Arbeit innehielt und eine Gestalt fixierte, die hinten an der Fassadenreihe zum Hafen vorbeilief; das lustige Gesicht verfinsterte sich dabei. Der Collector folgte der Blickrichtung des Burschen und erfasste zwischen den Karren und Kutschen Ernst Kringlin, der da hinten vorbeispazierte, die Augen stur geradeaus gerichtet. Mit metronomischer Genauigkeit klackte sein Gehstock auf dem Pflaster. Niemand, den er grüßte, niemand, mit dem er die Begegnung oder das Gespräch suchte.

Schau an, dachte der Collector und sein Blick blieb an dem jungen Burschen haften, da gibt es keine große Freundschaft, aus welchen Gründen auch immer. Er wartete, bis die letzten Säcke verladen waren. Dann ging er auf den jungen Burschen zu. Er hatte blonde Haare, blaue Augen, ein von der Anstrengung des Tages rot leuchtendes Gesicht und eine zähe Statur. Von dem Fremden in der teuren Kleidung zeigte er sich wenig beeindruckt und wischte mit einem Sackleinen den Schweiß aus dem Gesicht.

Der Collector nannte ihm seinen Namen, deutete ein knappes Nicken an und fragte: »Wie heißt er?«

»Wozu will er das wissen?«, kam es forsch zurück.

»Ich bin auf der Suche nach einem Burschen für die Arbeiten, die ich hier in der Stadt zu verrichten habe. Ich logiere in der *Krone* und handle mit Kunst; hier in der Stadt nennt man mich den Collector.«

»Ah … es wird schwierig werden jemanden zu finden, gerade jetzt, wo die Kornernte beginnt und jede Hand, jede Schulter gebraucht wird.«

»Ist er in Stellung auf einem der Schiffe, oder auf Taglohn?«

»Taglohn.«

»Was kriegt er?«

»Vierzig Kreuzer den Tag und in der Kornernte fünfundvierzig Kreuzer«, log der Blonde.

»Ich weiß immer noch nicht seinen Namen.«

»Georg Anton Kinkelin.«

»Bis du ein Hiesiger?«

»Ja.«

»Hör er! Sechzig Kronen am Tag, auf ein Vierteljahr voraus, und wenn es passt, bleibt er bei mir, was nicht zu seinem Schaden sein wird. Sind wir unterwegs, gilt freie Kost und Logis in den Gasthäusern, und so plagen wie hier müsst er sich keinesfalls. Ich brauche jemanden, der sorgsam mit dem umgeht, das ich erwerbe, und es versendet, wie ich es beauftrage. Kann er lesen, schreiben, rechnen?«

»Ja.«

»Auch eine Kutsche fahren?«

»Ja.«

»Weswegen schleppt er dann Säcke? War er im Schuldturm, im Gefängnis?«

»Nichts davon … man kann es sich eben nicht immer aussuchen.«

Franz von Riefenstein lachte. Die Antwort hatte ihm gefallen. »Gut. Er wird Buch führen müssen, was er, wie ich denke, schnell lernen wird. Das gibt dann nochmals zehn Kronen am Tag zusätzlich. Ich sage es nochmals, es kommt mir nicht auf Schnelligkeit und Kraft an, sondern auf Vertrauen und vollständige Gewissenhaftigkeit, verstanden?«

Der Collector hielt ihm die Hand hin und wartete, dass er einschlug. Die Forschheit des Kerls war dahin und er sah ihn entgeistert an.

Der Collector blieb geduldig. Endlich schlug er ein.

»Ein Handschlag ins Glück – ich hoffe, für uns beide. Morgen, gleich am Vormittag in der *Krone*, erhält er sein Geld. Der Wirt weiß dann auch Bescheid. Gibt es etwas, das er mir vielleicht noch sagen will …? Nein? Gut so.«

Zufrieden zog der Collector davon. Der Kerl gefiel ihm.

Zurück in der *Krone*, nahm er in seiner intimen Ecke Platz und sah irritiert auf, als eine junge Frau, die ihm hier noch niemals begegnet war, an seinem Tisch versorgte und sich als Emilie vorstellte. Der

Wirt verfolgte heimlich den Fortgang seiner Scharade. Franz von Riefenstein wirkte gelöst und sah seiner Emilie mehrmals nach.

*

Mit den linden Sommertagen befreiten sich Alltag und Menschen von der latenten Gefahr, die ein Brandschatzer in ihre Gemeinschaft gebracht hatte. Das tägliche Leben nahm zügig die gewohnte Fahrt auf, die privaten Wachen an den Gehöften verschwanden und verbrachten ihre Nächte wieder im Bett, zumal Gendarmerie nach wie vor patrouillierte, dazu der Nachtwächter mit einem Gehilfen – einem jungen Burschen, der zwar etwas einfältig, dafür umso kräftiger war.

Georg Anton Kinkelin trat in den Dienst des Collectors und war bemüht, sein Erstaunen darüber zu verbergen, wie wenig er zu tun hatte. Zu Beginn begleitete er seinen neuen Herrn auf den vielen Fahrten, musste viel Zeit mit Warten verbringen, verlud Bücher, Gemälde und andere Dinge, schreinerte Rahmen, führte so sauber und sorgsam, wie er konnte, die Listen und – konnte sein Glück nicht fassen.

So richteten sich auch seine Gedanken bald auf ein bevorstehendes Ereignis, welches in jedem Jahr sehnsüchtig erwartet wurde, – den großen Johannismarkt.

Schon Tage vorher zogen die Gespanne über die Landthorbrücke und mit ihnen kam neben einem besonders bunten Volk auch Klappern, Hämmern und Sägen in die Stadtmauern, das über Tage anhielt. Die Nächte im Hafen waren nun besonders lang, und die Eigner der Lädinen verlagerten ihre Liegeplätze hinüber in Richtung Burg, um dem wilden Treiben zwischen Weinmarkt und Feichtbastion zu entgehen. Selbst die Gendarmerie mied diesen Bereich, um unnötigem Händel aus dem Weg zu gehen.

Noch einer freute sich auf sentimentale Weise – der Schaffer. In geputzten, glänzenden Sommerstiefeln, festlichem Kamisol und seinem feinsten Hut zog er zu diesen Tagen hinunter an den See. Den Stock brauchte er inzwischen nicht nur als Attribut, sondern zur ernsthaften Unterstützung beim Gehen. Im Schatten einiger Linden vor der Landthorbrücke bezog er Position, um die Einfahrt der Kutschengespanne zu verfolgen. Sein Warten galt einem Besonderen. Der Älteste des Ameislers hatte den alten Jahrmarktwagen wieder aktiviert. Napimee hatte ihm geschrieben, dass er in diesem Jahr zu Johanni in Lindau sein würde. Sie selbst läge jedoch krank darnieder, träume vom warmen Südseewind und würde selbst nicht kommen können, wobei ihr das Glück der Kutsche und des Jahrmarkts ebenso fehle wie der Ameisler selbst – und natürlich ihre alte Heimat.

Natürlich, dachte der Schaffer, als er ihre Zeilen las. Wie konnte sie ihr Paradies nicht vermissen.

Er war allerdings darüber erschrocken, wie sehr seine Hände gezittert hatten, als er den Brief in Händen hielt und ihm mit einem Mal sein guter Freund in einem kurzen Erinnerungsblitz wieder vor Augen getreten war.

Traurigkeit und Wehmut erfassten ihn. Der Letzte war er – der Letzte der drei, die seinerzeit über die Meere gefahren waren. Der stumme Vitus mit seinem Papagei, der donnernde Ameisler, der vor nichts zurückschreckte. Ja, die beiden waren ihm schon vorausgegangen.

Zwei Tage vor Johanni, als er wieder im Schatten einer der alten Linden vor der Landthorbrücke hockte, entdeckte er endlich das alte Gefährt. Der Anblick schnürte ihm wahrlich die Brust ein. Nichts, aber auch gar nichts hatte sich an der alten Karre verändert. Lediglich zwei Noriker, die leichtfüßig dahinzogen, hatten die Maulesel ersetzt. Hinten am Karren hing ein grauer Esel, der dem Gefährt mit gesenktem Kopf folgte.

Der Bursche, der auf dem Kutschbock hockte, hatte die weiche, braune Haut seiner Mutter, dazu die glatten schwarzen Haare und braunen Augen, während der kantige Schädel unstrittig das Erbe seines Vaters war. Insgesamt war dieser Kerl aber eine weit märchenhaftere, exotischere Erscheinung als es der Ameisler jemals war. Die Leute schauten ihm nach, und die Frauen besonders lang. Der Schaffer rappelte sich auf, schlug den Staub von der Kleidung und folgte dem Gefährt, was leicht ging, da sich die Kutschen auf der Landthorbrücke stauten, denn ein jeder wurde von der Stadtwache genauestens eingewiesen, wo er zu stehen hatte und vor allem, wo nicht.

*

Im Haus des Hilfspredigers war von der Nervosität und Unruhe, die in der ganzen Stadt fühlbar war, nicht eine Spur angekommen. Der Sprachlosigkeit, die manifest geworden war, folgte eine bleierne Schwere. Die beiden gingen sich noch mehr aus dem Weg als zuvor. Wenn er am Tisch in der Stube hockte und las oder schrieb, war sie in der Stadt unterwegs. Wenn sie zurückkam, um ihre Arbeit in der Küche zu verrichten, verzog er sich wortlos nach oben in seine Kammer und hing Tagträumen nach.

Eine Veränderung vollzog sich in seinem Innersten. Die Angst war einem Stolz darüber gewichen, was er gewagt hatte zu tun.

Die Schmerzen am Arm waren, wenn nicht gewichen, aber doch erträglich geworden. Der dicke, mit Honigpaste getränkte Verband des Arztes hatte seinen Dienst wohl verrichtet. Entscheidender aber war das Gefühl der inneren Befreiung, da er sich nicht mehr vor Entdeckung fürchtete – jedenfalls war dies so, wenn er auf dem Bett lag und seine Tat übersteigerte. Ein wenig fühlte er sich wie ein Kriegsheld. Ja, so mussten sich diese Kriegshelden fühlen! Auch wenn es letztlich wenig erfolgreich gewesen war, was er getan hatte – gewagt hatte er es! *Er* war es, er und niemand anders, der eine ganze stolze Stadt in Angst und Schrecken versetzen konnte. Er war das unbekannte, verfemte Subjekt, um das sich über Tage alle Gespräche drehten. Sein Handeln brachte die reichen Patrizier dazu, ihre Liegenschaften zu bewachen. Er, der kleine, von allen missachtete Hilfsprediger, versetzte den Landrichter in Aufruhr. Gendarmerie war in die Stadt eingerückt – wegen ihm. Er, der unbedeutende Hilfsprediger Joseph Gaiserle, über den sie lachten, die Nase rümpften oder den sie überhaupt nicht wahrnahmen. Er zwang sie zu patrouillieren, in den Nächten Wache zu halten – er hielt sie gefangen in ihrer Furcht und ihrem Schrecken.

Ein unfassbarer Gedanke, der ihn glücklich machte, der ihm zeigte, welche Macht und welchen Einfluss ein so von Respekt und Ehrerbietung vernachlässigter Kerl, wie er es war, wirklich haben konnte. Immer wieder holte er sich die Augenblicke jener Nacht vor Augen, als er die Scheibe an der Post eingeschlagen und seinen Brandsatz hineingeworfen hatte. Die Flucht, das Pochen seines Herzens, das Rauschen in den Ohren, so stark wie ein Wasserfall und bis kurz vor einer Ohnmacht. Das Horn des Nachtwächters, das die Nacht erschreckte, die Stimmen, das Geplärr, die Stadtwache, das Blut und die Schmerzen im Arm.

Er lag auf seinem Bett und grinste den Holzhimmel an. Wovor sollte er Angst haben? Er würde ihnen schon noch zeigen, wie mächtig er war. Der Festabend im Baumgarten geisterte durch seine Gedanken, und übertrieben gezeichnet sah er die angsterfüllten Gesichter der Gäste, als dieser Baron von Bibra vom Feuerteufel in seinem Dorf berichtete.

»Ja!«, schrie er laut und sprang in einem Satz vom Bett auf. »Ja … ja … ja!« Speichel flog ihm von den Lippen, und die Muhme, drunten in der Küche, fuhr zusammen.

Sie bekam Angst vor diesem Kerl, dessen Verwandlung sie wohl wahrnahm.

In den nächsten Tagen veränderte sich auch sein Habitus. Er eilte nicht mehr mit schnellen Schritten – er wandelte regelrecht. Seine Augen waren nicht mehr gesenkt, vielmehr begegnete er offen und kühl den andern Blicken. Von nichts und niemandem ließ er sich hetzen. Im nächsten Gottesdienst predigte er frech und mit schneidender Stimme: »*Wenn der Herr nicht das Haus baut, so arbeiten umsonst, die daran bauen. Wenn der Herr nicht die Stadt behütet, so wacht der Wächter umsonst. Es ist umsonst, dass ihr früh aufsteht und hernach lange sitzet und esset euer Brot mit Sorgen; denn seinen Freunden gibt er es im Schlaf.*«

Und sie hockten drunten und gafften ihn aus ihren blöden, verängstigten Augen an und senkten den Blick vor ihm, als sie später die Kirche verließen.

Nur er wusste, was er wirklich mit diesen Worten meinte.

Es war eine Drohung.

*

Der junge Ameisler richtete seinen Planwagen zwischen Peterskirche und Kornhaus ein. Schon während seines Aufbaus war er von Schaulustigen umringt, die von dem Exotischen, das er ausstrahlte, nicht genug bekommen konnten. Da waren die Geschichten und Erzählungen von fernen Inseln, von paradiesischen Gefilden – und nun war mitten in ihrer Stadt einer von dort. So sah er zumindest aus, der junge Ameisler.

Mit Andrin hatte er einen stummen Burschen dabei, von dem niemand wusste, ob er jemals hatte reden können. Wenigstens hörte er und verstand einen noch dazu; ein schmales, zähes Bürschlein mit düsterem Blick und blitzenden Augen. Neben seiner Zuverlässigkeit verfügte er noch über das außergewöhnliche Geschick, Beine und Arme in eine bejammernswerte Position zu verrenken, die bei jedem normalen Menschen unmittelbar Mitleid hervorrief. Diese absonderliche Kunst war bald zu einem erträglichen Part ihres Geschäftsgebarens geworden.

Sein Herr trug den weitkrempigen, fremdländisch aussehenden Rundhut des Vaters, dazu einen langen schwarzen Mantel mit einer

Reihe goldglänzender Knöpfe. Die zarte Bräune seiner Haut und die Überlegtheit, die aus jeder seiner Bewegungen sprach, ließen ihn wie den Priester eines fremden, fernen Landes erscheinen. Er hätte als solcher gewiss keine schlechte Figur abgegeben, denn aus seiner Haltung sprachen Gewissheit und Selbstbewusstsein. Dem schlanken Kerl hätte man die tiefe, sonore Stimme gar nicht zugetraut, die in der Lage war, eine beachtliche Menschenmenge zu erreichen.

Diese fremdartige Melange brachte Einzelnes zu einer Gesamtheit zusammen, die auf den Jahrmärkten ihresgleichen suchte. Ganz wie der Vater pries er Gesundheitswässerchen, Crèmes, Ameisensäuren und Pferdefluids mit lauten, warmen und manchmal drohenden Worten an, so wie er es aus seiner Kindheit erinnerte. Allerdings vermochte er den drohend-neckischen Schlag seines Vaters nicht zu kopieren. Stattdessen gab er sich wie ein aus unendlicher Ferne kommender Heiler – distanziert, verträumt, sublim. Seine Erscheinung stand in herbem Kontrast zum verrenkten Burschen, den er bei jeder Aufführung mit seinen Salben und Fluids behandelte, worauf sich schnell Besserung einstellte und aus dem verwundenen Menschenknäuel ein ansehnlicher Bursche wurde, mit halbwegs geraden Beinen und Armen. Es entstand allenthalben ein großes Gedränge um seine kleine Bühne, wobei es sich in der Mehrheit um Frauen handelte, die ihm gerne zusahen.

Leicht hätte er sein Auskommen in der Apotheke gefunden, die sie in Arbon eingerichtet hatten. Ohne große Mühe war ihm die Kantonsprüfung gelungen, und der weithin gefestigte Ruf des Vaters als Heiler ging ohne sein eigenes Zutun auf ihn über und beflügelte die Geschäfte. Doch der Drang, unterwegs zu sein, war ebenso ausgeprägt zutage getreten wie die Lust am flirrenden Leben auf den Märkten. Zudem waren die Geschäfte, die hier zu machen waren, schlicht famos, und in Arbon stand ein Haus aus dicken, festen Steinen, in dem es sich im Winter warm einheizen ließ.

So kam er weit herum und wunderte sich nun selbst darüber, zum ersten Mal in Lindau zu sein.

Napimee hatte ihm aufgetragen, dem Schaffer, den er seit vielen Jahren nicht mehr gesehen hatte, ein Paket zu überbringen. Er versuchte, sich ein Bild zu machen von dem Mann, der sie einige Male zuhause in Arbon besucht hatte. Ein sonnengegerbtes Gesicht, blitzende Augen und ein großer Hut – mehr brachte er nicht mehr zusammen.

Er ging, die Inselstadt zu inspizieren. Gemeinhin zog er durch das Land zwischen St. Gallen, Schaffhausen und Winterthur, was ihn nicht zu weit von der Rorschacher Heimat und der Mutter entfernte. Dieses Lindau, dessen Fassaden vom nördlichen Seeufer aus hinüberleuchteten, machte ihn neugierig, und der andere Blick zurück auf die Heimat hatte ihn schon bei der Herfahrt fasziniert. Die Gipfel des Alpsteins, so klar und mächtig über dem See und den grünen Hügeln! Voller Euphorie war er über die Landthorbrücke gefahren und hatte Andrin gerufen, der hinten auf den weichen Säcken pofte. Schweigend war er neben ihn gekrochen, in seiner befremdlichen Art, einem Tier gleich, mit Händen und Füßen sich fortbewegend, immer zwei oder drei Punkte mit der Erde verhaftet. Er zeigte auf den grandiosen Anblick – nicht einmal der entlockte dem Burschen einen Laut des Erstaunens oder der Bewunderung.

Jetzt, während er durch die Insel zog, passte Andrin auf den Wagen auf, schließlich bedeutete sein Name Herrscher über Heim und Gut. Sollte er ihm also gerecht werden.

Um den Brunnen am Paradiesplatz standen Kutschen und vor einer schmalen Gasse warteten Mägde mit ihren Wasserkannen, bis sie zum Schöpfen vorgelassen wurden. Sie sahen ihn kommen, in seinem selbst unter all den Schaustellern und Händlern herausstechenden Aufzug, und begannen zu kichern, steckten die Köpfe zusammen.

Er kannte dergleichen schon. Je näher er dem Inselzentrum kam, desto enger wurde das Gedränge, bis er sich schließlich nur noch mit Mühe und Geschick durch die Leiber schieben konnte. Was die Menschen nur an solchen Aufläufen fanden? Kaum standen Leute zusammen, kamen sogleich mehr dazugelaufen.

Er erreichte endlich den Hafen, wo es schon jetzt wild zuging, obwohl der Markt noch gar nicht offiziell begonnen hatte. Betrunkene lagen herum. Drei Musikanten zogen entlang des Wassers – ein Geiger, ein Trompeter und ein Trommler. Das angeheiterte Volk tänzelnd und johlend hinter ihnen her. Enthemmte Ausgelassenheit, ganz, als hätte man eine Schlacht gewonnen.

Es war ihm recht, denn Frohsinn erleichterte den Griff zur Münze. Vom Bock einer Kutsche erhielt er eine unverstellte Sicht auf den See und die Berge. Sofort bildete sich eine Menschenmenge um den Wagen herum, da man meinte, er würde eine Ansprache halten, oder es gäbe sonst eine Unterhaltung. Unverstellt nutzte er die Gelegenheit, um seine Arzneien anzupreisen – nur mit diesen könnten sie ihr Leben verlängern. Das Volk johlte und zog weiter.

Johannismarkt

Die Inselstadt war innerhalb weniger Tage zum Bersten gefüllt, die Nächte wurden zum Tag gemacht. Ein auf- und abwallender Klangteppich hing über den Dächern – fremde Dialekte, Rufe, mehr Lachen als Geschrei, tagsüber aufgeregte Kinder, nervöse Pferde, fremde Speisen, exotische Gerüche, Pfiffe, Hundegebell, und all das zur Untermalung eines Klangbreis verschiedenerlei Instrumente. Hörner, Lauten, Trommeln, Fanfaren, Geigen und Dudelsäcke. Hier ein Landler, dort ein Marsch, zwei Ecken weiter Gesang. Ein Rauschen aus Tönen und Geräuschen, in dem das Säuseln des Sees und das Konzert der Wasservögel und Frösche untergingen.

Die Dienstboten benötigten weit länger für die Verrichtung ihrer täglichen Arbeiten, nicht nur weil die Wege mehr Zeit in Anspruch nahmen – es gab einfach vieles zu bestaunen. Die zahlreichen Händler, Schausteller, Akrobaten und Kuriositätenstände brachten das Flair ferner Länder zwischen die Mauern – und vor allem eines: Unterhaltung. Es lockte Besucher von weit her an.

Die Morgendämmerung am Johannistag zeigte eine geisterhafte Dunstschwade, die unbeweglich zwischen Inselstadt und Bergen hing. Sie glänzte matt, nahm den Blick auf die Gipfel und schwebte wenige Meter über dem blaugrauen Seespiegel, wie ein Totentuch. Schaute man länger auf das matte Grau, meinte man Bewegungen darin festzustellen.

Erst als einige Zeit später die Sonne am wolkenklaren Himmel aufzog und die Bergkämme im Osten schnell überwand, begann sich das monströse Gebilde aufzulösen. Wirbelnde Dunstfeen kreisten, kleine Wolkengebilde ballten sich zu tiefgrauen Knäueln, bevor die immer gleißender werdende Sonne auch sie in Nichts auflöste. Einige wenige, die Sinn für Naturschauspiele hatten, verfolgten das Spektakel gebannt. Zum Nachmittag aber lag der See friedlich vor der Insel. Die Wasserfläche leuchtete in majestätischem Blau und die Sonne stand wie eine Königin über allem.

Glockengeläut, Kutschenlärm, Pferdewiehern, Hundegebell, Rufe, nur selten dazwischen der aufgeschreckte Schrei eines Betrunkenen. So startete der Tag. Die Kirchen waren überfüllt, denn auch ein großer Teil des Händlervolks war gekommen, weil es dem Geschäft förderlich war.

Binnen Tagen war mitten in der Stadt eine eigene, neue Stadt entstanden.

Am Tag zuvor hatten Lucas und Franzisca die Kinder auf die Insel zurückgebracht. Das Marktgeschehen mit seinem Nervenkitzel war zu verlockend für sie und von einer solchen magischen Anziehungskraft – sie durften es einfach nicht verpassen.

Den ganzen Vormittag über kamen weitere Kutschen zur Inselstadt gefahren. Wer keinen Stall für die Pferde, keinen Hof für das Gefährt hatte, musste mit den Wiesen vor der Insel vorliebnehmen. Einige schlaue Händler hatten hier ihre Stände aufgebaut, um zum einen den beträchtlichen Steuern zu entgehen, zum andern die Kutscher und Knechte zu versorgen, die hier warteten.

Um die Kirchen, Stift, Cavazzen und Baumgarten bildete sich das Zentrum der seriösen Händler, ebenso am Wein- und Brettermarkt. Dazwischen allerdings sammelten sich die Kuriositätenkabinette, deretwegen ein nicht geringer Teil überhaupt zum Markttag kam. Eine Parade der Missgeburten, kopflose Mädchen, die kleinsten Menschen der Welt, Spinnenmenschen und dergleichen Abstrusitäten buhlten um die Aufmerksamkeit der Besucher. Beliebt waren die kleinen Schauzelte, in denen bunte exotische Vögel zu bestaunen waren oder Affen, riesige Schlangen und andere eigentümliche Tiere, von denen man zuvor weder gehört noch gelesen hatte.

Die nobleren Händler konnten sich die Unterkunft in den Gasthäusern leisten. Alle anderen schliefen in ihren Planwagen oder richteten sich ein Lager darunter ein.

Der junge Ameisler hatte einige Änderungen am alten Marktkarren eingebracht. Der diente nun weniger als Podium für predigthafte Ansprachen, wie sie sein Vater gehalten hatte. Vielmehr stand er mit der breiten Front dem Publikum zugewandt. Die Segeltuchplane ließ sich bis zum Scheitelpunkt aufziehen, wodurch ein über die gesamte Länge des Karrens gefertigtes Regal aus edlem Holz zum Vorschein kam. In den kleinen Fächern standen eng beieinander hunderte Dosen, die kunstvoll bemalt waren und fremdartige Aufschriften trugen: *Axungia Hominis, Mumia, Cortex Chinae, Beurre de Cacao.* In der Mitte teilte eine Reihe mit braunen Apothekerfläschchen die Dosen. *Sulfur Praecipitatum, Tinctura Eucalypti, Aloe Tinctura, Oleum Rapae* – eine mobile Apotheke.

Allein der Anblick dieser Front eindrucksvoller Gefäße und Behältnisse imponierte den Neugierigen, die so nah wie möglich herankamen, um das ein oder andere zu entziffern. An der hinteren Seite des Regals, auf einer kleinen Truhe, hockte Andrin mit fürchterlich verwundenen Extremitäten und schaute nichtssagend in die Menge. Ein Fuß lugte hinter einem Ohr hervor, ab und an bewegten sich die Zehen.

Das Apotheker-Regal, der verknotete Andrin, die fremdländische Erscheinung des Ameislers – er brauchte keine sonderlich lauten Reden zu halten, um Aufmerksamkeit zu gewinnen. Auf einem kleinen Podest vor dem Wagen stehend, sprach er mit ernster, angenehmer Stimme. Ein Zeigestock aus Bambus wanderte über die Reihen des Regals, jeweils suchte er sich Bestandteile aus, von denen er meinte, sie gewönnen besonderes Interesse in seiner Zuschauerschaft. Sein

Hut, der weite Mantel, das exotische Aussehen gaben die restliche Würze hinzu.

Regelmäßig bildeten sich dicht gedrängte Ansammlungen, und gebannt hörte man ihm zu, wenn er Krankheiten beschrieb, ihre Symptome darlegte und letztlich seine Heilsversprechen loswurde. Sobald er fertig war, ließ er theatralisch etwas Öl in seine Hände tropfen, rieb Andrin damit ein, der flugs seine Verknotung löste und in den Wagen krabbelte. Der Verkauf begann – begleitet vom fassungslosen Raunen der Neugierigen umher. Wen der Umstehenden zwickte, kniff und biss es denn nicht, angesichts der schweren Arbeiten, die viele verrichten mussten.

Vergaßen die Bewohner über die spannungsreichen Tage zunehmend den Schrecken der zurückliegenden Tage, waren sie dennoch froh, die Gendarmerie in der Stadt zu wissen, denn alleine ihr Auftreten, wenn sie mit ihren Pferden über die Insel streifte, hemmte die Exzessfreudigkeit mancher der Kerle, die der Aufregung, der Sauferei, Schlägerei und Hurerei wegen in die Inselstadt gekommen waren.

*

Der Collector stand wie an jedem Tag an seinem Lieblingsplatz am Fenster und blickte hinaus, wo in der Ferne die Berggipfel leuchteten. Möwen glitten in weiten Parabeln über die Dächer und kreischten gereizt. In der Luft lag das aufgeregte Summen und Brummen, welches der Markt in die Inselstadt gebracht hatte und das hier heroben als angenehm wabernde Geräuschkulisse ankam – verheißungsvoll geradezu.

Auf dem Schreibtisch lag abermals eine Notiz aus Genua mit einer neuen Information. Er hatte sie bereits gelesen. Offenbar war ein Teil der Betrüger selbst betrogen worden. »Gesindel«, zischte er verächtlich in Richtung der Berge und lauschte eine Weile in sich hinein, glitt anschließend in den dünnen Sommermantel, nahm seinen Gehstock und machte sich auf den Weg. Der Wirt rief ihm von hinten aus der Wirtsstube einen Gruß nach, den er mit einer legeren Handbewegung quittierte, gerade als er hinaus in die Ludwigstraße trat, wo ein einziges Gewimmel herrschte.

Die Glocken schlugen vom Münster. Einige Burschen kamen ihm aufgeregt grölend entgegen. Vom Jahrmarktgeschehen würden sie nicht mehr viel mitbekommen.

Er bahnte sich geschickt den Weg durch die Menge und mied die engen Gassen, die ihm den Weg verkürzt hätten, in denen er jedoch hier und da gar nicht weitergekommen wäre. Quer über den Marktplatz nahm er den Weg zur Maximilianstraße und von dort weiter zu einer der nordwestlichen Quergassen, wo der Gengler sein Inselhaus hatte. Hinter einem windschiefen Holztor trat er in einen kleinen Hof. Ein Cabriolet war unter der Galerie abgestellt, gleich daneben befanden sich die Stallungen. Ein Rappe reckte den Hals durch die geöffnete Oberseite der Stalltür und schnaubte. Ein Bursche karrte einen Korb über das grobe Steinpflaster und nickte ihm freundlich zu.

Er nahm die Treppe zur Galerie und betätigte den Türklopfer. Es dauerte, bis ihm eine mürrisch dreinblickende Hausmagd öffnete. Ungehalten stiefelte sie davon, um der Herrschaft den unerwarteten Besuch zu melden.

Ernst Kringlin empfing ihn in seinem Arbeitszimmer und füllte zwei Gläser mit Portwein aus einer alten, reich verzierten Karaffe. Der Collector sah sich um. Einen so großen, respektablen Raum hätte er nicht erwartet. Die unwillige Hausmagd hatte vom *kleinen Salon* gesprochen. Einen größeren Salon würde es sicher nicht geben.

Persische Teppiche lagen auf den breiten Holzdielen. Ein großer Bibliotheksschrank aus Mahagoni mit vergoldeten Bronzebeschlägen verwies auf die wohlhabende Vergangenheit. Hinter den Glastüren reihten sich die Bücherrücken wie eine Formation des Militärs. Sideboards, Tischchen, Gemälde – vor allem See- und Berglandschaften. Mit Frömmlerei schien man es in diesem Haus nie sonderlich gehabt zu haben, sonst wäre irgendwo eine biblische Szene zu entdecken gewesen.

Am Fenster stand ein dunkler ausladender Schreibtisch, ein bequemer hoher englischer Sessel dahinter. Jenseits davon ein bequemes Sofa, dazu drei Ohrensessel mit beigestellten, filigranen Guéridons. Von der Decke zwei Leuchter. Franz von Riefenstein blickte anerkennend drein – eine rechte Genusshöhle hier oben, wenn man es genau betrachtete. Auf der großen Chaiselongue konnte man gut schlafen und im Bücherregal, da war er sich sicher, standen nicht nur Bände mit Erbauungsliteratur.

Sie setzten sich. Ernst Kringlin war erwartungsvoll, worum es gehen sollte. Aus der kurzen Notiz, die er vor Tagen von seinem Gast erhalten hatte, war er nicht so recht schlau geworden. Er nippte an seinem Glas und begann mit Belanglosigkeiten. »Sie haben sich hoffentlich gut eingefunden und fühlen sich nicht zu sehr vom Jahrmarkt belästigt. Es werden laute Tage sein.«

Sein Gast entgegnete die üblichen Höflichkeiten, lobte die repräsentative Ausstattung und erweckte dabei nicht den Eindruck, von etwas Wichtigem hergeführt worden zu sein. Ihr Gespräch begann mit jenen Nebensächlichkeiten, wie sie erfahrene Geschäftsleute austauschten, um sich der eigentlichen Causa diskret anzunähern. Jeder von ihnen bekräftigte, wie sehr ihm der Abend im Haus zum Baumgarten zugesagt hatte, die Speisen wurden abwechselnd repetiert und die Weine gepriesen. Dennoch näherte sich der Austausch ihrer Artigkeiten bald seinem natürlichen Ende.

»Ihre Notiz habe ich erhalten, wenngleich ich wenig damit anfangen konnte, worin der Stoff liegen sollte, den Sie baten, mit mir erörtern zu dürfen«, lenkte Kringlin das Gespräch auf konkretere Fundamente.

Der Collector lächelte fein und hob sein Glas. »Ein köstlicher Port … von hier?«

»Unser Weinhandel ist gut sortiert und profitiert auch von den guten Beziehungen, die die Mauchin zu den Franzosen unterhalten. Lucas war ganz früher bei einem Weinhändler in Feldkirch in Diensten und bezieht das ein oder andere Faß, wie man es sonst nirgends bekommt.«

»Ah … schon wieder die Mauchin«, ließ der Collector hören, »es scheint nichts in der Stadt zu geben, wo sie nicht ein wenig ihre Finger im Spiel hätten.«

Kringlin wurde hellhörig, ging jedoch nicht darauf ein und blieb zurückhaltend. »Lucas, er heißt eigentlich Bruggmüller, wird wie alle von ihnen ein *Mauchin* genannt. Und in der Tat, sie haben sehr wichtige Geschäftsfelder – die Relaisstation, die Pferdezucht, die Poststelle und draußen den großen Hof. Sie besitzen sogar eine eigene Lädine und eine kleine Niederlassung in Genua.«

Der Collector gab sich beeindruckt. Ganz für sich war er beinahe ein wenig enttäuscht, denn so recht hatte er nicht gewusst, wie er das Gespräch auf die Mauchin hätte lenken sollen. Während er am Port nippte, trat ihm die Szene jenes Abends wieder vor Augen, als Kringlin derart vom Anblick dieser bezaubernden Katharina gefesselt war und seinerseits nicht bemerkte, wie er selbst unter Beobachtung stand. Franz von Riefenstein tat bekümmert. »Meine Fähigkeiten, mich in Briefen auszudrücken, sind wirklich nicht preiswürdig und meine kurze Notiz war in der Tat nur schwer zu interpretieren, lieber Freund. Zunächst ging es mir darum, überhaupt einen Termin zu erhalten, da ich an Ihren neuen Geschäften durchaus mehr als nur beobachtend interessiert bin und mir ernsthaft vorstellen kann, mich dabei zu engagieren.«

»Ah …«, ließ Kringlin hören.

»Ja durchaus. Es ist unstrittig ein schwieriges Unterfangen, eine so neue Angelegenheit den Leuten vertraut zu machen.«

»Wie es eben mit allen neuen Dingen so ist«, blieb Kringlin zugewandt unverbindlich.

Dem allgemeinen Geplänkel zu Beginn folgte nun ein Klima des gegenseitigen Belauerns. Kringlin ahnte zunehmend, wie wenig sein Gegenüber hier in diesem Sessel saß, um einen Höflichkeitsbesuch abzustatten. Es ging ihm um etwas, und er würde schon selbst damit herausrücken müssen.

»Ich bin viel unterwegs in Klöstern und den Archiven der Städte, die ehemals reichsfrei waren. Es kommen einem da viele Bücher und Dokumente vor die Augen.«

»Sicherlich eine äußerst interessante Aufgabe, zumal im Auftrag nobler Adressen, wenn ich mich recht erinnere … und was man so hört – Sie müssen wissen, hier in der Stadt bleibt kaum etwas verborgen – ging vor einigen Tagen eine größere Sendung sogar nach Moskau. Es hat zu ganz aufgeregtem Gerede geführt.«

»Oh ja … ich bin sehr froh um diese noblen Auftraggeber, vor allem, wenn sie pünktlich zahlen, und die Sendung nach Moskau«, er lachte leise, »ein Glücksfall … einige wunderbare Gemälde für eine Sammlung dort. Erst heute erhielt ich die Nachricht, dass alles in Ulm gut verschifft worden ist und auf der schönen Donau nun dem Schwarzen Meer entgegenschwimmt. Von dort geht es nach Rostow und weiter über die Wolga bis nach Moskau. Wir mussten uns beeilen, alles rechtzeitig im Sommer auf die Reise zu bringen, bevor der Frost dort im Osten die Flüsse vereisen lässt.«

Kringlin wies mit einer Handbewegung in den Raum. »Wie Sie sehen, ist kaum noch ein Platz frei. Es besteht bedauerlicherweise kein Grund, Ihre Dienste in Anspruch zu nehmen.«

»Nein, nein, Sie denken da falsch, es ist nicht annähernd meine Intention gewesen und ich müsste mich entschuldigen, hätte ich mich diesbezüglich irritierend geäußert.«

Kringlin schwieg und verbarg seine steigende Neugierde hinter einer freundlichen Miene, indes sein Verhalten eine Spur reservierter wurde. »Und was war die Intention Ihrer Notiz?«

»Sagen wir, es handelt sich um nichts anderes, als für mein Geschäft einen Partner zu finden, über den ich finanzielle Transaktionen international abwickeln kann … und inzwischen der damit verbundene Wunsch, eine Information weiterzugeben, die Ihnen nützlich sein könnte.«

Kringlin hob die Hände. »Das höre ich gerne und meine Dienste stehen Ihnen zur Verfügung. Wir haben selbstverständlich internationale Verbindungen, und was Ihre nützlichen Informationen angeht … wer wollte sich solcher verweigern, ja, es wäre töricht. Herzu …!«

Der Collector schmunzelte gekonnt. Die Fähigkeit zur Dramaturgie hatte er als Kind bereits einsetzen können. Er erhob sich, verneigte sich tief und mit ernstem Gesicht, was Kringlin etwas ratlos dreinblicken ließ. »Wir sind durch die schlimmen Zeiten der Kriege beide zurückgeworfen worden. Das durch die Schaffenskraft unserer Familien über Generationen Erbaute wurde binnen nur zweier übler Jahrzehnte geradezu geschliffen, und dennoch können wir noch von Glück sagen, vergleichen wir unseres mit anderen Schicksalen. Mir liegt es daher am Herzen, Ihren Neubeginn, der ebenso einer ist wie der meinige, nicht durch unglückliche Entscheidungen gefährdet zu wissen, denn – wer kreditiert, muss nüchtern sein. Lassen Sie sich also nicht täuschen, mein lieber Freund, und seien Sie vorsichtig, was die *Mauchin* angeht. Was einem im warmen Schein abendlichen Lichts als Festung gegenübertritt, kann in der Strahlkraft des Tageslichts als marode, ja gar als Ruine bekannt werden. Es ist nur ein Rat … nur ein gutgemeinter Rat.«

Kringlin war regelrecht schockiert. Mit vielem hätte er insgeheim gerechnet, doch mit einer derart düsteren Bemerkung über die Mauchin niemals. Was konkret meinte dieser Collector? Als er nachfragte, blieben die Antworten, die er erhielt, im Allgemeinen. Von Dokumenten war die Rede, die Irritationen bereiten könnten, von Immobilienbesitz, der ungeklärt sein könnte, von Bauwerken, die hoch aufgerichtet zwar, jedoch auf dünnem Fundament stünden.

Ohne in irgendeiner Weise konkret zu werden, war es dem Besucher gelungen, einen fundamentalen Zweifel über die Mauchin in die Welt zu setzen. Ernst Kringlin hatte ihm nicht einmal widersprochen, hatte seinen diffusen Verdacht nicht annähernd in Zweifel gezogen und als substanzloses Gerede zurückgewiesen; schon gar nicht hatte er insistiert, so wie man es getan hätte, als Geschäftsmann, der gehalten ist, alle Vorteile wie alle Nachteile gegeneinander abzuwägen und den Gehalt der Informationen auf die Feinwaage zu legen – gerade angesichts der nebulösen Vorwürfe gegenüber einer arrivierten Familie, immerhin erfolgreiche und exzellent vernetzte Händler und Dienstleister! Es sei denn – ja, es sei denn, das diffuse Gerede käme den eigenen Vorurteilen, den eigenen Ressentiments und Animositäten nicht ungelegen.

Wie benommen verabschiedete er den eigentümlichen Gast, setzte sich hernach wieder an den kleinen Tisch, goss Portwein nach und bedachte den grotesken Auftritt von eben. Was wollte von Riefenstein mit diesen kryptischen Worten andeuten? Was sollte in Bezug auf die Mauchin mit einer Ruine vergleichbar sein? Hatte er am Ende etwas mit dem Brand in der Post zu tun, und – aus welchem Grund kam er ausgerechnet zu ihm? Er wäre der Letzte gewesen, den einer dieses Clans in geschäftlichen Dingen aufgesucht hätte. Jeder wusste, wie potent sie waren.

Er trank abermals ein Glas Portwein. Was sollte er mit dieser Begegnung nur anfangen. Was?

Dennoch begann ein kleiner Funke in ihm zu glimmen – das Vergnügen an der Schadenfreude! Es war also nicht alles Gold, was bei den Mauchin glänzte.

*

Derweil streifte sein Besucher über die Insel und erfreute sich an der ausgelassenen Jahrmarktstimmung. Er war erfüllt von Zufriedenheit darüber, wie gut es ihm gelungen war, den Zweifel zu säen. Er würde keimen, wachsen und gedeihen, da war er sich sicher, denn es gab dafür keinen fruchtbareren Boden als die zerrüttete Seele eines Menschen. Enttäuschte Vergangenheit, ungewisse Zukunft, Kampf gegen den Niedergang, umgeben von Fremden, denen der Erfolg offenbar einfach so zuflog, und diese Frau, die er mit seinen Blicken verschlungen hatte, die aber in den Armen eines anderen lag. Ein Gemisch, das jemanden, sofern geschickt inszeniert, in die Selbstzerstörung manövrieren konnte.

Er verweilte einige Zeit im wilden Getriebe des Hafens, schaute hinaus auf die weite Wasserfläche und zu den Bergen, die noch immer weiße Schneekappen trugen, schloss kurz die Augen, dass ihm dieser Eindruck nicht entweichen wolle. Letztlich riss er sich doch aus dem Bann der Naturschönheit und schlug den Weg quer über die Insel hinweg, in Richtung Carolinenstraße, ein. Dort, in einer schmalen, düsteren Seitengasse nahm er den Eingang in ein schmuckloses Haus, stieg die Treppen nach oben, wo unter dem Dach eine einfache Kammer sehr ansehnlich mit unterschiedlichen Dingen eingerichtet war. Emilie, die er eines Abends in der *Krone* kennengelernt hatte, wohnte hier. Sie war schmal, hatte bernsteinfarbene Augen, lockige dunkelbraune Haare, die, so sie von Nadeln und Klammern befreit waren, der Schwerkraft folgend sanft bis in die Lenden fielen. Sie war dazu klug und eigensinnig.

Der Knauf seines Stocks klopfte das vereinbarte Zeichen und er war ehrlich erfreut, als sich die Türe öffnete und er in ihr Gesicht sah. Die Freude war gegenseitig.

Mit der Selbstverständlichkeit, in der man sein Zuhause betritt, ging er hinein, ohne jedes Zögern. Ja, er fühlte sich bei ihr zuhause. Ihre stille Art hatte es ihm angetan. Als er beim ersten Mal hier war und vorsichtig sein Hemd abgestriffen hatte, gab sie einen erschrockenen Laut von sich, als sie die Narbe sah. Doch schnell und zielstrebig hatte sie ihn mit sanftem Druck bäuchlings auf das Bett geschoben, war in einem Verschlag unter der Dachschräge verschwunden und mit einer Büchse wiedergekommen. Ohne jedes erklärende Wort trug sie vorsichtig eine Salbe auf, die sie mit größter Behutsamkeit einarbeitete. So empfindlich die Stelle auch war, spürte er weder Unbehagen noch Schmerz – vielmehr ein seit Ewigkeiten nicht mehr empfundenes Gefühl des Wohlbehagens und der Geborgenheit. Es dauerte lange, bis der geheimnisvolle Balsam eingearbeitet war; zwischendurch war er sogar in einen sanften Schlummer gefallen und schließlich lange bis in den nächsten Morgen dort oben geblieben.

Auch diesmal drängte ihn nichts. Der Trubel des Jahrmarkts war ihm gleich und sein Tagwerk hatte er mit dem Besuch beim Gengler erledigt, womit nun Zeit für Genuss und Lebensfreude gegeben war. Als es dunkel geworden war und er Hunger verspürte, sprang sie aus dem Bett, warf im Dunkeln ihre Kleider über und huschte zur Tür hinaus.

Er lachte, als er ihre Schritte auf der Treppe verklingen hörte.

Bald darauf kam sie mit heißen Seelen zurück.

So recht wurde er aus dem elfenhaften Wesen nicht schlau. Sie stellte keine Fragen, es gab kein Geschwätz, kein belangloses Gerede. Die Zeit mit ihr verlebte er in einem Konzentrat aus Behaglichkeit und zunehmend spürte er, wie neugierig er darauf war, mehr von ihr zu erfahren.

Gegen Mitternacht stand er auf, drehte die Leuchte heller und zog sich an. Sie blieb liegen, stützte ihren Kopf auf die abgewinkelte Hand und sah ihm zu.

»In nächster Zeit wird man einiges vom Kringlin und seiner Bank hören. Er wird das Geld der Leute wollen und viele Versprechungen machen. Gebt ihm nichts. Sag das, wen immer du kennst.«

Sie zog eine Grimasse und drehte sich auf den Rücken. »Niemandem gebe ich mein Geld. Nicht einmal dir.«

Er lachte, setzte sich sodann auf die Bettkante und strich ihr über das Haar. »Ich wollte nur eine gewisse Zeit bleiben, doch dieses Lindau ist eine Stadt, wie geschaffen, längeren Aufenthalt zu nehmen … viel längeren Aufenthalt, als ich mir hätte denken können.«

Sie wendete sich ihm zu. »Bleib doch«, hauchte sie.

»Mhm … ich vermute, das werde ich, aber nicht heute Nacht … nicht heute Nacht.«

Die Sommernacht war betörend schön. Ein Rest von Blau hatte sich am Nachthimmel erhalten. Die Sterne funkelten hell. Schon drunten in der Gasse war das Rauschen der Jahrmarktnacht zu spüren und noch mehr zu hören. Ein Stück weiter, in der Carolinenstraße, stank es nach Urin, Erbrochenem und verschüttetem Bier – süßlich, widerlich. Verwesung.

Er nahm den Weg hinunter zum Hafen. In den dunklen Gassen die Pärchen, die sich am Markt getroffen hatten und nun im Schutz der Dunkelheit einander befingerten, in der selbstverlogenen Gewissheit, niemand würde es mitbekommen. Von dort ging er weiter über den Inselgraben hinweg auf die hinter Insel. Unter den Kastanien die Liebenden, die fast genauso klangen wie die Seevögel.

Als er endlich in der *Krone* ankam, fühlte er sich erschöpft und fiel sogleich in einen tiefen, traumlosen Schlaf. Das Markttreiben toste bis in den Morgen hinein, besänftigte sich zum Nachmittag hin, um in der Nacht erneut aufzuflammen.

Erst am folgenden Morgen begannen die Aufräumarbeiten. Ein Gespann nach dem anderen zog aus der Stadt hinaus über die Landthorbrücke und verschwand zwischen den hohen Bäumen am Festland, auf dem Weg zum nächsten Festplatz.

*

Bernadette stand tags darauf staunend im Hof und sah auf das fremde Gespann, das vom Weg abgebogen war und auf sie zufuhr. Sie kniff die Augen zusammen und hielt die Hand über die Stirn. War es richtig, was sie da sah? Neben dem dunkelhäutigen Kerl hockte … ja, da hockte der Schaffer, und zwischen den beiden war der kleine Heinrich.

Eine Erscheinung wie den Ameisler hatte sie noch nie gesehen. Diese Eleganz, der feine Teint – ganz wie in den Märchen und Geschichten aus den fernen Ländern. Schon einige Male hatte sie mitbekommen, der Schaffer sei früher mit anderen Kerlen aus unerfindlichen Gründen zur See gefahren und sogar bis zu den Wilden gekommen. Unter den Dienstboten und Kutschern wurde ehrfurchtsvoll davon erzählt. Doch das, was hier auf sie zurollte, war die Wirklichkeit.

Franzisca, vom Fahrgeräusch aufmerksam gemacht, trat hinaus in den Hof und erschrak ein wenig. Diese Kutsche, die wilde Gestalt auf dem Kutschbock, das erinnerte sie sofort an die Beerdigung des Vitus in Bezau und den Auftritt des alten Ameislers. Zwischen Kirche und *Gams* hatte damals sein Wagen gestanden, als er seinem toten Freund eine Abschiedsrede hielt. So lange her, so viel geschehen, so unglaublich viel erlebt seither. Ein kleiner Schwindel überfiel sie, von dem jedoch niemand etwas mitbekam. Was nicht alles schon erlebt und wieder vergessen worden war! Auf den Friedhöfen standen noch die Gräber und in manchen Stuben und Wirtshäusern kursierte noch die ein oder andere Geschichte. Aber wer weiß, wie lange noch, bis alles, alles vergessen war und man selbst auch.

Franzisca fasste sich, begrüßte die Ankommenden herzlich und nach einigem Hallo versammelte man sich im Schatten des Hausdachs; Getränke wurden gebracht und das Erzählen hob an. Die Geschichten aus früheren Zeiten ließen die Jungen neugierig und die, die sie erlebt hatten, melancholisch, ja sogar sentimental werden. Der junge Ameisler hatte Geschenke von Napimee mitgebracht und verbrachte noch zwei Tage am Hof. Die Nächte hingegen, die lag er draußen unter dem Sommersternenhimmel, lauschte den Grillen, blickte in die Sterne und dachte an die Heimat seiner Mutter. Ob er sie je einmal sehen würde? Wollte er es überhaupt?

*

Die Sommertage gingen dahin. Die Gendarmerie räumte ihre Unterkünfte und zog schweren Herzens aus der Stadt ab. Die aufregenden Ereignisse und Feste der zurückliegenden Tage vergingen im Dunst der Vergangenheit und mit den Anforderungen des Alltags; der festliche Abend im Haus zum Baumgarten ebenso wie der Brand in der Poststelle und die wohltuenden Aufregungen um Johannis.

Franzisca verbrachte einige Tage auf der Insel, in der Hofstatt, wo sie sich von einem Maler portraitieren ließ, so wie die Buben, Christian und Katharina auch. Es war Lucas' Idee gewesen und er hatte keine Widerrede gelten lassen. Es war ein eigenartiges Gefühl, die Gemälde anzusehen, als sie fertig an der Wand hingen.

Lucas und Franzisca unternahmen danach einige Fahrten durch das Land, um zu sehen, wie die Ernte in diesem Jahr wohl ausfallen könnte. Die Kornfelder standen vortrefflich da. Zwar hatten Weizen und Roggen durch Mäusefraß einiges erlitten, konnten sich jedoch wieder erholen. Der letzte Winter war mit Kälte und Frost nicht geizig gewesen, wohingegen nur wenig Schnee gefallen war; die trockenen Wochen um die Wende von Frühjahr zu Sommer führten mancherorts sogar zu Wassermangel. Die Fröste im Mai zeigten sich gnädig, wodurch Garten und Feld verschont blieben. Die Ernte, so kein Hagelunwetter kommen sollte, würde also gut werden, die Kornkammern gefüllt und der wichtige Handel mit der Schweiz konnte als gesichert gelten. Auf ihrer Fahrt begegneten ihnen viele Gespanne, die Bauholz transportierten. Überall im Schwäbischen entstanden neue Höfe und Weiler außerhalb der Siedlungen, deren Voraussetzungen eine gute Quelle oder ein Bach sowie das eigene Land drumherum waren.

Lucas rechnete, während er das Cabrio und den schweren Warmblüter über die Wege leitete. Der Schniefer hatte den Friesen wunderbar hergerichtet, sodass sie schnell und sicher durch die Felder ringsumher vorankamen. Er blickte um sich – außerordentlich viel Buchweizen würde es in diesem Jahr geben, den man teils zu Öl verarbeiten, teils als Fütterung verwenden konnte. Auch der Flachs stand recht gut. Die gesegnete Ernte würde allerdings auch zu einem Abfall der Kornpreise führen.

Manchmal begann er vor sich hinzubrabbeln und laut zu rechnen, was Franzisca mochte und lachen ließ. Sie genoss die Aussicht auf die Landschaft von dem mit weichen Schafsfellen gepolsterten Kutschbock. Nur selten hockte sie hinten, meist gegen Abend, wenn sie müde wurde und im weichen Geschaukel dösen konnte, oder wenn sie den Schatten des Verschlags suchte, weil die Sonnenstrahlen zu sehr stachen.

*

In den warmen Julinächten schlugen die Räuber am südlichen Seeufer erneut zu. Zwei Kaufmannsfuhren, die auf dem Weg von Dornbirn nach St. Margrethen waren, wurden nahe dem Rhein gestellt, noch während der Dämmerung, und kurz darauf erwischte es zwei weitere Gespanne. Die Begleiter wehrten sich zwar, doch nach einigen Schüssen und Hieben mit dem Säbel gaben sie sich schnell ihrem Schicksal drein. Hatte man bislang darauf gehofft, die Kerle bei einer der vielen Kontrollen dingfest zu machen, die überall zwischen Bregenz, Dornbirn und dem Alpenrhein stattfanden, so kam man nun zu dem Ergebnis, mit einer konzertierten Aktion die öffentliche Ordnung wiederherzustellen. Die Spitzel berichteten, in den Wirtshäusern würde schon geredet, die Ordnungsmacht stecke selbst mit in der faulen Sache, sonst würde das freche Treiben nicht so lange fortgehen können.

Soldaten wurden angefordert, und in den nächsten Nächten wollte man das Röhricht am Abend weiträumig umstellen und mit der ersten Tageshelligkeit durchkämmen. Da es Befürchtungen gab, die Bande könnte über Boote verfügen, sorgte man auch für bewaffnete Kräfte auf der Seeseite und der Stadthauptmann in Lindau wurde per Depesche ins Vertrauen gezogen.

Leise in sich hineinfluchend lief der in der Wachstube auf und ab. Die Sache mit der Brandstiftung in der Post steckte ihm noch in den Knochen, denn wer derart Teuflisches tun konnte, war nicht zu unterschätzen. Und nun auch noch Räuberbanden, derer man nur mit Militär Herr wurde! Natürlich bestand die Möglichkeit, die Kerle könnten über den See in Richtung Lindau flüchten. Sicher verfügten sie über Boote und ganz sicher wäre die Inselstadt ein Ziel, wenn sie spitzbekämen, welcher Aufwand ihrer Ergreifung wegen betrieben wurde.

Er stapfte hinüber zum Rathaus, zum Landrichter, mit dem er seine Maßnahmen besprach. Leiden mochte er den launischen Kerl nicht, aber war er ins Vertrauen gezogen, war auch die Verantwortung geteilt. Wer wusste schon, was sich noch entwickeln konnte.

Die Wachen wurden umgehend verstärkt und Boote patrouillierten die Nacht über draußen vor der Insel. Da der See der Sommertrockenheit wegen tief lag, sollten nach Mitternacht an zwei Stellen Feuer entzündet werden, um anzuzeigen, dass es kein Durchkommen gäbe.

Mit Einbruch der Dunkelheit begann der See zu dampfen und bis Mitternacht lag ein dichter Nebelschleier über dem Wasser, der bis weit über die Ufer hinwegreichte.

Man konnte meinen, die Lumpen steckten mit dem Teufel unter einer Decke. Trotz der ungünstigen Witterungsbedingungen ließ man die Berittenen ihre Positionen rund um das Rheindelta einnehmen, die Mannschaften ruderten die Boote hinaus, je zwei Soldaten mit neuen Perkussionsgewehren bewaffnet.

Der einzige Vorteil, den der nächtliche Sommernebel mit sich brachte, bestand in der Hemmung der Mücken, die sonst in Myriaden am Ufer und im Schilfland lauerten.

Je höher der Dunst stieg, je dichter das Aschgrau wurde, desto beängstigender dröhnte die Stille. Ab und an der vereinzelte Schrei eines Blässhuhns, das Rufen einer Eule, im Röhricht Knistern. Die

Trupps, die dorthin vorrücken sollten, hatten einheimische Führer dabei, deren Loyalität man sich zuvor eingehend versichert hatte. Einer der Offiziere lenkte sein Pferd an die Seite seines Kameraden und raunte ihm zu: »*… und denk, wie leicht die Phantasie, bei Nacht aus Angst, sich jeden Busch zum Bären macht.*«

Der andere ächzte genervt. »Du und dein Shakespeare!«

»Ja ist es nicht ein Sommernachtstraum den wir erleben dürfte«, zischte er zynisch zurück.

»Ein Alptraum ist es, ein Alptraum … gänzlich erfolglos wird es sein. Du siehst keinen hundertjährigen Baum auf fünfzig Schritt und das wird sich bis morgen in der Früh nicht ändern. Im Schilf drunten sind die Räuberhöhlen bei hellem Tag schon nicht zu entdecken.«

Hoch über dem Nebel zeichnete ein klarer Sternenhimmel seine Figuren in das Schwarz und eine leuchtende Mondsichel ihnen zur Seite. Unter ihr leuchteten Venus und Jupiter. Im Rheindelta und über dem See blieb es hingegen grau und trübe. Einige Zeit nach Mitternacht kam Leben ins Röhricht. Dunkel gekleidete Gestalten, sicher zwanzig an der Zahl, folgten einem schmalen Pfad, der aus dem Schilf hinaus ans freie Ufer führte. Sie holten unter alten Baumstämmen versteckte Boote hervor, trugen sie, so leise es eben möglich war, zum Wasser, und als alle einen Platz gefunden hatten, ruderten sie leise hinaus. Immer wieder wurde die Fahrt unterbrochen – die Jüngsten lauschten dann angestrengt. Einer von ihnen konnte die Laute der Haubentaucher und Blässhühner imitieren, woran sie sich orientieren und beisammenbleiben konnten. Nach einer Weile gab das Blässhuhn Alarm. Im Nebel vor ihnen war einem der Soldaten das Gewehr auf den Bootsboden gefallen, weil ihm die Hände kalt und klamm geworden waren und das stille Warten seine Nerven strapazierte. Der dumpfe Schlag nahm sich fremd aus in der Nebelwelt, die sie umschloss. Die anderen Soldaten zischten ihrem unglücklichen Kameraden Flüche zu. Die drei Räuberboote schlugen eine andere Richtung ein, wobei sie einander doch so nahe gerieten, dass zwei Ruder aneinanderschlugen, was nun ihrerseits ein fremdes Geräusch entstehen ließ. Die Soldaten im Boot richteten sich auf und wiesen die Männer an den Riemen an, in Richtung des Geräusches zu fahren. Der Unglückliche von eben gab, um sein Fehlverhalten irgendwie wieder gutzumachen, einen Schuss in die Richtung ab, blindlings in die Nebelwand, worauf seine Kameraden vor Schreck das Rudern einstellten. Nun geriet der See insgesamt in Unruhe. Die Wasservögel krakeelten, aufgeschreckt durch den Schuss, von den anderen Booten gellten Rufe in das totengraue Nichts.

Der Schuss hallte weit über den See bis zu den Booten vor der Inselstadt. Dort packte die Wachen Panik. Jetzt wurde also schon geschossen! Hektisch entzündeten sie die vorbereiteten Holzstöße auf den schwimmenden Trögen zwischen den brachliegenden Kiesbänken. Mit klopfenden Herzen horchten auch sie in das Nebelnichts, konnten aber von dem Scharmützel nichts mehr hören, denn immer wieder tönte das hysterische Geschrei der Wasservögel und das Knistern des trockenen Reisigs und der Flammen hing übermächtig in den Ohren, weswegen kein weiterer Laut auszumachen war.

Die Gauner, nicht weniger in Aufregung, nutzten das Durcheinander auf dem See zur Flucht und gerieten bald in die Strömung des Rheins, der sie ein Stück hinaustrieb und sie nach einer Wende entgegen der Strömung am Ufer unterhalb des Appenzells anlandete. Die Boote trugen sie ins nahe Schilf, stellten Wachen auf, während der Rest sich in die Boote legte und schlief, bis der Morgen ein erstes Licht brachte.

Drüben am Rohrspitz waren die Berittenen samt ihrer Mannschaften in das Schilfgebiet eingerückt und durchkämmten es bis in den Mittag hinein – ohne jeden Erfolg. Nicht einmal eine Hütte wurde aufgetan, die man als Unterkunft der Lumpen hätte vermuten können. Ein Fehlschlag erster Güte.

Milzgrund

Katharina und Christian waren in diesen Tagen auf einer Reise nach Norden, um einer Einladung der Bibras zu folgen, sie in ihrer Heimat zu besuchen. Christian interessierte an der Fahrt vor allem der Zustand der Straßen und Wege, da der Handel zwischen Nord und Süd immer bedeutsamer wurde und sie mit Franzisca, Lucas und Philipp über eine Erweiterung ihrer Kapazitäten für Fuhrwerke nachdachten. Zusammen mit ihnen hatte er bereits eine Exkursion in den Bregenzerwald unternommen, wo immer mehr Käse produziert wurde, da er sich besser transportieren und verkaufen ließ als Butter und weitaus höhere Gewinne versprach.

Katharina hatte ihn letztlich davon überzeugt, in den Norden mitzukommen, und den Gewinn an Informationen für ihn und ihre Zukunft gepriesen, wobei für sie die Schilderung des Schlosses, welches ganz von Wasser umgeben sein sollte, so unfassbar romantisch war, dass sie es gar nicht mehr aus dem Kopf bekam, ja, sie konnte es kaum erwarten, dort anzukommen, in diesem Landstrich mit dem eigentümlichen Namen Grabfeld. Zudem empfand sie eine nicht geringe Sympathie für ihre Gastgeber, insbesondere die Gastgeberin, die sie von Kindheit an kannte und sich verwundert fragte, wie alles so glücklich hatte kommen können – und was der Preis dafür sei.

Die Reise beanspruchte bei guten Pferden und passablem Wetter fünf Tage. Christian wollte nicht die Postkutsche nutzen, sondern wählte zwei Friesen für die Fahrt mit der eigenen Kutsche. Mit dem Schniefer hatte er einige Zeit diskutiert und beide wählten schließlich das neue Landaulet, wo Katharina und Johann bei jedem Wetter komfortabel untergebracht waren, denn ihn wollte sie auf der Reise bei sich haben. Die Strecken hatte er genau im Kopf, denn als er vor vielen Jahren die Erstellung der Landkarten begleitet hatte, war er bis Würzburg und noch weiter nach Norden gekommen.

Was ihn an der Reise aber wirklich interessierte, war die Zeit, die sie dafür brauchen würden. Die euphorischen Berichte über die Diligence, wie die großen Reisekutschen nach ihrem französischen Vorbild hießen, stachelten ihn an. Sie fanden zunehmend Verbreitung im Land und man hörte von Reisenden und in den Journalen wahre Lobeshymnen. In dem vierspännigen Gefährt konnten bis zu sechzehn Fahrgäste befördert werden, es war komplett geschlossen, wodurch es auch bei Regen und Schnee ausreichend Schutz bot. Die neuen Stahldruckfedern sorgten für Dämpfung – das Reisen sei darin wie ein sanftes Dahinschweben.

Sie würden noch mehr Kutschen in den Dienst stellen müssen, darüber war er sicher, denn die Nachfrage war schon jetzt vorhanden. Doch seit den schrecklichen Winterjahren, mit den unzähligen Rössern, die entweder verhungert oder geschlachtet worden waren, bestand überall ein großer Mangel an geeigneten Pferden und man war von den Erfolgen der Zucht in einem Maße abhängig wie kaum jemals zuvor.

Am ersten Tag gelangten sie tatsächlich bis Ulm, und in den folgenden Tagen über Nördlingen und Rothenburg bis nach Würzburg, wo die Festung Unser Frauen Berg wuchtig über den steilen Weinhängen thronte. Von dort führten gewundene Wege über sanfte Hügel und Täler durch eine Unzahl von Dörfern bis zur Heimat ihrer Gastgeber – zum Wasserschloss der Bibras in einem Ort namens Irmelshausen.

Das Schloss übertraf selbst Katharinas romantische Erwartungen bei weitem. Am Fuße eines Flusstals versteckte es sich im Wiesengrund hinter hohen Pappeln, Buchen und Eichen. Mächtige Sandsteinquader in warmem Gelb bildeten ein Rechteck, an dessen Ecken gedrungene Rundtürme mit spitzer Haube wachten, dem Pulverturm in Lindau nicht unähnlich. Eine alte Brücke mit drei Bögen spannte sich vom Ufer über einen kleinen sumpfigen See hinüber zu einem mächtigen, eisenbeschlagenen Tor. Auf dem Wasserspiegel Seerosen, Lilien und Schilf. Bunte Fische in leuchtenden Farben schwammen in Schwärmen unter der Brücke hindurch, als sie gerade darüberfuhren. Im Westen, wo gerade die Sonne hinter ehrwürdig gealterten Bäumen versank, breitete sich ein kleiner Park aus.

Wie im Märchen, dachte sie, *wie im Märchen!* Und dazu diese Stille. Nur das Zwitschern der Vögel war zu hören, der Wind in den Blättern der alten Bäume und vom Dorf her das Gackern der Hühner, ab und zu ein Hahn. Die Kirchturmglocken waren sicherlich eine wirkliche Abwechslung, wenn sie zu den Gebeten läuteten.

Ihre Ankunft stieß auf wahrhafte Freude. Man verbrachte die Tage mit Ausflügen in die Gegend, besuchte die Verwandtschaft im Nachbardorf Höchheim und folgte dem mäandernden Lauf des Flüsschens Milz. Die Weite des Wiesengrunds nach Osten hin schlossen zwei markante, dicht bewaldete Berge in vollendeter Harmonie ab. Die Erhebungen trugen den Namen *Gleichberge*, obschon nichts an ihnen gleich war. Die nördliche Erhebung war niedriger, mit einem kegelhaft ansteigenden spitzen Gipfel, daneben, in großer Ruhe, majestätisch der höhere der beiden mit einem langen geraden Gipfelgrat, einem Tafelberg ähnlich. Diese Berge waren weithin sichtbar und dienten als Landmarke zur Orientierung.

Von dort kommend zog sich der Wasserlauf der Milz schlängelnd durch flache, weite Auen dahin. Doch schon am Schloss in Irmelshausen begannen die Hänge beiderseits des Bachlaufs steil anzusteigen; vor allem an der Südseite spannte sich ein weiter Hang aus. Nach einigen Kilometern gerieten Wegverlauf und Fluss in einen Wald, und bald gurgelte das Wasser tief drunten im dunklen Waldgrund. Der Weg wurde gefährlich und wand sich in engen Kurven hinunter zu Lichtungen, wo allenthalben Mühlen ihre Arbeit taten.

Katharina konnte sich nicht sattsehen an der romantischen Kraft dieser Landschaft. Christian hingegen schien kaum ein Auge dafür zu haben. Er begutachtete Rösser, Häuser und Ställe, die Kutschen und Karren, redete mit den Leuten und nicht selten zog ein Grinsen über sein Gesicht ob des fremden und lustigen Dialekts, der so ganz anders klang.

An einem der Tage ihres Aufenthalts gelangten sie auf diesem Weg zum Schloss Waltershausen, wo Hölderlin eine Zeit lang verbracht hatte. Die frühere Hausherrin war die Geliebte Friedrich von Schillers gewesen – Charlotte von Kalb. Zwei Rundtürme, mit kunstvollen sechseckigen Hauben bestückt, rahmten die Seiten des Schlosses, bargen jedoch nichts Wehrhaftes in sich und entsprachen eher einer Art von Dekoration. Der Empfang war freundlich, und sie mussten vom großen See erzählen und den vielen Reisenden aus aller Herren Länder, die dort, wo die Handelswege sich verknoteten, aufeinandertrafen.

Man saß an einem französischen Tisch und es gab englischen Tee.

»Wo ist sie, diese Charlotte von Kalb?«, fragte Katharina, noch ganz beeindruckt von der Schlichtheit der Räume und der Vorstellung, hier hatten Dichter gelebt, deren Werke sie so liebte.

»Oh, sie ist alt, völlig erblindet und lebt in Berlin, im königlichen Schloss.«

»Ah …«

An einem anderen Tag unternahmen Frau von Bibra und ihr Schwager Albrecht mit Katharina einen Spaziergang, der gleich hinter dem Schloss durch ausgedehnte Gärten die Anhöhe emporführte. Von dort oben ergab sich ein weiter Blick über das Land. Weit drunten waren die Dächer des Schlosses zu sehen, Häuser dahinter und die Kirche des Dorfes, im Westen reckte sich der Kirchturm von Höchheim in den Himmel und die Häuser des Städtchens duckten sich in den Nordhang, von wo sie hinabzugleiten schienen zum Flussufer.

Katharina war zutiefst angetan, denn es waren nicht die schiere Weite einer Seefläche und die Grandiosität schneebedeckter Alpengipfel, die sich darüber emporhoben. Hier lebte die Landschaft in einem sanften Schwingen, einem Gleichklang aus Hügeln, Flusslauf, Feldern und Wäldern, eingerahmt von ruhevollen Bergen und Kämmen, abgeschlossen von engen Schluchten. Eine Landschaft voller Anmut und Harmonie. Gedanken, die ihr nie zuvor in den Sinn gekommen waren, beschäftigten sie. Dieser Sommer in diesem Tal war so groß – man konnte meinen, es wäre für die Ewigkeit, so mächtig alle Frucht aus der Erde trieb. Und dennoch waren dieser Ewigkeit nur mehr Wochen und Monate beschieden. Sie blieb oft stehen und sah auf die Felder. Die Atmosphäre ringsumher saugte sich bereits seit Stunden mit der Feuchtigkeit der Erde voll – Sommerluft. Lerchen jubelten laut. Bald würde es ein Gewitter geben. Sie fühlte das Glück.

Albrecht von Bibra zeigte ihr eine Stelle etwas unterhalb des Scheitelpunktes des Hanges. Er tippte mit seinem Stock auf die Erde und sagte: »Hier.«

Katharina sah ihn verständnislos an.

Ihre Begleiterin lachte. »Er ist ein wenig verrückt.«

»Hier soll es stehen, mein Denkmal.«

»Ein Denkmal … Ihr Denkmal?«

»Ja, Sie haben richtig gehört, mein Denkmal«, antwortete er stolz und ohne jede Verlegenheit.

Sie sah ihn verdutzt an, denn sie verstand immer noch nicht.

Während er seinen Blick ebenso über den Talgrund der Milz schweifen ließ, wie sie es zuvor getan hatte, sprach er mit ruhiger und überzeugter Stimme: »Mich wird das Leben in die Ferne tragen, weit weg von meiner Heimat und meiner Familie, doch einst – möge es allerdings noch eine Weile dauern –, wenn mich der Herr zu sich gerufen hat und ich heimgegangen bin, möchte ich hier an diesem Ort liegen. Eine Stele aus Granit soll an mich erinnern und die Menschen hierherauf locken, um ihnen diesen Anblick nahezubringen, den ich tief in meinem Herzen trage, seit ich denken kann.« Er hob seinen Stock und zeigte mit ihm auf die Landschaft von den Gleichbergen bis zum dunklen Wald hinter dem Dorf Höchheim.

Seine Schwägerin lachte vergnügt: »Ich sagte ja, er ist ein wenig verrückt, unser Albrecht, und das muss man wohl auch sein, denn er wird den diplomatischen Dienst anstreben.«

Unbeeindruckt von der Spöttelei fuhr er fort: »Ja, eine Stele aus Granit, eine schlichte Grabplatte und an den vier Seiten hohe Bäume, so stelle ich es mir vor. Von überall wird man diese Stelle sehen – eine rechte Landmarke gegenüber den Gleichbergen.«

»Jaja«, sagte seine Schwägerin, »du wirst es bekommen, dein Denkmal. Dein Bruder hat das Grundstück ja schon dafür verschrieben. Doch nun gehen wir hinunter und richten uns für den Abend.«

Katharina trat an die Stelle, die er angezeigt hatte. Es war ein Kleefeld, rundherum Getreidefelder, Rüben- und Kartoffeläcker. Einige Kornfelder waren bereits abgeerntet, und an den Hängen konnte man überall die Ochsen- und Pferdegespanne sehen, dazu die Schnitter und die Frauen, die die Ähren banden. Es roch würzig nach Malz und trockener Erde. In der Tat ein schöner Ort, den er sich für sein Denkmal ausgesucht hatte. Doch was war es, das einen Menschen dazu brachte, zu Lebzeiten, in gesunder Jugendzeit sogar, seine Gedanken auf die Zeit nach dem Tod zu wenden?

Als sie ihn in den nächsten Tagen im Park traf, fragte sie ihn bei einer günstigen Gelegenheit, was ihn zu einem derartigen Vorhaben bewegt habe. Nach einigen Schritten, die sie gemeinsam entlang einer alten Trauerweide gegangen waren, erklärte er, wie zerrissen er darin sei, wo er sein Leben haben wolle. Zum einen wäre ihm die hiesige Heimat tief ins Herz geritzt, zum andern ziehe es ihn fort in fremde Länder; er wolle auf dem Meer reisen und der Süden ziehe ihn magisch an. Seit er wisse, dass nach seinem Tod an besagtem Ort mindestens ein Denkmal stehen würde und er damit für immer zuhause sei, könne er völlig frei und unbeschwert sein Leben angehen.

Katharina fiel nichts ein, was sie dazu sagen konnte, weil ihr der Gedanke zu fremd war, wenngleich sie seine Beweggründe verstand.

Am vorletzten Tag galt es einer weiteren Einladung der Verwandtschaft im Nachbardorf Höchheim zu folgen. Wie es sich bei derartigen Gelegenheiten gehörte, besichtigte man gemeinsam die Dorfkirche, über die die Bibras Patronatsrecht hatten. Besonderen Eindruck hinterließen ein Taufstein aus dem sechzehnten Jahrhundert, ein Grabstein des Kirchenstifters Friedrich Caspar von Bibra und eine filigran geschnitzte Kreuzigungsgruppe.

Zwei Tage später verabschiedeten sie sich und fuhren in Richtung Süden davon. Katharina setzte sich zu Christoph auf den Kutschbock und lehnte sich an ihn. Johann döste im Coupé. »Es ist ein so ungeheuer fruchtbares Land«, sagte sie.

»Ein Land eben, wie es die modernen Städte brauchen, so wie ein Mensch das Blut zum Leben.«

*

Ende August erreichte Franzisca ein Brief aus Ulm, der sie aufwühlte. Ihr treuer alter Dienstherr, Pfarrer Wagner, war heimgegangen, wie seine verwitwete Schwester schrieb, mit der zusammen er in den letzten Jahren ein zurückgezogenes Leben geführt hatte.

Sie musste den Brief und die Schilderung mehrmals lesen, um zu verstehen. Obschon der alte Pfarrer weit weg von ihr gelebt hatte, gab es doch dieses Wissen um ihn und damit um einen Menschen, der ihr wohlgesonnen war und in schweren Zeiten zu ihr gehalten hatte. Allein diese Tatsache war wie eine imaginäre Säule, an der man sich anlehnen konnte und Schutz fand.

Ein paarmal hatte sie die Gelegenheit genutzt, wenn Lucas in Ulm Geschäfte hatte, mit ihm mitzukommen und den alten Pfarrer aufzusuchen, der schwer hörte, schlecht sah und kaum aus seinem Ohrensessel herauskam. »Das Pfeiferauchen geht ihm noch gut von der Hand«, schimpfte dabei seine Schwester. Bei ihren Besuchen hatten sie gar nicht viel miteinander gesprochen, schon gar nicht über das

Aufwühlende, welches ihre gemeinsame Zeit betroffen hatte. Sie waren nur beieinander gesessen, redeten über die Natur, die Jahreszeiten, den Garten, die Ernte und die Herausforderung der wechselhaften Zeiten, in denen man lebte.

Geschrieben hatten sie sich oft. Im Grunde war er über alles in Kenntnis gesetzt worden, was auf dem Hof und in der Familie geschehen war. Seine Briefe, kleine, wohlmeinende Predigten, die ihm große Mühe bereitet haben mussten und die daher umso wertvoller waren, verwahrte sie in einer Schatulle wie einen Schatz.

Sie wartete einige Tage. Erst als sie sich selbst gefestigt wähnte, berichtete sie dem Schniefer von der traurigen Nachricht, der sie wortlos stehen ließ und hinunter zur Weide ging, wo er den ganzen Tag Pferde striegelte.

Je weiter der Festabend im Haus zum Baumgarten in die Ferne rückte, desto schwächlicher stellte sich die Konstitution der Gastgeberin dar. Während der heißen Sommertage hatte Frau von Seutter den kühlen Schatten ihres Hauses nicht mehr verlassen wollen. Manchmal – frühmorgens oder an sternklaren Abenden – war sie in den Garten gegangen, hatte den Duft der Rosen, das sanfte Rauschen der Wellen und das gellende Klagen der Seevögel aufgenommen. Lächelnd. Bald fühlte sie sich auch für diese kleinen Spaziergänge nicht mehr kräftig genug, verbrachte die Tage vor sich hindämmernd in einem Sessel vor dem Fenster und schaute in wacheren Momenten auf das Treiben drunten am Marktplatz. Dann kam der Tag, an welchem sie ihr Bett nicht mehr verließ. Zwei Ärzte waren bereits hinzugezogen worden, und Elisabeth Mauchin wusste nicht, was sie noch veranlassen sollte oder konnte. Mit schwerem Herzen und zittriger Hand schrieb sie der Tochter und dem Sohn.

Dem beginnenden Sterben Frau von Seutters stand das Treiben auf der Inselstadt entgegen, die wie in jedem Jahr zu dieser Zeit von emsigem Arbeitsfieber erfasst war, um die Kornernte zu verschiffen. Schon vor Sonnenaufgang wurden die Lastensegler vorbereitet; das dumpfe Pochen von Holz auf Holz hallte bis weit in den Inselkern. Den ganzen Tag über fuhren Gespanne, schwer mit Kornsäcken beladen, zum Hafen und zu den Kornspeichern, wo schnell entladen wurde, um den wartenden Kutschen Platz zu schaffen. Einer Perlenschnur gleich reihten sich die Lastschiffe über den See von Lindau nach Rorschach.

Auch am Mauchinhof wurden die Speicher gefüllt. Wie Lucas erwartet hatte, war die Ernte reich ausgefallen. Er nahm weit mehr Korn auf Lager als gewöhnlich, um dem zu erwartenden Preisverfall begegnen zu können. Oft stand er an einer Fuhre, öffnete den Bändel eines der Säcke und fuhr mit der Hand tief in die Frucht – eine Wonne! Franzisca verbrachte die Tage im Haus und in den Gehöften, um der Hitze des Tages zu entgehen. Die Abendstunden genoss sie zusammen mit Bernadette im Garten. Dort, wo der Garten an das Haus reichte, stand ein großer hölzerner Bottich, über dessen Herkunft es unterschiedliche Geschichten gab. In ihm sammelte sich das Wasser vom Dach, das für das Gießen bestimmt war. Grobe Bretter deckten das riesenhafte Behältnis ab. Unter ihm hauste eine hässliche Kröte. An den Seiten rankten sich eine violett blühende Clematis und eine rote Rose in Eintracht bis zur ersten Ziegelreihe. Auf dem Deckel hockte oft eine der Hofkatzen und lauerte auf Beute. Alles an ihr war ruhig, nur in den Augen war das Blitzen zu sehen. Wie das Schicksal, dachte Franzisca, wenn sie sie beobachtete. Das Schicksal war wie eine große, böse Katze mit feurigen Augen, schnell schlugen die Pranken der Fügung zu. Diese Pranken hatten schon mehrfach nach ihr geschlagen. Zurück waren Narben geblieben, nur Narben. Mehr war dem Vieh bislang nicht möglich gewesen, ihr zuzufügen.

Die beiden Frauen genossen, ohne große Worte zu verlieren, das Dasein in ihrem kleinen Paradies. Bernadette saß an den Abenden gerne bis zum Vergehen der Dämmerung auf der alten Holzbank am Haus und sah auf die Beete, atmete den Duft der Rosen.

Franzisca hatte ihr Ritual zu Sonnenaufgang, ganz in der Frühe, wo sie barfuß durch die Beetreihen ging. Der Tau hing noch an den Blättern, glänzend in den ersten Sonnenstrahlen wie Diamant. In den Kronen der Bäume schlummerten noch die Reste der Nacht. Büsche und Sträucher schatteten an der Mauer. Die Malven am Gatter, Kohlköpfe in der Erde, Pelargonien am Fenster, Büschel fetter Schwertlilien, enthemmt wucherndes Vergißmeinnicht und hinter dem Basilikum und den Federnelken die alten Rosen in unverschämter Blüte. Sie atmete tief ein, spürte die Erde unter ihren Füßen, das Kitzeln der kühlen Trautropfen an ihren Beinen – so musste sich das Paradies anfühlen.

Bei einem ihrer Aufenthalte auf der Insel, wo sie Einkäufe zu erledigen hatte, nutzte sie den Aufenthalt für einen Spaziergang hinunter zum Hafen, wo sie gerne ein wenig verweilte und dem Betrieb zusah. Auf dem Weg dorthin, in der Hauptstraße, kam ihr der Hilfsprediger vor der Gerichtssäule entgegen. Sein Blick streifte sie.

Sie nickte freundlich, wie man einander ohne große Umschweife grüßte, so man einander begegnete und es keinen Anlass für einen kurzen Plausch gab.

Der blasse Kerl, der sie durchaus erkannt hatte, sah schnell zur Seite, richtete den Blick in die Ferne und ging mit bedachten Schritten an ihr vorbei, so als gäbe es sie nicht. Die Szene war ebenso bizarr wie lächerlich, und sie hätte ihr nicht sonderlich viel beigemessen, wäre da nicht diese tiefe Empfindung in ihr gewesen, die sie nicht recht einordnen konnte. Es bedeutete ihr nichts, wenn ein Hilfsprediger ihr keinen Gruß erwidern wollte. Das war es nicht, was sie umtrieb. Nein, was sie spürte, war eine von dieser Gestalt ausgehende tiefgreifende, unangenehme, ja sogar bedrohliche Aura.

Sie lief die paar Schritte bis zur Ecke am *Sünfzen*, wo sie ungestört verweilen konnte, und forschte in sich, woran ihre Verunsicherung liegen konnte, und erschrak, als sie auf die Erklärung stieß: Johann Gottfried von Stoy. Ja natürlich! Dieser kleine Hilfsprediger mit der galligen Ausstrahlung, der mit unruhigen Augen und nervösen Händen am Tisch im *Baumgarten* gesessen hatte – er stolzierte nun geradeso ehrfurchtheischend wie der Emissär und frühere Pfaffe aus Bezau herum. Darin fand sich die Urache für ihre starke Gefühlswallung!

Sie setzte ihren Weg fort und war froh, mit diesem Kerl nichts zu schaffen zu haben. Fürderhin würde er ihre Verachtung zu spüren bekommen.

*

Nicht weit entfernt vom *Baumgarten*, in der trüben Wohnung des Hilfspredigers, war die Feindseligkeit der Beziehung manifest geworden. Die Muhme hatte in der Stadt einige Stationen gefunden, wo sie sich tagsüber aufhielt. Neben ihrer Arbeit im Haus, die sie schweigsam und gelassen verrichtete, war sie ab und an im Heiliggeistspital zugegen. Wo auch immer sie war, sie verlor kein Wort über die Umstände ihres Daseins. Überhaupt unterließ sie es, von sich und ihrem Leben zu erzählen oder ihre Meinung zu diesem oder jenem kundzutun. Sie achtete auf eine angemessen würdige Kleidung, trug ausschließlich dunkle Stoffe, und bald redete man von ihr ganz anders, als dies kurz nach ihrer Ankunft der Fall gewesen war, wo sie als hoffärtig und dünkelhaft wahrgenommen worden war.

Sie beteiligte sich weder an Gerede noch an Diskussionen. Das Wissen der Leute um ihre Kunstfertigkeit mit der Nadel tat das seinige – man nahm sie ernst und achtete sie. Allerdings platzierte sie sehr gekonnt wenige Worte, Laute und ein gelungenes Mienenspiel, womit es ihr zu vermitteln gelang, dass es ihr, der guten Seele, zusammen mit dem schweigsamen, ernsten Kerl mit den roten Backen und den böse flackernden Augen nicht wohl ergehen konnte, der immer vom *Herrn* sprach, als handele es sich um einen Dämon. Hatten zu Beginn nur die Kinder vor ihm Angst gehabt, gingen ihm nun auch einige Erwachsene aus dem Weg. Kaum einer suchte das Gespräch mit ihm, weil man stets Gefahr lief, von einer giftigen Predigt übergossen zu werden. Für die Menschen im Kirchspiel von St. Stephan war es eine trostlose Zeit, wenngleich doch Frieden herrschte und niemand mehr Hunger leiden musste.

Manchmal, wenn die Muhme ihm etwas ausrichten oder mitteilen wollte, was sich nicht gänzlich verhindern ließ, tat sie es nebenbei, im Verlauf der Verrichtung einer Tätigkeit, wodurch es wie dahingesagt klang und als sei es gar nicht für ihn bestimmt. So auch an einem dieser Tage, an welchen der Sommer seinen baldigen Abschied anzeigte. »Die Frau von Seutter liegt darnieder, und kaum einer trägt die Hoffnung in sich, dass sie wieder aufkommen wird.«

Er hockte am Tisch, wo er gerade einen Amtsbrief las, und nahm die Nachricht ohne jede sichtbare Regung zur Kenntnis. In ihm jedoch hüpfte das Herz, schlug heftig und es kostete ihn Überwindung, nicht einen Ton der Genugtuung hören zu lassen. Er wartete noch eine Weile und stieg dann hinauf in seine Kammer, wo er sich aufs Bett legte und die Decke angrinste. Die Nachricht löste regelrechte Krämpfe in seinem Körper aus und tierische Laute drangen aus ihm, die Finger griffen fest in die Decke. Ah, er würde ihr eine Leich bereiten, der feinen Dame, die ihn auf ihre elegante Art so in die Enge getrieben hatte. Und nun!? Lag sie nieder und würde nicht wieder aufkommen, und er würde an ihrem Grab stehen und ihr noch das ein oder andere mitgeben. Schnell wurde er wieder ernst und menschlich. Wie gerecht der Herr doch war, fuhr es ihm durch den Sinn und er plärrte laut: »Wie gerecht der Herr doch ist!«, sodass es auch die Muhme drunten hören konnte.

Die kniete auf dem Steinboden in der Küche, wo sie die Asche aus dem Ofen kehrte. Sie lachte gehässig, als sie ihn droben hörte und zischte: »Du Teufel, du!«

*

Von allem unbeeindruckt genoss der Collector sein Dasein am See, nutzte oft die Dienste des Kutschers in der *Krone*, nahm sich bisweilen ein Pferd in der Hofstatt und ritt aus, blieb ein paar Tage weg – niemand wusste, wo er war und was er tat –, und niemand scherte sich wirklich darum, denn er kam guter Dinge wieder zurück. Er blieb dann lange bei seiner Liebschaft, auch um sich die Narbe pflegen zu lassen.

Das Zeug, welches sie verwendete, musste mit einem Zauber belegt sein, so wohltuend fühlte es sich an und war dazu in der Lage, ihm diesen Zustand für Tage zu erhalten. Die Mittel der Apotheker waren dagegen zu nichts nutze. Vielleicht, so dachte er dann, war es auch die Art und Weise, wie sie es ihm verabreichte.

Seine Geschäfte liefen blendend. Bücher hatte er gefunden, von denen niemand mehr dachte, es könne sie überhaupt noch geben. Dazu Zeichnungen, Stiche und Gemälde, für die seine Kontakte bereit waren, echte Goldwährung zu zahlen. Allerdings verstand er sein Geschäft auch aufs Beste und konnte, ohne es aufdringlich erscheinen zu lassen, die Möglichkeit einer Interessenkonkurrenz ins Spiel bringen. Wenn er sich zierte, wand und verhandelte, ließ er es weder für sich noch seine Kundschaft vulgär werden. Er besaß dieses feine Gefühl bei der Abwicklung seiner Unternehmungen, das seine Kundschaft mit der Überzeugung zurückließ, einen guten Handel getätigt zu haben.

In diesen Tagen suchte er den Wirt der *Krone* auf und zahlte für seinen Aufenthalt bis zum Ende des Jahres. Der Wirt scharwenzelte um ihn herum und machte sich anheischig, dem feinen Herrn Collector auch eine sowohl angemessene wie angenehme Wohnung auf der Insel zur Verfügung stellen zu können, in der er seinem Stande gemäß auch Gäste würde empfangen können.

Der Collector lehnte mit vollendeter Diplomatie ab, lobte das Haus seines Wirts und den *Comfort*, den er hier genösse wie in keiner Wohnung, und Gäste zu empfangen erlaube ihm seine anstrengende

Tätigkeit nicht, zumindest nicht in einem solchen Maße, dass es hierzu einer Wohnung bedurft hätte. Er fügte aber vermitzt hinzu: »Noch nicht, Herr Wirt, noch nicht.«

Der zog sich ehrlich geschmeichelt mit Bücklingen zurück und fühlte in sich doch ein gewisses Unbehagen darüber, mit diesem Collector einen zwar angenehmen Gast zu haben, jedoch auch einen, über und von dem er im Grunde überhaupt nichts wusste. Auch aus Emilie war nichts herauszubringen – gar nichts. Und ihr zu drohen, traute er sich nun überhaupt nicht, da er ahnte, wie eng die beiden miteinander verbandelt waren.

Wie sehr der Collector mit sich selbst in Konflikt lag, wurde nach außen nicht sichtbar. Seine Pläne waren in Unordnung geraten, was an der Magie der Inselstadt und Emilie gleichermaßen lag.

Die weiten Blicke, die Stimmungen, die feine Gesellschaft, das internationale Publikum – das alles war mehr nach seinem Geschmack, als er es sich hätte vorstellen können, und zunehmend stellte er in sich die Regung fest, diesen Ort überhaupt nicht mehr verlassen zu wollen. Das Stilett hatte er schon lange nicht mehr gezogen und gegen einen Holzbalken geschleudert.

Die geschmackvolle Kammer am Rande der Insel und diese kluge Frau waren ein weit entscheidenderer Grund für diese Veränderung, doch wollte er sich das nicht eingestehen. Vorerst, für eine gewisse Zukunft, plante er, nicht abzureisen, die Dinge sich langsam entwickeln zu lassen und gewissermaßen Zuschauer der eigenen Inszenierung zu bleiben.

Beliebt war er hier seiner Freundlichkeit und seines fröhlichen Auftretens wegen. Er lief lächelnd durch die Straßen und Gassen, schätzte gutes Essen ebenso wie guten Wein, war immer humorvoll, weswegen man ihn mochte, und das Geheimnisvolle, das seinen Geschäften anhing, machte ihn zudem interessant.

Ja, er war inzwischen ein aparter Teil der Inselstadt, und niemand musste überlegen, wer gemeint war, wenn vom Collector die Rede war. Auch seine häufigen Besuche in einer Kammer, die nicht ihm gehörte, blieben nicht verborgen, führten jedoch zu keinerlei nachteiligem Getuschel, denn er war ein regelmäßiger Besucher der sonntäglichen Messe, und die Dinge würden sich schon fügen.

Einige Male begegnete er auf seinen Spaziergängen durch die Stadt dem Ehepaar Kringlin. Man tauschte Höflichkeiten aus, erinnerte sich an die gemeinsamen Stunden im *Baumgarten* und ging dann wieder seiner Wege. Er lächelte, wenn er sich anschließend die düstere Erscheinung des Genglers in Erinnerung rief, die so gar nicht zu der lebensfrohen Frau an seiner Seite passte. Der Samen, den er vor einiger Zeit gepflanzt hatte, schien schaurige Wurzeln zu entwickeln.

Und in der Tat hatte sein überraschender und eigentümlicher Besuch ein vergiftetes Nachsinnen im Gemüt des Bankiers in Gang gesetzt.

Seit jenem Besuch des Collectors rumorte es im Gengler. Nächtelang lag er wach und dachte an diese blühende junge Schönheit Katharina und wie sie ihn damals verschmäht hatte – ihn, den Gengler! Dieser eine erwartete Kuss, den er nie bekommen hatte, er schuf ihm ein immer größeres, schwarzes Loch im Herzen; das Gefühl, unberechtigt verschmäht worden zu sein, wurde ihm zur Obsession. Er empfand einen Verlust, den er nie hatte erleiden können, da er Katharina niemals besessen hatte und somit auch nicht hatte verlieren können.

Dennoch wuchs sich seine Unzufriedenheit über sein Schicksal seit dem Treffen mit dem Fremden zu regelrechtem Hass auf die Mauchin aus. Was konnte es sein, wovon der Collector wusste? Wo hatten sie etwas begangen, was Unrecht war? Mit dem Wissen darüber würde er sie vielleicht von ihrem Thron stürzen können. Die Vorstellung davon zerfraß ihn regelrecht.

So wenig er sich vorher um seine Angelegenheiten gekümmert hatte, ließ er sie nun völlig liegen, verlor sich in ausufernden Tagträumen und schaffte sich wohlige Illusionen. Wenn er daraus erwachte, suchte ihn eine tiefe Frustration heim. Sherry und Cognac halfen ihm über diese Phasen hinweg.

Wäre dieser Zustand nicht bereits verheerend genug gewesen, führte ihn das Destruktive darüber hinaus in unnötigen Streit.

Einer der Dienstboten im Haus hatte an einem Sonntagnachmittag das Haus verlassen und war erst am Abend zurückgekehrt, wodurch einige Arbeiten nicht rechtzeitig erledigt worden waren. Aufgabe des Hausburschen war es, am Abend das Wasser für die Pferde und die Küche zu holen.

Ernst Kringlin war gerade im Hof zugegen, als er gutgelaunt ankam. Sein angestauter Hader über alles vermutete Unglück brach sich in einer Auseinandersetzung Bahn, und als ihm der Kerl auch noch Widerworte gab und sich insgesamt desinteressiert zeigte, griff er zu einer Reitgerte, die auf einem Kutschbock lag und ging ihn an. Da des Gezeters wegen inzwischen weitere Dienstboten hinzugekommen waren, erhob sich gleich ein noch lauteres Geschrei, und erschrocken musste Kringlin feststellen, plötzlich alle gegen sich zu haben. Zwei Küchenmädchen und der Rossknecht stellten sich vor den Kerl, auch um zu verhindern, dass der auf den Herrn des Hauses losging.

Eine hässliche Szene. Er warf die Reitgerte weg und ging zurück ins Haus, wo er weitertobte und auch von Auguste kaum zur Ruhe zu bringen war. Binnen weniger Tage war die Geschichte darüber, versehen mit zahlreichen Dekorationen, über alle Häuser der Insel verteilt.

Auguste Kringlin wusste sich keinen Rat mehr, denn er vergrätzte mit seiner herrischen Art gerade diejenigen, die er für sein Geschäft am dringendsten benötigt hätte – die Wohlhabenden warteten eh erst einmal ab, was es mit der neuen Bank für einen Weg nehmen würde.

Weil sein gekränkter Stolz es im Haus nicht aushielt, er die Dienstboten nicht mehr sehen wollte, stiefelte er über die Insel, setzte den Gehstock mit lautem Klack auf das Pflaster und spürte den Vibrationen im silbernen Knauf nach. Es ergab sich, dass er im Hafen auf den Collector traf, der an der Seite des Mangturms stand und das Beladen und Entladen der Kähne verfolgte. Nach knapper Begrüßung kamen die beiden schnell ins Gespräch und der Gengler berichtete von der Liederlichkeit der Dienstboten und dem frechen Auftreten seines Hausburschen.

Franz von Riefenstein hörte sich die Sache an, zeigte eine besorgte Miene und ließ ein paar wohlmeinende Worte hören. Im Kern, äußerte er, dürfe einem solchen Verhalten nicht allzu viel beigemessen werden. Er lenkte das Gespräch ins Allgemeine und verließ Kringlin mit freundschaftlichen Phrasen, jedoch nicht, ohne doch noch eine kleine Bemerkung zu machen: »Wissen Sie, mein Freund, es sind eben andere Zeiten. Früher wäre man zum Landrichter gegangen und hätte einen Verstoß gegen die Dienstbotenordnung gemeldet. Dem frechen Kerl wären ein, zwei Tage Verließ zuteilgeworden oder er hätte ein, zwei Gulden verloren … das hätte auch auf die anderen Dienstboten seine Wirkung entfaltet – alles wäre gut gewesen! Doch in diesen Zeiten …«

Darauf war der Gengler noch gar nicht gekommen. Eine Weile stand er unentschlossen im Getriebe des Mangturms, wie ein Fremder, ohne Bindung zu Zeit und Ort.

Es wäre ihm ja eigentlich ein brennender Wunsch gewesen zu fragen, welches Wissen es denn sei, das von Riefenstein über die Mauchin habe. Ein Hinweis, ein Wink hätte ihm genügt. Stattdessen war ihm die dumme Sache mit dem Hausburschen im Wege.

Ja, recht hatte dieser Collector – Landrichter, Dienstbotenordnung!

Ruckartig drehte er um und stapfte entschlossen in Richtung Rathaus, wo er nach einiger Zeit vorgelassen wurde. Der Landrichter hatte viele andere Dinge im Kopf und hörte verwundert die Klage des Herrn.

Erst vor Kurzem, beim Mittagsmahl im *Sünfzen*, war die Geschichte am Tisch kurz aufgekommen, nicht ohne eine Reihe spöttischer Bemerkungen über die Kringlins und die *Erste Bank* und die Erwartungen, die manche in der Stadt hatten.

Landrichter Metzger lehnte sich in seinem hohen Ledersessel zurück und besah den Beschwerdeführer mit strengem, prüfendem Blick. Was er gewahrte, war zorniger Stolz, was funkelnde Augen, die rechte Hand fest am Knauf des Stockes, der manchmal während des Vortrags zur Unterstützung auf den Boden geschlagen hatte, untermauerten. Ein insgesamt unangenehmer Auftritt. Der Landrichter fragte: »Hat der Hausbursch das Wasser sodann geholt?«

Überrascht, überhaupt mit einer Frage konfrontiert zu werden, schüttelte der Gengler den Kopf. »Das weiß ich nicht, er wird's dann schon gerichtet haben.«

»Ja, und was will er nun, der Herr Kringlin?«, fragte der Landrichter barsch.

»Der Gengler bin ich hier in der Stadt«, antwortete der und hob den Kopf.

Damit war er an den Falschen geraten. »Mag sein, dass der Herr Kringlin in der Stadt der Gengler ist, in meiner Amtsstube ist's aber der Herr Kringlin – in der Stadt allgemein bekannt als Gengler. Also, was will er von mir?«

Wortlos wendete er sich ab und verließ die Amtsstube. Auf verlorenem Posten. Er war auf verlorenem Posten. Der Collector hatte wirklich recht behalten – es waren andere Zeiten.

*

Einige Tage nach der Rückkehr von Katharina und Christian von ihrer Reise ins entfernte Grabfeld suchte Auguste Kringlin ihre Freundin auf. Katharina fiel mit allem, was sie an neuen Eindrücken gewonnen hatte und allem Erlebten regelrecht über sie her. Kaum war die Schilderung des einen beendet, setzte sie mit einem anderen fort. So ging es eine ganze Weile durcheinander dahin. Felder, Gleichberge, Hölderlin, Märchenschloss, Schiller, Hügel, Wälder, Mühlen. Es hielt sie dabei nicht im Sessel, sondern sie musste während des Erzählens aufstehen und umhergehen.

Erst als ihr wirklich nichts mehr einfiel und sie mit einem tiefen Seufzer geendet hatte, entstand eine Stille, die ihr unwirklich vorkam.

Die beiden hatten sich in eine schattige Stube im zweiten Stock zurückgezogen, wo es weniger heiß war. In den Räumen unter dem Dach drückte die Hitze arg und ließ einen sich schnell unangenehm fühlen.

»Was ist mit dir?«, fragte Katharina und ging ein wenig näher, um Auguste ins Gesicht zu sehen. Es war fahl und traurig.

»Um Gottes willen!« Sie schlug die Hände vor die Augen: »Es ist bekannt geworden – deine … Affaire … mit dem Musicus!?«

»Ach, nein … das doch nicht.«

Katharina rückte den Sessel ein wenig näher zu ihr heran und setzte sich. »Was ist es dann?« Erst jetzt nahm sie wahr, welch tiefe Traurigkeit ihre Freundin erfasst hatte – mehr Trauer als Verzweiflung.

Sie setzte sich auf die Lehne ihres Stuhls, zog ihren Kopf sanft an ihre Hüfte. »Erzähl.«

Auguste berichtete. Wie schlecht die Geschäfte der Bank liefen, von der seltsamen Verschlossenheit ihres Mannes und dem unverzeihlichen Vorfall mit dem Dienstboten, der in der ganzen Inselstadt Gegenstand des Tratsches war, was für sich genommen nicht beachtenswert gewesen wäre, bräuchte man nicht gerade jetzt eine eher positive Wahrnehmung. Schlimmer noch – es war, aus welchen Quellen auch immer, bekannt geworden, dass er beim Landrichter vorgesprochen und dessen Einschreiten gegen den Hausburschen eingefordert hatte. Vergeblich natürlich. Das Gespött nehme kein Ende.

Katharina wollte es abtun. »Ach, das ist das übliche Gerede. Die Zeit wird es wegwischen, und in ein paar Wochen ist alles vergessen.«

»Nein«, widersprach Auguste, »es ist etwas anderes, es sitzt tiefer. Ich befürchte, er wird uns ruinieren.«

»Was? Aber nein!«

»Doch. Ich spüre es. Weißt du … seit diesem Abend im Haus zum Baumgarten, diesem wunderschönen Abend, seither ist er verändert, zieht sich immer mehr zurück, nach oben hinter seinen großen Schreibtisch, anstatt hinaus in die Stadt zu gehen, in die Wirtshäuser … du weißt, was ich meine. Sich einfach bekanntmachen. Ist dir das noch nie aufgefallen, wie das ist, wenn Christian über die Insel geht. Alle grüßen ihn, er grüßt alle – jeder Hausbursch kennt ihn, jede Dienstmagd, alle Kaufleute, Wirte, die Kutscher, Lader und Schiffer sowieso. Er verweilt hier und da, tauscht ein paar Worte – ernst, fröhlich, neckend.«

»Ja, er ist halt mit ihnen groß geworden«, antwortete Katharina und war verwundert über diese Sichtweise auf Christian, die ihr so nicht bewusst, weil Normalität war.

»Nein, nein – Ernst ist doch auch mit ihnen groß geworden, doch kaum einer nimmt Notiz von ihm, wenn er durch die Stadt läuft mit seinem sturen Blick. Am liebsten hockt er hinter seinem Schreibtisch und wartet, weil er meint, die Welt müsse zu ihm kommen … es ist dieser vererbte, bösartige Stolz.«

Katharina überlegte. Ein Gedanke kam ihr. »Sei ganz ruhig. Ich habe vor Tagen erst ein Gespräch verfolgen können zwischen dem Kaufmann Bucher und Christian. Er hat ihn regelrecht ausgefragt über die Soirée und dass der Gengler doch zugegen gewesen sei und ob man von dieser Bank, von der alle reden, da etwas Näheres hätte erfahren können. Er ist sehr interessiert. Sag es ihm. Sag ihm, er soll den Bucher aufsuchen und ihm ein Angebot machen. Mit ihm als Kunden wird es erfolgreich werden, glaube mir. Es braucht ganz einfach seine Zeit, bis sich solch ein neues Geschäft den nötigen Raum verschaffen kann. Niemand …«, ihre Stimme wechselte zu einem eindringlichen, verschwörerischen Tonfall, »… niemand soll allerdings wissen, woher der Rat stammt, ja!?«

Sie blieb auf der Armlehne sitzen und war froh über ihren Einfall, mit dem sie hoffte, ihre Freundin wenigstens ein wenig über ihren Kummer hinwegtrösten zu können. Die ließ sich zu einem Gläschen Sherry überreden, und als sie später ging, war sie etwas weniger bedrückt.

Am Nachmittag des nächsten Tages stieg sie die Treppe nach oben ins Arbeitszimmer. Ernst Kringlin hockte wie immer stumm hinter dem Schreibtisch und musterte sie abschätzig. Seine stupide Arroganz machte sie innerlich rasend. Ganz unbewusst, um sich der negativen Gefühle zu entladen, strich sie mit den Fingern ein paarmal über die Lehne eines Ledersessels, sah sich beiläufig um, so als befände er sich gar nicht im Raum. Schließlich trat sie ans Fenster, wodurch sie mit dem Rücken zu ihm stand. Ihr Blick hinaus verfing sich in dem Gewirr der Dächer, die einer unbekannten Ordnung nach aus allen Richtungen sowohl ineinander wie auseinander strebten. Ein Labyrinth aus Gauben, Schrägen, Treppengiebeln, Altanen, Dachverschlägen. Auf den Leinen, die zwischen Dächern und Wänden gespannt waren, hingen Wäsche, Mehl- und Salzsäcke zum Trocknen.

Sie sprach leise. Fast konnte man meinen, sie redete mit sich selbst: »Der Kaufmann Bucher ist ein wohlhabender und wichtiger Mann in der Stadt.« Sie hielt inne und wartete, ob und was er sagen würde.

Kein Laut, kein Ton war zu hören.

»Ich habe gehört« fuhr sie fort, »er interessiert sich für unsere Geschäfte. Du solltest ihm daher einen Besuch abstatten und einigen anderen, mit denen er geschäftlich beisammen ist ebenso, wie dem Gruber und Gierer. Das würde sich gut machen.«

Sie drehte sich nun um, lehnte aber weiter an der Mauer und fasste mit beiden Händen an die Kante der Fensterbank, als befände sie sich auf einem schwankenden Schiff und suchte Halt.

Ernst Kringlin lachte schal. »Willst du jetzt meine Geschäfte übernehmen?«

Ihre Finger griffen fester zu. »Welche Geschäfte? Ein Geschäftsmann, den niemand kennt, der macht keine Geschäfte. Du wirst da auf deinem Stuhl noch festwachsen. Geh hinaus in die Stadt, triff dich mit Leuten, in den Wirtshäusern und sonstwo! Sorge dafür, bekannt zu werden bei den Leuten und das nicht durch Streit mit Hausburschen und Landrichtern. Oder willst du alles verlieren!?« Sie warf ihm einen zornigen Blick zu und ging hinaus. Diesmal stieß sie mit dem Handballen hart gegen die Lehne des Polstersessels, dass es klatschte, ganz so, als hätte sie ihm eine Ohrfeige gegeben. Er war froh, dass sie nicht sah, wie er zusammengezuckt war.

Es dauerte, bis er sich beruhigt hatte. Vorsichtig zog er ein Blatt Papier vom Schreibtisch und las erneut. Seine Lippen bewegten sich dabei: »*…durch aufrechte gute brüderliche Vereinigung und beständige Verbündnisse werden die Geschlechter und Häuser aufkommen und können so conserviert werden, hingegen aber wird durch schädliche Missverständnisse, Dismembration der Erbschaften und Güter dieselben nicht bestehen können, sondern notwendig zugrund gehen müssen. Es ist Auftrag unseren Stamm und Linie in gutes Aufkommen und Posterität zu bringen dabei beständig erhalten werden möge.*«

Er hielt das Blatt, das gesiegelt und unterzeichnet war, an die Kerze, die auf seinem Schreibtisch brannte, nicht weil er das Licht brauchte, sondern weil er es so wollte. Er ließ die Asche auf den Boden fallen und trat die Glutreste aus.

Sein Blick fiel auf die Depesche, die ihn aus Wien erreicht hatte. Ihren Abmessungen nach war der Inhalt umfangreich. Er schob sie beiseite und fiel in tiefe innere Zerrissenheit.

Auguste, kaum draußen auf der Treppe, lüpfte nach wenigen Stufen das Kleid und eilte hastig die Stufen hinunter. Sie musste raus aus diesen Gemäuern des Stumpfsinns. Leise öffnete sie die Tür zum Kinderzimmer – beide schliefen tief. In ihrem Zimmer angekommen, warf sie ein seidenes Tuch über, ging hinunter, instruierte das Kindermädchen, ebenso gab sie in der Küche Anweisungen für den Rest des Tages und war auch schon auf dem Weg hinaus auf die Gasse und weiter zur Straße.

Die Hitze stand zwischen den Häusern und ihr war, als liefe sie gegen eine Wand. Wie kühl es doch im Haus gewesen war – in jeder Hinsicht. So entsetzlich es auch gewesen war, fühlte sie sich doch von einer Last befreit. Sie gab sich geschäftig, nahm einige Umwege. Niemand sollte sie beobachten können. Die Bewegung tat ihr gut, die Bitternis loszuwerden. So voller Groll wollte sie nicht an ihrer Destination ankommen. In der Krummgasse kam ihr ausgerechnet der Collector entgegen, der sein freundlichstes Lächeln aufsetzte, als er sie erkannte, und ihr gekonnt charmierte, ohne es zu schwül werden zu lassen. Sie log ihm einiges vor, wie glücklich sie waren, wie gut die Geschäfte gingen.

Er zeigte sich erfreut, wurde einige Komplimente los, verdüsterte aber sein Gesicht und trat etwas näher an sie heran. »Es freut mich besonders, liebe Frau Kringlin, wenn es Ihnen so gut ergeht, denn vor einiger Zeit hatte ich das Vergnügen Ihren Mann zu treffen, machte mir jedoch in der Folge ernsthafte Sorgen, weil ich den Eindruck gewann, er trüge einen Kummer, einen tiefen Schmerz mit sich herum. Wie gut, nun diese Worte von Ihnen zu hören – der Sommer vertreibt denn doch alle Sorgen. Die Ernte war äußerst befriedigend, die Lader schimpfen über die vielen Fuhren und Säcke, die kein Ende nehmen wollen, die Händler jammern von sinkenden Preisen und wissen nicht, wohin mit den Goldgulden.« Er lachte und bot ihr seinen Ellbogen. »Darf ich Sie begleiten?«

»Das wäre schön, aber meine Destination würde Ihnen nicht recht gefallen. Ich bin auf dem Weg zu einem Kranken und hole zuvor nur noch etwas im Hafen ab.«

»Ah … bestellen Sie, wer immer niederliegt, meine guten und herzlichsten Wünsche.«

Ihre Wege trennten sich. Sie lief hinunter in Richtung Hafen, machte dann eine Wendung nach Osten, um über die Fischergasse wieder Richtung Inselkern zu gelangen.

Am Inselgraben trat sie in einen Hinterhof ein. Unter einer Remise war eine Art Freiküche angelegt, mit großen Bottichen und Kesseln, in denen Stoffe gefärbt wurden. Rainfarn und Spierstrauch lagen in großen Bündeln an der Wand. In einem der Bottiche siedete gerade Wasser. Es dampfte, und an langen Drähten hingen Leinenbahnen zum Trocknen.

Die warme Wetterlage drückte den Rauch des Feuers herab in den Hof, und Auguste traten vom beißenden Qualm Tränen in die Augen. Sie setzte sich auf einen Schemel in der Ecke und wartete. Als Kind schon war sie gerne hier in dieser versteckten Ecke gewesen, kannte jeden Winkel und Durchschlupf in die Gassen und geheimen Gänge zwischen den Häusern und Höfen.

Sie musste vorsichtig sein. Katharinas Warnung vor den Folgen einer Entdeckung hatten mehr Furcht erzeugt, als ihr das anzusehen gewesen wäre.

Der Collector war wie immer guter Dinge und bog in die Hauptstraße ein, verweilte vor dem alten Rathaus und dachte nach. Es musste schlimm um die Kringlins stehen, wenn sie so eloquent log, die Arme. Hinter dem Glanz ihrer Augen sah er tiefe Betrübtheit. Sie tat ihm ehrlich leid, aber was sollte er tun? Er hatte geschworen – am Grab seines Onkels. Wenigstens war es ihm gelungen, seinen Hass und Zorn zu kultivieren. Ja, es war ihm wirklich geglückt, besser, als er es sich hätte vorstellen können. Und er war froh darum, denn andernfalls wäre er bereits wieder auf dem Weg wer weiß wohin. So, wie es verlief, war es gut. Er wollte nur die Keime legen und zusehen.

Wie verabredet, stieß Georg Anton Kinkelin zu ihm, und ihr weiterer Weg führte sie zur Bindergasse, wo er in einem Rückgebäude einen kleinen Lagerraum anmieten wollte, in dem er seine Kunstwerke unterbringen konnte. Der Wirt der *Krone* hatte ihm diese Gelegenheit vermittelt und versichert, es sei trocken, sauber, frei von Mäusen und Ratten und auch gut zu sichern.

Ein Vermittler des Hausbesitzers wartete bereits und führte die beiden durch einen breiten Durchgang von der Bindergasse in einen Hof, von dem aus man das Stift sah. Eine Treppe führte in eine Art Hochparterre. Tatsächlich waren es ansehnliche Kammern, die man auch gut hätte bewohnen können. Die beiden großen Fenster waren mit Gittern gesichert. Draußen gab es zudem Fensterläden. Die Eichentür wies starke Eisenbänder auf und zwei Verriegelungen – horizontal und vertikal. Hier musste bereits früher etwas Wertvolles aufbewahrt worden sein. Er ging ein paar Mal auf und ab. Der Boden schwang nicht. Ja, hier wollte er eine kleine Dependance einrichten, für gewisse Fälle. Ein einfaches Bett, Schrank, Truhe. Platz genug für Bücher, Gemälde, Schriften allemal.

Ein Nicken signalisierte sein Einverständnis. Das Geschäft war getan und sein Bursche wusste bereits, was er zu erledigen hatte.

Als er über den Hinterhof hinaus in die Kirchgasse trat, sah er noch Auguste Kringlin, wie sie am Cavazzen vorbeiging. Einem ersten Impuls, ihr zu folgen, widerstand er und wählte die entgegengesetzte Richtung zur *Krone*. Es war genug für diesen Tag.

Dadurch entging ihm allerdings die Beobachtung, wie Auguste Kringlin ganz selbstverständlich und flink in einem Haus der Bürstergasse verschwand, als sie sich unbeobachtet fühlte.

Am nächsten Tag unterzeichnete er den Vertrag und arrangierte den Transport einiger Gemälde, Skulpturen und Bücherkisten. Er zahlte gut und war bei den Kutschern und Ladern geschätzt, die solche Kundschaft über alles mochten – freigiebig und unkompliziert. Zudem hatten sie mit überwiegend leichter Speditionsware zu tun.

Spätsommer

Mitte August zogen Gewitterwolken auf. Unwirsch griff ein Sturm in die satte Blätterpracht der Bäume, riss und zog an ihnen. Hier und da gaben große Äste nach, zeitweise waren die Wege unpassierbar.

Die stürmische Wetterlage blieb erhalten, aber die erwartete Abkühlung nach den schwül-heißen Tagen blieb ein Wunsch, denn die Gewitter brachten immer weiter heiße Luft an den See und seine Ufer. Im Haus zum Baumgarten lag die alte Frau von Seutter in einem Zustand von Wachen und Dösen. Manchmal phantasierte sie, sprach mit längst Verstorbenen, erzählte wirre Dinge. Elisabeth und Franzisca wechselten sich in ihrer Wache bei der Sterbenden ab, bis ihre Tochter Sarah eintraf und sie sich die Zeiten teilen konnten. Bald kam auch die Kutsche aus Italien mit ihrem Sohn in der Inselstadt an.

In den letzten Tagen des August entwickelte sich der Zustand der alten Dame zum Besseren. Sie sprach klar und deutlich mit hellen Augen, richtete sich sogar im Bett auf und erteilte Anweisungen. Doch verweigerte sie jegliches Essen und am zweiten Tag auch Flüssigkeit. Sie begab sich abermals in einen dösenden Zustand, aus dem sie nun nicht mehr erwachte.

An einem Donnerstag im September verließ Anna Christina Seutter von Loetzen diese Welt, und mit ihr ging die Ära, die sie auf der Inselstadt begründet hatte. Die jahrhundertealte Geschichte der Familie in der Stadt schwebte noch über den Dächern und würde bald nur noch aus Erinnerung und Erzählung bestehen, bis kaum noch etwas übrig war davon – perdu.

Franzisca hatte die letzten Tage auf der Insel verbracht, um sich mit Elisabeth, Katharina und Sarah in der Wache abzuwechseln. Nun, am Abend dieses Tages, warf sie sich ein seidenes Tuch über und ging hinunter zum Seeufer. An der Gerberschanze fand sie einen Ort, an dem sie alleine sein und der Leere nachfühlen konnte, die sie in sich spürte. Der Adler kam ihr wieder in den Sinn. Erst ihr gutmütiger Pfarrer Wagner und nun ihre treue Beschützerin und Fürsprecherin. Es war ihr unmöglich zu weinen und darüber zu klagen, so kraftlos und leer ließ sie der Verlust in der Welt zurück. Sie lehnte an der alten Steinmauer und sah hinaus auf die Wasserfläche. Im späten Licht des Tages lag schon wieder Dunst auf den Hügeln des Appenzell; Säntis und Altmann, ihrer klaren Konturen beraubt, schimmerten in der Ferne wie Erhebungen aus einem Märchen.

Diese tiefe Trauer, verbunden mit dem Gefühl des Verlassenseins, hatte sie schon mehrmals in sich getragen, damals, als Jakob verunglückt war, und als ihr die Buben gestorben waren.

Hinter ihr sammelten sich die Zugvögel in den Bäumen und auf den Dächern. Die letzten Stare schnatterten und feixten aufgeregt in den Büschen, und drüben im Hafen reihten sich die Schwalben auf den Drähten rund ums Hafenbecken. Sie würden morgen mit Tagesanbruch starten, über den See, über die Berge, davon, in lindere Regionen, und sie würden die Wärme des Sommers mitnehmen. Was ihr davon blieb – nur Erinnerungen.

Lange stand sie da und sah hinaus auf die Wasserfläche. Erst mit Eintritt der Dämmerung zog es sie zurück zum *Baumgarten*, wo sie eine unruhige Nacht verbrachte.

*

Joseph Gaiserle fuhr vom Bett hoch, als es drunten krachend an der Tür pochte. Die Muhme war gerade in der Küche zugange und öffnete. Ein Bursche verlangte den Hilfsprediger zu sprechen. Sie schrie missgelaunt nach oben, widmete sich anschließend wieder ihrer Arbeit.

Unwillig kam Joseph Gaiserle die Treppe herunter, strich den Lutherrock glatt, in den er schnell geschlüpft war glatt. Draußen in der Gasse stand der Bursche.

»Was will er so spät noch?«, fragte Joseph Gaiserle unwirsch.

»Der Herr Hilfsprediger wird gebeten zu erscheinen«, entgegnete der Kerl, »die Frau von Seutter ist verstorben …«

Er unterbrach den Burschen mit einem seltsamen Laut. Beinahe wäre er in Lachen verfallen und hätte einen Hüpfer getan. Er fing es in einer Bewegung der Arme auf, die er begütigend gestaltete. »Jaja, ist gut, ich werd kommen«, sagte er und winkte, der Bursche solle verschwinden, doch der blieb stehen und gaffte ihn an.

In seinem Kopf ging es drunter und drüber. Endlich. Sie hatte lange durchgehalten, die Alte. Doch jetzt würde er ihr noch einige Sätze mit auf dem Weg in die Ewigkeit geben. Ha! »Was ist!? Verschwind!«, blaffte er den Burschen an.

Der schüttelte den Kopf. »Nein! Nicht zur Frau von Seutter soll er kommen, da ist doch der Prediger schon. In die Fischergass soll er kommen, wegen der Übergabe und dem, was zu veranlassen ist. Er selbst hat mich ja geschickt.«

Die Muhme schlich nach hinten, verhielt sich leise und lauschte gespannt.

»Wovon redet er?! Wer hat ihn geschickt?!«, fragte Joseph Gaiserle.

Der Bursche wurde rotzig und giftig im Ton. »Ja, lass er mich halt ausreden und hör er zu! Der neue Prediger von St. Stephan ist angekommen, man hat ihn gleich zum *Baumgarten* bestellt, wo er dero weilt. Er hat aufgetragen, der Hilfsprediger soll noch heute Abend kommen, um das erste Nötige zu besprechen.«

Die Muhme lachte leise und böse. Es kam aus dem dunklen Hausgang hinter ihm und fuhr ihm wie ein scharfes Messer in den Rücken. Schlagartig war sein Mund trocken. Er nickte, wobei es eher wie ein Zittern aussah, drehte sich um, ging an der Alten vorbei nach oben, wo er sich aufs Bett legte. Sein Herz schlug wild und hart, es dröhnte, rauschte und pfiff in seinen Ohren, Schwindel packte ihn und eine Ohnmacht war nah.

*

Am übernächsten Tag versammelte sich die Inselstadt, um Abschied zu nehmen. Wer Trauer verspürte, auf seinen Namen etwas hielt und Geschäfte im Sinn hatte, war Teil der Trauergemeinde. Der Dunst des Spätsommers hing über dem See. Aus den Schleiern diffuses, weiches Licht. Eine zarte Brise wehte und die Seevögel flogen aufgeregt umher, als der Trauerzug über die Brücke zog. Zwei Trommler schlugen den Takt. Auf der flachen Ladefläche des Leichenwagens lag der Sarg. Dahinter schwankte der Zug der Trauergemeinde zwischen den Wassern in Richtung Krell'scher Friedhof.

Der Schniefer führte die zwei Friesen, die den Wagen zogen. Ihr Fell glänzte im fahlen Licht des späten Sommers, der sich mit dem ersten Hauch von Kühle als früher Herbst gab. Durch die dünnen Dunstschleier drang ein sphärisches Licht, das die Konturen weichzeichnete. Der See zeigte an diesem Tag jene innige Melancholie, zu der nur er zu besonderen Zeiten fähig war.

Die Mauchin waren alle versammelt, wie jede Familie, die etwas auf sich und die Stadt hielt. Franzisca ging zusammen mit dem Schaffer, ihrer Tante Elisabeth und Lucas – die beiden Männer außen. Elisabeth war gänzlich in sich gesunken und voll erdschwerer Trauer. Ihr selbst war eigentümlich zumute, so als wäre sie gar nicht bei sich, sondern sähe sich selbst und den Trauerzug aus der Ferne – als Beobachterin und nicht als Teilnehmerin.

Auch der Collector hatte sich in den Trauerzug eingereiht. Mit einigen Kaufleuten, zu denen er inzwischen Kontakt gefunden hatte, ging er zwischen Christian, Katharina und den Kringlins.

Der Trommelschlag, die langsamen Schritte einer schwarzen Menschenreihe, wie sie über die Landthorbrücke zog, das diffuse Licht, der zur Ruhe gebettete See, vom Pfänderhang nur die Ahnung einer Kontur, das Klagen der Seevögel – es riss an Franzisca, denn die Erinnerungen an vorangegangene Leichenzüge kamen wieder in Szenen aus der Erinnerung. Dazu das Gefühl, mitten unter diesen Menschen, selbst mitten unter ihren Nächsten, allein und einsam zu sein. Die Gedanken darüber, was nun werden würde, verscheuchte sie. Was sollte schon werden? Die Tochter würde zurück in ihr Wasserschloss fahren, der Sohn in seine Villa im warmen Italien. Das Haus zum Baumgarten würde von Elisabeth noch eine Weile betreut, die Möbel ruhten bereits unter Leinentüchern, die Ställe blieben leer, die Dienstbotenschaft hatte schon neue Anstellungen gefunden. Alles fügte sich, weil es sich fügen musste – dem Schicksal, den Umständen, dem Gebot der Stunde, den Anforderungen des Alltags.

Der neue Prediger schritt würdig hinter dem Sarg her. Dieser Kerl – er wäre ganz nach der Vorstellung der Verstorbenen gewesen. Ein rechtes Mannsbild mit breiten Schultern, einer sonoren Stimme und einem Bauch, der den Willen zum Genuss irdischen Daseins zeigte. Seine Familie wollte zügig in die Inselstadt nachkommen, sobald alle Angelegenheiten in Augsburg erledigt waren – die Frau mit den vier Kindern.

Er sprach langsam und eindringlich. Nichts daran war schrill und drohend. Bemerkenswert seine Kenntnis über das Leben der Seutter. Neben allem Ernst und aller Trauer vermochte er einige Anekdoten zu berichten, die nicht ohne Humor daherkamen. Das war etwas Neues. Was ihn allerdings für sein Amt befähigte, war die Tatsache, dass er die Menschen grundsätzlich mochte, ja, dass er sie liebte. Natürlich verabscheute er einige seiner Amtsbrüder zutiefst, was neben der Zugewandtheit zu den Menschen die besondere Fähigkeit dieses Mannes ausmachte. Und weil er den Genuss liebte, den die Tatsache, am Leben zu sein, bot, war er keiner von jenen, die den Menschen, die in seine Kirche kamen, das Leben verdrießlich machten.

So war er in allem der Gegenentwurf zum Hilfsprediger, den er auch für den heutigen Tag mit Arbeiten im Kirchamt betraut hatte, nachdem er gleich bei der ersten Inaugenscheinnahme feststellen musste, wie viele Briefe und Dokumente dort ungeöffnet und unbearbeitet herumlagen. In dieser Liederlichkeit der täglichen Arbeit gegenüber sah er auch den Grund der Überraschung, die der Hilfsprediger gezeigt hatte, als er sein Amt angetreten hatte. Dieser entgeisterte Blick in dem bubenhaften Gesicht, das wie eingefroren wirkte und verständnislos glotzte, als wäre er, der Prediger, vom Himmel gefallen.

Von der ersten Sekunde an war beiden die große Abneigung gewahr geworden, die sie füreinander empfanden. Deshalb fiel es dem Neuen auch leicht, schon zu Beginn harte Worte zu wählen, um zu beschreiben, was er vorgefunden hatte. Ganz abgesehen von der Unhöflichkeit, nicht angemessen empfangen worden zu sein. Binnen dreier Tage verlangte er eine adäquate Übergabe des Kirchamts, was für den Hilfsprediger lange Tage, von Sonnenaufgang bis in die Nacht hinein, bedeutete. Der Hass auf sein Schicksal brannte ihm im Leib.

Eine Woche darauf war es in den Nächten erstmals empfindlich kühl geworden. Vom Land her wehte eine kalte Brise auf den See hinaus, die blattschweren Äste und Zweige der Bäume baumelten müde. Die Last des Jahres wog schwer. Die Kälte blieb. Die Türme der Inselstadt reckten sich müde in die Höhe. Das Jahr war anstrengend gewesen. Die kürzeren Tage und die reduzierten Handelsbewegungen brachten spürbare Beruhigung in die Stadt.

Daher schreckte ein Brand, der wie aus dem Nichts zu kommen schien, die Menschen auf der Insel aus der vorwinterlichen Stille. In einer der ersten kalten Nächte brannte eine alte, windschiefe Hütte zwischen Looser Turm und Pulvermühle vollständig ab. Menschen waren nicht betroffen; hier hatten Fischer ihre Gerätschaften in dem Holzbau vorgehalten. Das Feuer wurde erst spät bemerkt, und als endlich der Feueralarm über die Insel schallte und bis man zur Stelle war, waren die Flammen, die zuvor lichterloh in die Höhe geschossen waren, bereits am Erschlaffen. Dennoch knisterte, krachte und knackte es, als würde der Teufel selbst im glutigen Feuerschlund tanzen. Funken stieben in die Nachtschwärze, Schattenwurf im Restlicht der Flammen wie in einem Fiebertanz, sich windend, auf- und niedergehend. Selbst draußen auf der zittrigen Fläche des Sees spiegelte sich der Feuerschein und vertiefte den dämonischen Eindruck.

Eine sengende Gluthitze breitete sich um den Brandherd herum aus und verhinderte jegliches Näherkommen. Der Qualm, durch das Feuer zum Leben erweckt, zog in Girlanden in die Höhe und nach Osten über die Dächer, sank dort nieder in die dunklen Straßen und Gassen. Wer ihm ausgesetzt war, spürte das Beißen in Augen und Nase.

Auf der ganzen Insel wurden Feuerwachen eingerichtet, da die ablandige Brise die Funken vom Nordufer in Richtung Inselkern trieb. In den Höfen standen immer noch Karren mit trockenem Stroh und Heu in den Remisen und Höfen, weswegen die Gefahr groß war. In den Fenstern leuchteten Lichter auf. Die Tiere in den Ställen gerieten ob des rauchigen Qualms in Unruhe. Pferde trampelten nervös, wieherten und schnaubten. Hundegebell war allenthalben zu hören. Aus den Ställen, in denen Kühe standen, drang angstvolles Muhen, Gänse zischten, Enten schnatterten und schlugen aufgeregt mit ihren Flügeln. Über den Dächern kreisten aufgeschreckte Taubenschwärme im Dunkel, Raben verließen ihre Schlafbäume im Norden der Insel und flogen am Nachthimmel durcheinander. Ihr Krächzen unterstrich das Dämonische der Stimmung. Kinder, die von dem nächtlichen Lärm wach wurden, begannen einem archaischen Gefühl für Gefahr folgend unmittelbar zu weinen.

Draußen, auf dem Pflaster der Inselgassen, laute Schritte. Hinter den Mauern Angst, Herzklopfen. Das bösartig Griffige, das die Menschen packte, hielt noch bis zur Morgendämmerung an, bevor es geringfügig leichter wurde.

Zwei Burschen, die ihren Rausch in einer Ecke an der Carolinenbastion ausschlafen wollten, hatten das Feuer als Erste gesehen und den

Alarm in die Nacht gebrüllt. Sie berichteten von einer schmächtigen Gestalt in schwarzer Kutte, die sie mit einer Laterne passiert hatte, geradewegs in Richtung der Fischerhütte. Gleich darauf habe man Feuerschein sehen können. Der schwarze Schatten sei vom Schulplatz her gekommen. Der Stadthauptmann gab nicht viel auf das, was die beiden zu sagen hatten.

Gaiserle war bei all dem Geschrei auf die Gasse getreten, wo die Nachbarschaft betreten stand. Der Qualm hing in trägen Schwaden auf Giebelhöhe und reflektierte matt den Schein der Fackeln und Laternen.

Er stapfte in Richtung Paradiesplatz und von dort zum Looser Turm. Seine Nachbarn folgten ihm und wunderten sich, woher er so genau wusste, wo die Flammen gewütet hatten.

Er wählte eine erhöhte Position an der Sternschanze und sah hinunter auf den Schreckensort, auf die Gesichter, die mal im hellen Feuerschein aufleuchteten und als furchteinflößende Grimassen aufschienen, bevor eine Wendung der Flammen wieder tiefe Schatten darüber warf. Eine unheimliche Stimmung, die ihn zutiefst erregte. All die Menschen dort unten, in ihrer Angst, voller Schrecken und Ungewissheit – sein Werk! Ein beinahe tierischer Laut entfuhr ihm und er erschrak, als sich eine schwere Hand auf seine Schulter legte. Die knarzende Stimme des Sattlers war sogleich zu hören: »Ist gut, Hilfsprediger. Man wird ihn erwischen, der das getan hat, und wenn es gut geht, noch bevor die Stadtwache ihn kriegt.«

Auf den Wirbel und Aufruhr, den der Feueralarm hatte entstehen lassen, folgte eine Beruhigung der Gemüter. Nun erst waren die aufgeregten Schreie der Tiere wie in einem Chor zu hören. Die Pferde waren durch den Lärm des Geschreis, Glockengeläuts und der Schritte in höchste Nervosität geraten, wobei es vor allem der beißende Qualm war, der ihnen Feuerangst bereitete. So kam zu dem erregten Zwitschern der Vögel das Wiehern, Muhen und Grunzen hinzu, was die Inselbewohner ebenso ängstigte. Es dauerte bis kurz vor Dämmerung, bis Beruhigung eintrat. An Schlaf dachten nur die Abgebrühtesten.

*

Mit dem Begräbnis der Frau von Seutter war es, als wären auch die unbeschwerten Tage des Jahres begraben worden; hinzu kam der Brand auf der Insel, der eine allgemeine Verunsicherung aufkommen ließ. Abermals wurden die Nachtwachen verstärkt, und Stadthauptmann , Landrichter und Magistrat einigten sich auf umfassende Kontrollmaßnahmen. So sollten vor allem die Gasthäuser und insbesondere die Spelunken in der Carolinenstraße intensiver beobachtet werden, zudem musste die Stadtwache über mehr Kräfte verfügen können.

Franz von Riefenstein saß in seiner Kammer am Sekretär und schrieb einen Brief. Immer wieder wurde sein Schreibfluss gehemmt, denn die Bilder vom Leichenfest der alten Dame von Seutter, mit dem beeindruckenden Zug über die Landthorbrücke hinweg, zwängten sich seinem Denken immer wieder auf. Die Erinnerung an die Beerdigung des Onkels, die so bitter vonstattengegangen war, mischte sich darunter und schürte das zornige Glühen in seinem Herzen. Er setzte mehrfach an und schrieb und schrieb.

Als er endlich fertig war, stand er auf, trat ans Fenster und sah hinaus. Mauern, Dächern, Weite, Wasser. Er spürte, wie dieser Ort begann, Besitz von ihm zu ergreifen. Von Tag zu Tag mehr.

Ein Schauder lief ihm über den Rücken. Er schüttelte sich, nahm das Papier zur Hand und las halblaut, was er zuvor niedergeschrieben hatte. Zufrieden über die eleganten Worte, die er trotz der Anfechtungen gefunden hatte, siegelte er den Brief und hielt inne. Es war unmöglich, diese Korrespondenz vorne an der Poststelle aufzugeben. Man würde sich fragen, was gerade ihn bewegen konnte, an die *Erste Bank* in Wien zu schreiben, wo doch der Gengler deren Vertreter in hiesiger Stadt war. Unweigerlich kämen Getuschel und Gerede auf, was es zu vermeiden galt.

So adressierte er einen weiteren Brief an einen vertrauenswürdigen Freund in Wien mit der Bitte, das übermittelte Papier an die *Erste Bank* zu senden. Später einmal wolle er ihm die Hintergründe erläutern. Er verzichtete auf die Dienste eines der Burschen in der *Krone*, machte sich selbst auf den Weg und sah noch in seinem Lager vorbei, auch um zu sehen, was Georg so trieb. Da er alles vortrefflich vorfand, setzte er den Weg gut gelaunt fort, vorbei am Cavazzen und den Kirchen.

Einige Male blieb er stehen und betrachtete den Schmuck der Fassaden und malte sich aus, wie es dahinter aussehen konnte. Zunehmend ergab sich der innere Drang, eine Entscheidung darüber zu treffen, wie und, vor allem, wo sein weiteres Leben verlaufen sollte. Er ertappte sich ja schon dabei, die Häuser, die ihm in den Blick stachen, nach Räumen einzuteilen, sich in einem davon zu sehen, am Fenster stehend, die Augen auf die Stadt gerichtet, wodurch ihm deutlich wurde – sein Herz hatte bereits eine Entscheidung getroffen.

Ja, die Geschäfte liefen prächtig. Erst in den letzten Tagen hatte er Bücher und Gemälde von unglaublichem Wert vermitteln können. Man musste froh sein über die Ungebildeten, diejenigen, die keine Kenntnis von jenen Werten hatten, die vor ihren Füßen lagen. Man durfte sie nicht abschätzig behandeln, sondern musste ihnen in der Tat dankbar sein für ihr Unwissen und sie dementsprechend freundlich und zuvorkommend behandeln. Wann war es nur geschehen, dass dieses Wissen über den Wert der Dinge, den Wert von Kunst und Kunsthandwerk verloren gegangen war, oder war es schon immer nur einer kleinen Minderheit vorbehalten gewesen?

Er zog weiter und zwischen den beiden Kirchen, die Post schon in greifbarer Nähe, stoppte er abrupt. Natürlich! Ohne Frage! Welches Haus wäre es wohl, in welchem er leben wollte?! Hinter welchen Mauern konnte er auf eine gute Zukunft blicken, und unter welchem

Fundament würde er seinen Hass auf ewig begraben können? Das Haus des Genglers natürlich – welches sonst! Das musste er haben. Er schlug den Stock hart auf. Er würde es bekommen! Der Brief in seiner Hand fühlte sich nun noch gewichtiger an, weil zu der Rache, der er diente, noch etwas Wertvolles hinzugekommen war – eine Perspektive für ihn selbst.

*

Draußen am Mauchinhof nahm sich Franzisca in diesen Tagen endlich Zeit für etwas, was sie vor sich hergeschoben hatte, weil sie darauf wartete, die innere Stimmung zu erlangen und die nötige Ruhe im Haus zu haben – die Eintragungen in der Familienbibel vorzunehmen.

Lucas war mit dem Schniefer auf der Insel, wo Korn und Salz verladen wurden. Die Knechte halfen ihnen dabei. Die Mägde taten ihre Arbeit draußen beim Federvieh, in der Waschhalle oder beim Bleichen auf der Wiese. Nur Bernadette war im Haus und richtete Dinge in der Küche.

Auf dem Tisch in der Stube lag eine weiße Rosenblüte, daneben eine goldgelb schimmernde Dahlie, beide bereits vorgetrocknet. Das Herz war ihr bei Letzterer schwer geworden, erinnerte sie doch an den genussvollen Abend im *Baumgarten*, viele Jahre war es her, dass ihr das kleine Briefchen mit den kostbaren Samen zum Geschenk gemacht worden war. So viele Jahre, die dahingegangen waren.

Sie blätterte über die Seiten der schweren Bibel, suchte jene Bibelstellen, die sie bereits notiert hatte. Den Taufspruch für Anna von Seutter, den Primizspruch für ihren Pfarrer Wagner. Sorgfältig legte sie zwischen diesen Seiten die Blüten ein, kennzeichnete die Textstelle mit einem kleinen Stück farbiger Kreide. Anschließend fügte sie die dünnen Blätter Papier bei, auf denen sie beschrieb, wie sehr und auf welche Weise die beiden Menschen Teil ihres Herzens und ihrer Familie gewesen waren, darüber hinaus Garanten ihres Lebensglücks, die somit einen Platz auch in dieser Familienbibel innehaben mussten.

In der folgenden Nacht wachte sie auf. Ihr Herz pochte schnell und hart in der Brust. Sie spürte etwas, was sie lange nicht mehr empfunden hatte: die Angst vor etwas Unbestimmtem.

Leise schob sie sich aus dem Bett, warf den Umhang über und ging im Dunkel vorsichtig hinunter in die Stube, wo es noch ein wenig warm war. Sie blies dennoch einen Span in der Ofenglut an und legte eine Handvoll Reisig auf. Gleich darauf knirschte und knackte es. Sie entzündete eine der neuen Stearinkerzen und setzte sich an den Tisch. Der Blick in das ungewohnt helle Licht, der Schattenwurf und die harten Kontraste fügten sich zu einer bizarren Stubenwelt zwischen den Tagen.

Ihre Hände strichen über die Holzplatte des Tisches. So viel war hier geschehen. Es dauerte, bis ihr Herz sich beruhigte. Sie sann nach, was es sein konnte, das ihr diese Angst bereitete. Lange brauchte sie nicht zu überlegen. Die Verluste – diese enormen Verluste an Menschen, die doch über so viele Jahre wohlwollend mit ihr durchs Leben gegangen waren, ihr in Zeiten der Verfolgung und Gefahr zur Seite gestanden hatten, Menschen, denen sie völlig vertraute, tiefe Zuneigung entgegenbrachte. Sie waren nicht mehr, fehlten ihr – dem Gang der Dinge war nichts, nichts entgegenzusetzen.

Sie fühlte Einsamkeit und Alleinsein in ihrer Brust, obschon sie diesem Gefühl widersprach: Du bist nicht allein und einsam!

Über die traurigen Gedanken hinweg wurde sie müde und ihr Herz ruhiger. Sie wartete noch eine Weile ab, bevor sie die Kerze löschte und wieder hinaufging. Es war ein wohliges Gefühl, unter die warme Decke zu kriechen, zu fühlen, wie die Muskeln sich entspannten, und den Schlaf zu ahnen, der herankroch.

*

Wie es am Mauchinhof seit Achtzehnhundertundverhungert Tradition geworden war, stand ein Familientreffen bevor, an welchem die Zukunft besprochen wurde. Nach dem Willen von Franzisca sollten auch die Kinder bei diesen Treffen mit dabei sein, da sie es für wichtig für deren Zukunft erachtete, schon früh von den Abwägungen und Entscheidungen zu erfahren, die die Erwachsenen treffen mussten. Sie erinnerte sich dabei an die Zeiten, da sie beim Vater saß, im Kissenwinkel der Eckbank, und den Gesprächen lauschte, die die Alten führten und aus denen sie bis zum heutigen Tage Erfahrungen mitnahm.

Christian kam mit einer alten Kutsche angefahren, seinen Bruder Philipp neben sich am Kutschbock und hinten Katharina, Martha und alle fünf Kinder.

Am großen Tisch in der Stube versammelten sie die Großen, die Kleinen bekamen Strohmatten und Decken und konnten sich am Boden vergnügen.

Die Brände waren ein unangenehmer Gegenstand, den man nicht unvoreingenommen diskutieren konnte, da die Familie mit dem Anschlag auf die Post bereits direkt darin verstrickt war. Philipp war der analytischere der beiden Brüder und legte eine Reihe von Gedanken und Vermutungen dar, die er bereits durchdacht hatte. Sein Ergebnis war wenig beruhigend: »Es ergibt alles keinen Sinn, wie man es auch dreht und wendet. Der Anschlag auf die Post, dann der Brand der Fischerhütte – nichts verbindet diese beiden Orte miteinander. Ich meine fast, es geht dem Brandstifter nur um das Feuer als solches und weniger um das konkrete Objekt. Der Landrichter, den ich noch aufgesucht habe, hat mir bestätigt, es handele sich bei der Fischerhütte ebenfalls um einen Fall von Brandstiftung.«

»Eine gefährliche Konstellation«, meinte Lucas, »man wird abwarten müssen … und in den Nächten Wachen brauchen. Wir lassen die Hunde in der Nacht draußen und fühlen uns damit gut bewacht. Zudem wechseln sich die Knechte von Mitternacht bis zur Morgendämmerung mit Wachen ab.«

Die Brandstiftung wurde nach einigen allgemeinen Äußerungen beiseitegelegt und man widmete sich dem eigentlichen Zweck der Zusammenkunft – der gemeinsamen Absprache von Planungen und Entscheidungen. Vor Jahren schon hatte man sich gemeinsam getroffen, um das Wenige miteinander zu teilen und zu beratschlagen, wie es mit dem einen oder anderen Geschäft weitergehen sollte. Diese aus der Not geborenen Treffen überführten sich allmählich in regelmäßige Zusammenkünfte, die unabhängig von einer konkreten Fragestellung stattfanden.

Philipp hatte wie immer Neuigkeiten dabei. Wo gab es auch einen besseren Ort, um an wirkliche Neuigkeiten zu gelangen, fern vom Geschwätz und den Gerüchten, als eben in der Poststelle.

Er hatte in Erfahrung gebracht, die Württemberger wollten ein Dampfschiff auf den See bringen, das schneller, größer und zuverlässiger unterwegs sein sollte als die vom Wind abhängigen Lädinen. Wie würde es also mit ihrem Handel weitergehen, wenn diese Dampfschiffe Erfolg versprächen?

Christian hielt wenig von der Idee. Ein Verrückter namens Bodmer hatte bereits ein Dampfschiff am Überlinger See fahren lassen, doch war die Maschine nicht stark genug, und am Ende musste er vor dem Zorn seiner Gläubiger türmen.

Philipp meinte: »Der König von Württemberg hat genug Geld und wenn es ähnlich ausgeht wie beim Bodmer, so erhebt er eben Steuern. Im nächsten Jahr wird in jedem Falle ein Dampfschiff auf dem See seinen Dienst aufnehmen und wenn es reüssiert, wird es alles verändern – alles. Und bedenkt – wäre es wirklich eine zu gewagte und unsichere Sache, dann hätte man weitere Investoren gesucht, um erwartbare Verluste zu verteilen. Doch ganz im Gegenteil, das württembergische Haus finanziert alleine, weshalb ich denke, es wird ein Erfolg werden. Was machen wir dann mit den Lädinen?«

Franzisca und Lucas hatten nach wie vor eine Lädine in eigenem Betrieb und den hälftigen Anteil an einer weiteren. So wie Salomon es damals für Franzisca eingerichtet hatte, war es über die Jahre immer weitergegangen und einer der Grundsteine ihrer Unabhängigkeit geworden. Eine Zeit lang unterlagen die Schiffe zwar dem Militär, aber insgesamt waren sie einer der Garanten des ökonomischen Erfolgs. Allerdings waren beide Lastensegler am Ende ihrer Zeit angelangt. Sollte man einen Neubau beauftragen oder das Kapital anderweitig einsetzen?

Die Diskussion wogte hin und her. Lucas rechnete den anderen vor: »Siebenhundert Sack Weizen oder gute tausend Säcke mit Hafer, hundertvierzig Fässer Salz oder sechzig Leinwandballen bekommen wir auf eine Lädine. Ein Dampfschiff könnte das Vielfache transportieren, wäre schneller dazu und könnte statt dreimal in der Woche vier- oder gar fünfmal von Lindau nach Konstanz fahren – völlig unabhängig vom Wind. Und nicht zu vergessen – es wären statt der sieben Mann Besatzung nur fünf Lader nötig und auch nicht die weiteren fünf, die helfen müssen, um aus dem Hafen hinauszukommen, wie bei den Lädinen. Ein funktionierendes Dampfschiff wäre eine nicht zu beherrschende Konkurrenz für unsere Boote, von denen die allermeisten im Besitz des Obersees sind. Dreißig jeweils in Lindau und Bregenz, zwanzig in Fußach und Hard und nur achtzehn in Konstanz und Meersburg.«

Philipp konstatierte nüchtern: »Die Württemberger würden uns damit die Ladung für die Lädinen nehmen, denn nichts ist den Kaufleuten wichtiger als Schnelligkeit und Unabhängigkeit von Wind und Wetter.«

Sie kamen überein, noch ein letztes Mal in eine neue Lädine zu investieren, da keiner der Auffassung war, innerhalb der nächsten Jahre in eine bedrängende Konkurrenz zu einem Dampfschiff zu geraten. Die Anteile an der anderen Lädine jedoch würden sie veräußern oder das Schiff ganz außer Betrieb nehmen. Die Mannschaft konnten sie gut anderweitig unterbringen – in der Post, bei den Pferden und im Kutschbetrieb, der immer intensiver gefordert wurde. Die Leute begaben sich in diesen Friedenszeiten ja regelrecht auf Reisen.

Katharina beschäftigte ein anderer Gedanke und sie richtete sich an Lucas: »Wie geht es denn auf den Höfen überhaupt noch, wo nach der Hungerzeit so viele nach Amerika und Brasilien ausgewandert sind? Erst neulich habe ich in der Stadt gehört, man hätte kaum noch Knechte und Mägde für die Arbeit. Und gestern habe ich gelesen, es käme ein Major zu uns in die Stadt, der einen Vortrag halten wird über die Vorzüge einer Auswanderung nach Brasilien – ein Major Schäffer. Er hat für die nächsten Abende in die *Gans* geladen, und in der ganzen Stadt wird davon erzählt. Der große Festsaal wird kaum ausreichen für die vielen, die interessiert daran sein sollen. Zwei unserer Pferdeknechte wollen auch hingehen. Wird es das Land denn aushalten, wenn noch mehr auswandern? Wieso lässt man es zu, dass solche Leute abwerben dürfen?«

Lucas zuckte ein wenig resigniert mit den Schultern. Der Schniefer hatte ihm bereits von diesem Schäffer erzählt. Und ja, die Auswanderungen, die plagten das ganze Land, weit über den Bodensee hinaus. Das sommerlose Jahr und die darauf folgende Hungersnot mit dem grausamen Dahinsterben von Mensch und Vieh hatten vielen die Furcht vor der Fremde genommen. Wo sollte es furchtbarer sein als hier?

Er antwortete nachdenklich. »Ja, schon … ganze Höfe haben ihre Nachkommenschaft verloren, aber es kommen ja so viele Burschen und Mädchen vom Arlberg her, aus den Kantonen und von noch weiter weg. Es geht sich schon noch aus und uns wird niemand verlassen … ich kann es mir nicht vorstellen. Nicht am Mauchinhof, nicht in der Hofstatt und nicht in der Post, weil wir anständigen Lohn zahlen und Freiheit gewähren … vielen geht es ja um Freiheit. Sie wollen nicht um Erlaubnis fragen müssen, wenn sie heiraten wollen und dergleichen.«

Christian sah nachdenklich drein. Er war sich der Dinge nicht mehr sicher. »In der langen Zeit der Kriege waren sich die Leute wenigstens darüber sicher, dass Krieg herrscht – jetzt aber? Keiner weiß, was nächste Woche sein wird, alles ist in Bewegung und Veränderung und beinahe täglich ändern sich die Dinge des Lebens.«

Er erzählte vom Ingenieur-Oberleutnant Duttenhofer, mit dem er über die Jahre hinweg in lockerem Kontakt stand und den er aus seiner Zeit bei der Landvermessung kannte. Gerade war er im Auftrag des württembergischen Königs in Frankreich und Italien unterwegs, um dortige Kanalbauten zu besichtigen. Er plante Vermessungsarbeiten für eine Kanalverbindung vom Oberrhein zur Donau, und in seinem letzten Brief sprach er sogar von Vorstellungen, einen Kanal zwischen Donau und Bodensee zu bauen.

Umwälzungen allenthalben – Dampfmaschinen, Kanäle, Auswanderungen, neue technische Geräte, und mit der allgemeinen Schulpflicht konnten nunmehr alle lesen, schreiben und rechnen. Überall wurde gelesen – sogar in den Wirtshäusern lagen Journale und Zeitschriften herum. Die Dinge veränderten sich in einem stärkeren Maße als es ihm lieb gewesen wäre, denn ständig musste man Entscheidungen treffen, die in eine ungewisse Zukunft gerichtet waren.

Martha, die durch ihre Schweigsamkeit auffiel, was zu besonderer Aufmerksamkeit führte, wenn sie denn einmal sprach, nutzte die entstandene Pause: »Ihr habt vorhin davon gesprochen, die Leute, sie kämen regelrecht ins Reisen, um des Reisens willen …«

Die andern sahen sie neugierig an, und sie erzählte von einer Begegnung, die sie auf der Hinteren Insel, nahe dem Pulverturm, nur ein paar Wochen zuvor hatte. Es war ein sonnenlichter Sommertag gewesen, als sie dort auf den Wiesen Wäsche bleichte und mit einer kleinen Gruppe ins Plaudern geraten war – zwei Ehepaare und ein junger Mann. »Ich fragte sie nach einer Weile, welche Geschäfte sie denn nach Lindau gebracht hätten. Sie waren amüsiert darüber und meinten, weder das Geschäftsleben noch Familienangelegenheiten hätten sie hergebracht. Sie seien der Landschaft wegen, der großen Ruhe und der Anmut des Sees wegen hergekommen und würden in der *Gans* logieren. Im weiteren meinten sie, die Gasthäuser der Stadt seien sehr auf Durchreisende und Geschäftsleute angelegt, hätten aber nur wenig Angebot für Gäste ihrer Art.«

»Woher waren sie denn?«, fragte Katharina.

»Aus München und Augsburg.«

»Mhm … und sie waren nur hier, um …«

»… spazieren zu gehen und die Blicke in die Natur zu genießen – hinaus auf den See und auf die Berggipfel«, führte Martha den Satz fort.

»Seltsam … das ist doch seltsam, nicht wahr?«, meinte Katharina.

Christian fragte: »Aber was willst du damit sagen, Martha?«

Sie klang etwas verunsichert. »Nun … ich habe mit Philipp schon darüber geredet. Wir könnten für derlei Gäste, die leicht zufrieden zu stellen sind, wie ich finde, doch oben in der Post die zwei Südkammern herrichten. Ein Schlafzimmer, dazu ein kleiner Salon … es wäre ein gutes Dasein für derlei Leute.«

»Aber so etwas ist doch kein Geschäft«, meinte Christian und sah in die Runde, »Leute, die spazieren gehen und in die Natur schauen? Was fehlte denn, was sie in der *Gans*, der *Krone* oder *Sonne* nicht hätten?«

»Eine etwas großzügigere Ausstattung und Raum. Vielleicht möchte man Gäste empfangen, lesen … etwas in dieser Art, meine ich.«

»Wir kämen damit aber in Konkurrenz zu den Wirten, was nicht gut wäre«, meinte Lucas.

Philipp schüttelte den Kopf. »Nein, das kämen wir nicht, denn wir böten etwas, was sie gar nicht wollten. Ganz im Gegenteil verschafften wir ihnen zusätzliche Kundschaft.«

Lucas wurde nachdenklich. Es war schon richtig, denn seit geraumer Zeit stellte er einen stetig steigenden Import an Wein fest. Manchmal kam er kaum hinterher. Erst vor einigen Wochen hatte er den größten Teil einer Lädine, die von Schaffhausen her mühsam gegen den Seerhein gekrochen war, nur für Weinfässer benötigt. »Und es ist nicht der billige, sondern der teure Médoc, der angefordert wird. Es ist schon so, dass, seit der Frieden Gewohnheit geworden ist, andere Vergnügungen nachgefragt werden. Was Martha erzählt hat, passt gut und macht meine Gedanken rund.«

Sie einigten sich darauf, es mit ihrem Vorschlag zu versuchen und zwei Appartements in der Post herzurichten.

»Naja, viel verloren wäre nicht«, meinte Christian.

Lucas sah zu Franzisca und brachte nun noch eine andere, weit ernsthaftere Angelegenheit auf: »Der Kaufmann Bucher war dieser Tage bei mir und wir haben uns über die ein oder andere Angelegenheit ausgetauscht.« Der Ernst, mit dem er die ersten Worte sprach, ließ die anderen aufhorchen.

»Er erzählte mir, Ernst Kringlin hätte ihn aufgesucht und ihm Avancen für Geschäfte mit seiner Bank gemacht, die er hier vertritt.«

Philipp legte die Stirn in Falten. »Aber wir hatten doch schon darüber gesprochen …«

Lucas hob die Hand. »Nein, Philipp, darum geht es gar nicht. Wir werden keine *Erste Bank* benötigen. Kringlin hat dem Bucher, der durchaus ein vitales Interesse an einem Geschäft mit ihm hatte, recht schöngetan und gemeint, er bekäme Konditionen, die sonst niemand in der Stadt bekäme. Der Bucher hat recht gelacht, was ihn wohl animierte, größer zu tun als er ist. Er meinte, es gäbe auch Leute, die würde er niemals als Kunde wollen. Der Bucher meinte, ihm fiele niemand ein, der für den Kringlin nicht ein guter Kunde sein könnte.« Er ließ eine Pause entstehen und sah Christian an. Der hob die Hände. »Ja, und?«

»Der Kerl sagte sodann, die *Mauchin* würden von ihm niemals etwas bekommen.«

Katharina ließ einen erschreckten Laut hören. »Was!?«

Lucas fuhr fort: »Der Bucher war recht konsterniert darüber. Wir kennen und schätzen uns schließlich seit vielen Jahren, was der Kringlin doch wissen sollte. Der Bucher war verdutzt über diesen Affront und hat ihn wissen lassen, dass er, seit er denken könne, mit den Mauchins Geschäfte gemacht habe und immer hätte jeder Beteiligte daran zufrieden sein können, worauf der Kringlin Folgendes sagte: *Wenn du einen Apfel von einem morschen Baum nimmst, kann der zwar süß schmecken, es bliebe jedoch ein Apfel von einem morschen Baum.*«

Christian stand der Mund offen. Philipp ebenso. Katharina war ganz bleich geworden.

»Gibt es da etwas … ist etwas vorgefallen?«, fragte Lucas in die Runde.

Christian reagierte aufgebracht. »Was soll es denn geben!? Nichts gibt es, gar nichts. Ganz im Gegenteil. Seine Frau verkehrt in unserem Haus, schon immer. Die Auguste, sie war doch neulich erst bei dir, Katharina. Weißt du vielleicht etwas?«

Katharina war sprachlos. »Überhaupt nicht. Ich kann mir gar nicht vorstellen, wie er darauf kommt … wie er, ausgerechnet er, auf so etwas kommen kann? Wo gerade wir sie so unterstützen. Wir waren es doch, die sie im Baumgarten eingeführt haben, um …« Sie stockte fassungslos.

Franzisca sagte zu all dem nichts. Lucas hatte ihr gleich nach dem Besuch des Geschäftsfreundes von diesen unerfreulichen Nachrichten Kenntnis gegeben und sie hatten sich lange darüber ausgetauscht, ohne zu einer wirklichen Erkenntnis zu gelangen. Vom Himmel fielen derlei Dinge jedoch niemals, und es musste einen Grund für ein derart dummes Verhalten geben, denn weder der Bucher noch irgendjemand aus ihrem weiteren Kreis würde nach einer solchen Verunglimpfung mit dem Kringlin in Geschäftsbeziehungen treten.

Lucas meinte: »Wenn es irgendwer gesagt hätte, könnte man es als Geschwätz, Wichtigtuerei und dergleichen abtun. Doch der Bucher ist uns seit Anbeginn verbunden. Wir vertrauen einander ... ihr wisst das.«

Philipp hakte nach: »Hat er denn nicht nachgefragt, was er mit dieser widerwärtigen Metapher des morschen Baums ...«, er sah in die Runde, »... was soll an uns morsch sein?«

»Er hat schon nachgehakt, aber der Kerl hat nur in Rätseln und Bildern gesprochen. Wir müssen in jedem Falle vorsichtig mit ihm sein. Wenn er mit dem Bucher so redet, dann bestimmt auch mit andern. Ich frage mich nur, wie er gerade auf den Bucher gekommen ist und von seinem Interesse an seiner Bank wusste? Es gibt doch so viele andere Kaufleute in der Stadt.«

Katharina nahm einen Schluck vom Médoc. Alles in ihr bebte und sie war froh, nicht so stark zu zittern, als dass die anderen es hätten merken können.

Franzisca erzählte nun von Bernadette, die vor einigen Tagen von der Insel zurückgekehrt war. Sie erzählte ihr immer, was gerade so getratscht und geklatscht wurde. Anscheinend gab es ungutes Gerede unter den Dienstmägden, Ladern und Burschen über den Gengler und man sei sich einig, ihm kein Geld anvertrauen zu wollen. Woher diese Munkelei stammte, was der Quell dieser Gerüchte war, vermochte sie nicht zu sagen. In jedem Falle musste davon ausgegangen werden, dass man Zeuge eines schrecklichen Niedergangs würde. »Er wird sich ruinieren, da bestehen keine Zweifel«, sagte sie nüchtern, »wie soll jemand Vertrauen zu ihm haben, wenn er derart verrufen ist, wo jeder weiß, Geldgeschäfte leben einzig von Hoffnung, Zutrauen und Zuversicht.«

Katharina zuckte nochmals zusammen, als sie ihre Mutter so über die Kringlins reden hörte und realisierte, wie sehr ihre Freundin Auguste mitgemeint war. Ruinieren würde er!

Abendmahl

Für den Hilfsprediger und die Muhme ergab sich der Umstand, einer Einladung des neuen Stadtpredigers folgen zu müssen. Nicht, dass diesem nach einem solchen Zusammentreffen der Sinn gestanden hätte, doch jetzt, wo seine Frau und die Kinder aus Augsburg nachgekommen waren und ein solch förmlicher Termin nicht mehr mit vorgeschobenen Gründen verzögerbar war, hatte er sich durchgerungen, die Angelegenheit endlich hinter sich zu bringen.

In der Tat entsprach es der Wahrheit, dass seine Zeit in erheblichem Maße beschränkt war, da er Amt und Auftrag mit ausgesprochenem Ernst begegnete.

In den frühen Stunden des Tages war er damit befasst, die liederliche Amtsführung auf einen angemessenen Stand zu bringen, sodann er einige Stellen in der Bibel las, bevor er sich auf den Weg zu einem Krankenbesuch begab. Dieses war ihm besonders wichtig und ging ihm leicht von der Hand, da es nichts gab, worüber man sich mit ihm nicht besprechen konnte, und er nicht zu jenen gehörte, die den Alltag der Kranken mit trockenen Bibelversen zu bereichern suchten.

Auf ein gehöriges Mittagessen verzichtete er allerdings nicht. Danach schickte er die Frau mit den Kindern auf einen Spaziergang und legte sich für eine Weile hin. Den Nachmittag über schrieb er an Predigten, die er irgendwann zu halten gedachte und begab sich dann wieder auf Besuche – zuvörderst ins Heiliggeistspital, und wenn es sich ergab, noch kurz bei einem Magistrat, Patrizier oder anderem wichtigen Gemeindeglied –, bevor er sich auf die Kanne Wein und das Nachtmahl freute. Er war durchaus fleißig, genoss das Leben, ließ die Leute mit pfäffischem Geschwätz in Frieden und war, man darf es so sagen, beliebt und in der kurzen Zeit vielen in seiner Gemeinde schon weit mehr bekannt als der Hilfsprediger Gaiserle, der zunehmend in Vergessenheit geriet; denn die meisten Predigtdienste, und von jenen die wichtigsten, versah der neue Pfarrer.

Mit seiner Frau hatte er beratschlagt, wie und wann man *die Zwei* zu sich bitten sollte. Das Mittagessen war keine geeignete Zeit, wie seine Frau fand. Er hätte einen Nachmittagskaffee im Sinn gehabt, wie es immer mehr in Mode kam, doch das wäre nicht förmlich genug gewesen, weswegen nur eine Einladung zu einem Suppé blieb.

Als der Tag dafür gekommen war, setzte die Dämmerung schon merklich früher ein und ließ einen kühlen Wind durch die Insel wehen.

Die Muhme holte den warmen Wollumhang hervor, während Joseph Gaiserle seinem Lutherrock treu blieb. So querten die beiden stumm die Insel hinunter zum Pfarrhaus in der Fischergasse.

Das war natürlich ein anderes Wohnen dort unten mit der Ausrichtung zum See hin. Die Fensterfront im oberen Salon, wo man sie empfing, wies nach Süden. Ein zartes Abendlicht lag auf den Bergen, der See schimmerte blau herein und die Gipfel waren weich gezeichnet. Der Raum war großzügig, licht, mit hellen Dielen belegt, die nicht knarzten.

Joseph Gaiserle schnürte es die Kehle zu.

Ein Hausmädchen mit ausdrucksloser Miene trug das Essen auf. Es gab Suppe, ein Stück Braten, Kartoffeln, Gemüse und zum Abschluss einen Kaffee mit einem Stück Kuchen. Der Wein vom See kam in großen irdenen Krügen auf den Tisch und gab sich weit herber, als der Jahrgang gewesen war.

Der Muhme wurde zum Kaffee ein Liqueur empfohlen. Die Geistlichen blieben beim Wein. Der Prediger hielt es für nicht erforderlich, den stummen Gast mit einem Cognac zu behelligen. Der blieb die ganze Zeit über einsilbig, gab nur wenige Sätze von sich, blieb dabei auf dem sicheren Terrain erprobter Phrasen, ließ ein wenig Auswendiggelerntes hören und gab acht, bei den Fragen des Gastgebers nicht eine unbedachte, für ihn gefährliche Äußerung zu tun.

So beschloss der Prediger, eben von sich zu erzählen, um den Abend nicht in Sprachlosigkeit enden zu lassen. Seine Frau war von freundlichem Wesen, redete nur wenig, war aber eine geübte Zuhörerin.

Als der Hilfsprediger einmal zurückhaltend erwähnte, er habe gehört, es wäre auch eine repräsentative Stelle in Augsburg für den Prediger im Gespräch gewesen, entgegnete der: »Lieber hier ein Mönch als dort ein Bischof.«

Die Gegend, aus der dieser Hilfsprediger kam, war ihm durchaus bekannt. Flache Moore, ein paar Hügel, Wasser allenthalben. Dazwischen Weiler und Dörfer, hingeworfen in das Land, mit geduckten Häusern und Menschen mit noch niedrigeren Erwartungen, umschwirrt von Mücken. Dazu der Wind, der über die Ebenen jagte, heiß in den Sommern und einer scharfen Schneide gleich im Winter.

In der Luft allseits das Beißende der Torffeuer. Die bescheidenen Umstände und vor allem dieser beständige Wind gaben den Menschen dort etwas grundlegend Abgewandtes: Indem sie von Geburt an lernten, sich vom Wind abzuwenden, kehrten sie auch allem anderen den Rücken.

Während er aß und trank und erzählte, waren seine Gedanken mit diesem verschlossenen Kerl befasst, seiner maskenhaften Miene und den spärlichen Äußerungen, die von ihm kamen. Das Hinterhältige wurde ihm spürbar. Ja, von dort kamen derlei in sich gekehrte Charaktere. Schweigsam. Lauernd. Manchmal flammte eine krankhafte Religiosität in einem der Flecken auf, ansonsten war es Niemandsland – Rand am Rand, wo die Gottesfürchtigkeit zu einer Art Verrichtung geworden war, messbar, sichtbar, wie ein Handwerk. Und wenn es eine Leidenschaft gab, dann war zuvörderst der Neid zu nennen, der hier besonders farbige Blüten trieb. Die Herrschaft war reich durch ihre Wälder, die Bauern arm auf ihren Feldern.

Wie er so dasaß, auf den Hilfsprediger schaute und ihm dabei Dörfer und Erlebnisse aus jener trostlosen Gegend vor Augen kamen, dann ließ ihn das zähe Gebaren seines Gastes für den Moment innerlich aufwallen. Um keiner Unhöflichkeit die Tür zu öffnen, hielt er in solchen Momenten mit dem, was er gerade tat, inne, sei es Reden, Trinken oder Essen, legte ein Lächeln auf seine breiten fleischigen Lippen und sah freundlich nickend über den Tisch. Eine gekonnte Geste, hinter der sich Verdruss und Groll gut verbergen ließen, und eine Fähigkeit des Kaschierens innerer Eruptionen, die nicht wenig dazu beigetragen hatte, ihn in seinem Beruf schnell vorankommen zu lassen. Er lächelte Hader weg und vermittelte somit auf unterschwellige Weise, einer zu sein, den man brauchen konnte.

Das Lächeln und Nicken allerdings, es war nur jenen vorbehalten, die nicht in seinem Hause wohnten. Die Kinder und die Frau bekamen es nur selten zu sehen, denn in den eigenen Mauern wurde ihm oft bewusst, wie gering die eigene Großartigkeit doch wirklich war, die er außerhalb und vor allem in der Kirche durch sein blankes Erscheinen auszudrücken wusste. In den eigenen vier Wänden war man eben einfach nur ein Mensch.

Ausführlich widmete er sich der Darstellung seiner Jugendzeit, die er in der Reichsstadt verbracht hatte, vergaß natürlich nicht, seine Erfolge während der Studienzeit auszuschmücken, und tatsächlich waren die Anfechtungen des Krieges auch an ihm nicht vorübergegangen. Diese Anfechtungen allerdings bezogen sich vorwiegend auf den Mangel an Genuss, und die zwanzig Jahre Krieg waren mit weit weniger Sätzen abgehandelt als die kurze Studienzeit. Mit großem Ernst, als hätte er eine Weltreise unternommen, zählte er die vielen unterschiedlichen Orte und Stellen auf, an denen er bereits tätig gewesen war, und berichtete von seinen Erlebnissen mit *den Menschen*, wie er es ausdrückte. Er war von Augsburg bis München, von dort nach Nürnberg, über Ansbach, Heilbronn, Ulm und Stuttgart und schließlich nach Lindau gekommen.

Nichts, rein gar nichts von den vielen Themen, die er auftrug wie die Speisen einer Menüfolge, regte bei seinem Hilfsprediger in irgendeiner Weise den Gesprächsfluss an. Zu guter Letzt kam er auf die alte Reichsstadt Augsburg zu sprechen, welche Menschen von großem Geist dort versammelt seien, welchen er persönlich begegnet war und wie weltläufig es überhaupt dort zuging.

Die Muhme fand es unterhaltsam und ein paarmal lachte sie sogar laut auf. Da ihr Begleiter jedoch schwieg, ebenso wie die Gastgeberin, hielt sie es für unziemlich, selbst an diesem Tisch Konversation zu betreiben. Es wurde ihr unangenehm, ja peinlich, und je peinlicher sie die Szene empfand, desto lauter lachte sie – bedauerlicherweise auch an unpassenden Stellen.

Joseph Gaiserle saß wie gefesselt auf seinem Stuhl, schaute mit einem verwunderten Blick auf das große Mannsbild ihm gegenüber und fühlte sich an Körper und Sinnen gelähmt.

So gestaltete sich der Abend, insbesondere als er seinem Ende zuging, als eine verkrampfte, von Verlegenheiten geprägte Zusammenkunft, von der sich alle Beteiligten sicher waren, es würde keine Wiederholung geben.

Zwei Tage später brannte erneut eine Fischerhütte auf der Hinteren Insel lichterloh. Menschen oder Tiere kamen nicht zu Schaden, doch der Verlust der vielen Gerätschaften stellte für die betroffenen Fischer eine arge Bedrängnis dar.

Immer deutlicher trat damit die Tatsache zutage, einen Feuerteufel in der Stadt zu haben. Nach der kurzen Zeit der Ablenkung und Ruhe war dieser Brand schnell auf den vorigen gefolgt. Von Zufällen oder gar Streichen konnten auch die naivsten Gemüter nicht mehr ausgehen. Der Inselteil im Westen, wo die Gärten und Obsthaine bis ans Wasser reichten, war entlegen genug, um eine Gefährdung der Inselstadt auszuschließen, doch viele quälte die Frage, wie lange es dauern würde, bis ein Gehöft in der Stadt in Flammen stand – und das gerade jetzt, wo alle Speicher, Stadel, Scheunen und Ställe mit Heu und Stroh frisch angefüllt waren.

Ein geisterhafter Zug an Menschen nahm vom Inselgraben her den Weg hinüber in Richtung Pulverturm und sah in einem Gefühl von Erregung und Angst dem Werk der Flammen zu. Wolken standen am Himmel, Neumond war erst vorüber, nur der wilde Schein der Flammen, das dämonische Recken, Strecken, Hin- und Herwerfen wirkte in den Spiegelungen der Seefläche noch animalischer und vernichtender. Der Hauptmann der Stadtwache postierte seine Männer mit dem Befehl, niemanden an die Brandstelle heranzulassen.

Er schritt die Reihe der Schaulustigen ab, sprach mit dem ein oder anderen. Beim Hilfsprediger blieb er stehen und fragte eindringlich: »Und – was sagt der geistliche Herr dazu?«

Joseph Gaiserle erschrak auf den Tod und sah ihn entsetzt, mit starrem Blick an – sprachlos. Aus welchem Grund war diese Frage an ihn gerichtet worden? Wusste man etwa von ihm und seinem Treiben? Er schüttelte nur den Kopf, unfähig, einen Laut von sich zu geben. Ganz anders als in den Tagträumen, die er durchlebte, wenn er oben in seiner Kammer lag. Es ließ ihn noch mehr von sich enttäuscht sein – das Feige in ihm.

Der Hauptmann ging weiter. Blieb wieder bei einem Kerl stehen, fragte etwas. Es beruhigte ihn ein wenig. Er war also nicht der Einzige.

Am Nachmittag trafen sich Landrichter, Stadthauptmann, Herren des Magistrats und einige ausgesuchte Männer der Stadt. Christian und Philipp gehörten ebenfalls dazu. Die Gefahr war greifbar, bald mit einem Brand inmitten der Stadt zu kämpfen zu haben, und es mussten Maßnahmen getroffen werden, dies zu verhindern, und um andererseits schnell auf ein solches Unglück reagieren zu können.

Der Landrichter wendete sich an die Versammelten: »Es erweckt uns den Eindruck, als habe der Kerl mit dem Anschlag auf die Post einen Zweck verfolgt, während er bei den Fischerhütten unserer Einschätzung nach um des Feuers willen gehandelt hat.«

Philipp erläuterte nochmals seinen Eindruck von dem Brand in der Post und welche Maßnahmen sie inzwischen ergriffen hatten.

Der Stadthauptmann gab einen anderen Hinweis: »Er brandstiftet bisher nur an Tagen um Neumond, wenn er im Schutz naturgegebener Dunkelheit handeln kann. Und wenn einer, wie der Landrichter festgestellt hat, um des Feuers willen handelt, dann muss er seinem inneren Triebe nach dieses auch sehen. Wir haben Namenslisten derjenigen gefertigt, die beim letzten Feuer zugegen waren, und aus der Erinnerung auch von jenen, die am Looser Turm waren und bei der Post.«

Zur weiteren Vorgehensweise gab daraufhin der Landrichter bekannt: »Der Magistrat lässt alle diejenigen, die vor Jahresfrist neu in die Stadt gekommen sind und noch hier aufhältig sind, erfassen. Wir vergleichen die Ergebnisse mit den Listen, was ein erheblicher Aufwand ist, doch vielleicht kommen wir so auf eine Spur. Für die Tage um Neumond werden wir versteckte Wachen aufstellen, auch die Gendarmerie ist aufs Neue angefordert.«

Christian und Philipp boten sich an, wurden jedoch gebeten, vor allem in ihrem Bereich die erforderlichen Vorkehrungen zu treffen. Die Hofstatt oder die Post – wenn sie brennen würden … keiner wollte überhaupt an die Folgen denken.

*

Der späte Herbst gab sich wolkig und trübe. Wilde Böen stieben über den See und rissen an den Bäumen, fegten durch die Gassen der Inselstadt, ließen Fensterläden und Türen schlagen und klappern. Es blieb indes ein kurzes Intermezzo, denn der Winter kam weit früher als erwartet und er fackelte nicht lange. Eisige Schneestürme, Frost, dazwischen ein paar Tage Tauwetter, wodurch alle Wege versumpften und sobald es erneut fror, die Kutschen in den gefrorenen Furchen herumholperten. Alles ging langsamer vonstatten.

Gerade noch hatte man vor dem ersten Wintereinbruch die letzten Obstbäume leeren können. Aus den Kellern drang der süß-säuerliche

Dunst von Most, und in jedem Gehöft war die Dienstschaft damit befasst, Äpfel und Birnen vorsichtig auf ihr Strohlager zu betten; die grob gewobenen Säcke mit den Walnüssen kamen ebenfalls auf ein Strohbett. In großen Bottichen wurden Zwetschgen stundenlang eingekocht, bis ein schwarzer, zäher und haltbarer Brei entstanden war, der in irdene Gefäße gefüllt wurde.

An den Keltern plagten sich die Burschen, die Gewichte an der hölzernen Spindel nach oben zu drehen. Die langen Kriegsjahre hatten an allen Ressourcen genagt und gefressen. Der Krieg hatte auch die Wälder geplündert. Nun machten kluge Schwätzer und geschäftstüchtige Architekten eine Tugend aus der Not und bauten mit weit weniger Holz, als es herzeigbar gewesen wäre.

Der Schniefer nahm sich die Zeit, mit den ältesten und erfahrensten Kaltblütern, die sie hatten, im Wald unterwegs zu sein und den jungen Pferdeknechten das Holzrücken beizubringen, bei dem es darauf ankam, das Pferd dazu zu bringen, so zu denken wie sein Führer, und den Führer dazu, so zu denken wie sein Pferd. Müde, aber glücklich kam er an den Abenden zurück auf den Hof. Gott sollte ihm noch ein paar Jahre mit diesen Tieren schenken – um mehr bat und betete er nicht.

Am Hof hockte er dann meistens im Stadel auf einem alten Schafsfell, das über einen Hackblock gebreitet war, und sah zu, wie die jungen Burschen Holz hackten. Ein wenig Licht kam durch das nur einen Spalt geöffnete Tor herein.

Franzisca hatte ihm verboten mitzuarbeiten und war diesbezüglich unerbittlich streng. So beaufsichtigte er wenigstens die Arbeiten der jungen Kerle, da er sich nicht wohl gefühlt hätte, droben in der Kammer zu hocken, während von unten das Sägen und Hacken zu hören war. Die Burschen wischten sich den Schweiß von der Stirn und er lachte: »Holz macht zweimal warm – einmal beim Aufarbeiten, und dann im Ofen.«

Sobald die in jedem Jahr wiederkehrenden Verrichtungen, sich winterfest zu machen, abgeschlossen waren, ging es dem Federvieh und den Schweinen an den Kragen. Auf dem Mauchinhof wurden die Enten, einer französischen Art nach, ebenfalls in Bottichen langsam eingekocht. Lucas hatte diese Weise von dort mitgebracht. In Gefäße gefüllt und mit gewachstem Leinentuch verschlossen, waren sie, im eigenen Saft eingelegt, den ganzen Winter bis ins Frühjahr hinein haltbar gemacht und schnell zuzubereiten.

Die Speicher, Keller, Räucherkammern, Dachböden und alle geheimen Verstecke füllten sich, um für den Winter gerüstet zu sein, mehr aber noch für die Überraschungen, die die Mächtigen bereithalten mochten. Die Kriegszeit war noch vielen im Sinn und mancher würde sie bis ans Ende seiner Tage nicht mehr vergessen können.

*

An einem Nachmittag mit scharfem, eisigem Wind kam es endlich zu einem Treffen zwischen Katharina und Auguste Kringlin. Die lehnte schlaff im Sessel, unfähig, etwas zu sagen.

Katharina lief im kleinen Damensalon aufgewühlt hin und her; mehrmals auch zur Tür, die sie vorsichtig öffnete, um zu kontrollieren, ob nicht vielleicht jemand im Gang lauschte.

Auguste Kringlin war müde. Müde von ihren Kämpfen, müde von der Aussichtslosigkeit, in der sie sich wiederfand. »Ich weiß nicht, was ich noch machen soll. Manchmal denke ich, er ist verrückt. Ganz am Anfang habe ich ihm gesagt, er solle sich ein kleines Bureau nehmen, so wie man es in den großen Städten inzwischen hat, um seine Kundschaft entsprechend empfangen zu können, denn wer wollte schon in unser Haus kommen, um dort die endlosen Treppen bis nach oben unters Dach zu klettern. Unwirsch war er und meinte, was es mich überhaupt anginge. Und jetzt das …«

»Wie kommt er dazu, derart über uns zu reden?!«, fragte Katharina zornig.

»Ich weiß es nicht, ich habe wirklich keine Vorstellung, was ihn reitet, was ihn treibt.«

Katharina fluchte leise und holte zwei Gläser aus dem Sideboard, schenkte einen Schluck vom Cognac ein und reichte eins der Gläser an Auguste. »Trink! Es nimmt der Finsternis die Schwärze.«

Ratlos und schweigend blieben sie sitzen und warteten auf die Dunkelheit, die nun früh zwischen die Mauern kam. Draußen war es still. Im Kamin knackten die Scheite unter der Glut und ab und zu zischte es, wenn eine der Harzblasen aufplatzte.

»Du musst auf dich und die Kinder achten, denn er tut es nicht«, sagte Katharina in den dämmrigen Raum. »Kann es sein … ich meine, weiß er vielleicht etwas … von dir und dem Musicus?«

»Nein. Überhaupt nicht. Ich bin ihm egal … ich bin ihm völlig egal.«

Ein paar Tage später, Katharina war mit zwei ihrer Hausmädchen in der Stadt unterwegs, kam ihr auf dem Weg hinunter zum Weinmarkt Ernst Kringlin entgegen. Ihr Herz fing sofort an zu pochen vor Aufregung und Zorn. Sie hob den Kopf und ging eine Spur schneller. Als er sie grüßte, zischten aus ihren Augen zornige Blicke, und ohne jede weitere Reaktion marschierte sie an ihm vorbei und verschwand gleich darauf hinter Karren und Rössern.

Es traf ihn. Ihre offene Verachtung traf ihn so sehr, dass er stehenbleiben musste. Sein Herz schlug hart, ließ ihn sogar ein paarmal ein Aussetzen spüren. Er verstand sich selbst nicht mehr und was mit ihm geschah. Die Stadt und ihre Menschen waren ihm fremd geworden, er sah in die Gesichter der Vorübergehenden und erschauderte, niemanden von ihnen zu kennen. Warum kannte er niemanden mehr? Wieso fühlte er sich fremd und einsam in seiner Stadt? Eine kindliche Sehnsucht nach früher stieg in ihm auf, ein Verlangen nach den heimeligen Zeiten, in denen alles gerichtet und bestellt war. Das Haus, der Tagesablauf, die Dinge an sich. Er verspürte einen Drang zu weinen wie ein Kind und zugleich eine unheimliche, trockene Kälte in sich. Da ihn sein Weg in die Schafgasse gebracht hatte, nahm er kurzentschlossen den Eingang zum Wirtshaus.

Dampfende, dunstige Wärme schlug ihm drinnen entgegen, die Blechteller klapperten, Gläser klirrten, ab und an zuckte ein halbunterdrückter Schrei oder ein enthemmtes Lachen auf. Tabakqualm mischte sich mit dem Dunst des Getriebes. Es war viel los für die Zeit, wie er fand, wobei er sich eingestehen musste, nicht zu wissen, was an den Vormittagen in den Wirtshäusern als viel oder wenig gelten konnte. Am Kamin hinten war noch Platz auf einer Bank. Er setzte sich, bestellte Wein und fühlte der Wärme nach, die ihn hier erfasste. Aus der Küche wehten intensive Geruchsschwaden in den Gastraum – Kraut, angebratener Speck, Braten. Nach den ersten Schlucken Wein bekam er Hunger und bestellte. Es ging ihm besser nun. Erst jetzt hatte er Sinn für die Menschen, die mit ihm am Tisch hockten. Er sah in ihre Gesichter, die von der Wärme, dem Bier, dem Wein, dem deftigen Essen rot leuchteten. Auch die Gespräche waren hitzig, denn es ging dabei um den Feuerteufel, der die Insel heimsuchte. Den lautesten am Tisch missfiel die Unfähigkeit des Stadthauptmann en und des Landrichters. Der Gengler horchte nur zu. Er ließ abermals Wein kommen und fühlte eine tiefe Zufriedenheit in sich aufsteigen – Wärme, Sattheit und die Leichtigkeit, die der Wein mit sich brachte. Es war nahe an der Vorstellung jener Sehnsucht, die ihn vorhin in der Gasse angefallen hatte. Wieso war er nicht eher auf die Idee gekommen, in den Wirtshäusern zu suchen, was er zuhause nicht finden konnte? Er lachte laut und trank weiter.

Währenddessen war Katharina am Markt auf den Collector getroffen, der sie gewohnt charmant begrüßte. Er beaufsichtigte zusammen mit seinem Burschen Georg das Beladen einer Kutsche mit Holzrahmen, in denen Gemälde geschützt untergebracht waren. Entschuldigend deutete er auf die Ladung. »Eine nicht unbedeutende Persönlichkeit in Russland möchte eine eigene Galerie anlegen, um damit gesellschaftlich zu reüssieren. Ich finde, dies ist eine ganz und gar gelungene Entwicklung, denn in früheren Zeiten, die gar nicht so weit entfernt von uns liegen, waren die Kabinette hochgestellter Persönlichkeiten Ausdruck von wirklicher Macht, und es scheint, als strebe man wieder jenen glücklichen Zeiten zu.«

Sie lud ihn kurzerhand auf einen Nachmittagskaffee ein. Er dankte mit einer tiefen Verbeugung, sagte zu und man einigte sich auf den kommenden Freitag.

Ob Christian nun schimpfen würde oder nicht, es war ihr egal. Mit etwas Geschick war aus dem freundlichen Herren etwas mehr herauszubekommen als an jenem fernen Abend im Sommer. Jedenfalls schien er Gefallen an der Stadt gefunden zu haben, seine Geschäfte liefen über die Maßen gut, wie allenthalben zu hören war, und wenn die Gerüchte ein Korn an Wahrheit enthielten, war er öfter, als es im Grunde erlaubt war, mit dem Mündel des Kronenwirts zusammen, die von vielen aufgesucht wurde, wenn es galt, alle Kraft für Wünsche, Forderungen, Entschuldigungen in einen Brief zu legen. Es gab sogar Gerüchte, sie würde Geschichten schreiben, die in Journalen und Büchern zu lesen seien, was unter manchen vornehmen Patrizierfamilien einen Beigeschmack von Verruchtheit hatte, hinter dem eine gehörige Portion Neid versteckt lag. Doch stand sie unter dem Schutz des Kronenwirts, der in den Kriegszeiten jedes Vertrauen auf Hergebrachtes abgelegt hatte. Man erzählte sich, niemand wisse, wann er zuletzt eine Kirche von innen gesehen habe.

Als Katharina aus seinem Blick verschwunden war, wendete er sich wieder seinem Burschen zu, der am Wagen stand und versonnen dreinblickte.

»Was ist los … hast keine Arbeit mehr?«

»Ja schon. Die Gemälde sind alle verladen, aber jetzt kommen noch die Bücher … die, die …«

»*Grimoires*«, sagte der Collector nüchtern und ging nach drinnen. Mit einem Zungenschnalzer forderte er Kinkelin auf, mitzukommen.

Im Lager lagen zwei Stapel alter, in dickes Leder gefasster Bücher. Die Ledereinbände glänzten. Der Collector fuhr prüfend mit der Hand darüber und nickte anerkennend. »Gut hast das gemacht. Sehr sauber.«

»Was sind das für Bücher, dass so ein Zinnober drum gemacht wird?«

Der Collector blieb ernst und wiederholte: »Zinnober … gar kein schlechter Vergleich. Man heißt sie dem Französischen nach *Grimoire*. Wir würden sie schlicht *Zauberbuch* nennen. Sie sollen magisches Wissen beinhalten.« Er lachte düster.

»Hexenfibeln!«, sagte Georg und trat einen Schritt zurück.

»Unsinn! Oder glaubst du vielleicht an Hexenwerk, Geister und Dämonen?« Der Collector drehte sich ihm zu und hob fragend den Kopf. »Na?«

Als der keine Antwort gab, sagte er: »Hör zu – für dich ist nur wichtig – sie bringen sehr, sehr viel Geld ein und sichern dir zudem eine beachtliche Prämie. In den Klöstern lagen sie zum Teil Jahrhunderte unter Verschluss. Manche Mönche haben heimlich an ihrer Fortschreibung gearbeitet, antike Quellen aktualisiert, manche auch hinzuerfunden, später neue Erkenntnisse aus den Naturwissenschaften ergänzt. Jetzt, nach dem Krieg, ist alles so nüchtern geworden, da bekommt das Abergläubische wieder Konjunktur, und das müssen wir nutzen.« Er nahm einen der Wälzer, legte ihn in die Mitte des Tisches und schlug ihn auf. »Komm her und schau selbst!«

Georg trat vorsichtig heran und reckte den Hals.

»Astrologische Regeln, Listen von Engeln und Dämonen, Zaubersprüche für alle Lebenslagen sowie Anleitungen zum Herbeirufen von magischen Wesen oder zur Herstellung von Talismanen und Zaubertränken. Alles, was man braucht, um die Welt zu beherrschen.«

»Und wer will damit etwas anfangen?«, fragte Kinkelin.

Der Collector sah ihm ernst in die Augen. »Hör gut zu! Du wirst ganz schnell vergessen, welche Adressaten auf den Sendungen stehen und wirst nie, niemals darüber reden, verstanden … hast du mich verstanden?«

»Verstanden.«

»Früher, also vor den Kriegen, gab es in den Klöstern und Herrscherhäusern umfangreiche Bibliotheken. Was denkst du, warum?«

Georg zuckte mit den Schultern.

»Das Wissen, das dort gesammelt war, bedeutete nichts anderes als Macht. Ich rede von Wissen, nicht von Zauberei und Hexenkram, verstehst du? Jetzt, wo die Kriege vorbei sind, ist es auch um viele Herrscherhäuser und vor allem um Klöster geschehen. Aber für Bücher und Gemälde gibt es neue Begehrlichkeiten – bei den reichen Bürgern, die in ihren Häusern große Bibliotheken einrichten, auf die sie stolz sein wollen, um sie mit blasierter Miene ihren Gästen zeigen zu können. Die Macht, von der sie reden, hört auf den Namen Bildung und die wollen sie ebenso zeigen wie früher ein Fürst, Herzog oder ein Prälat die Fassade seines Klosters, seines Schlosses.«

Georg sah ihn skeptisch an und zog ein Gesicht. »Was hat Bildung mit Macht zu tun?«

Der Collector gab ihm einen kleinen Stoß gegen die Brust. »Wo hast du mehr verdient, he!? Als du drunten im Hafen den ganzen Tag Säcke geschleppt hast, dabei angeschrien wurdest oder hier, wo du ein paar Gemälde und Bücher ordentlich einpackst und auf den Postweg gibst, he!?«

Georg gab sich überzeugt und deutete auf die Bücher. »Sie sind wirklich wertvoll?«

»Ein Ding ist nur so wertvoll, wie jemand bereit ist eine Summe dafür zu zahlen. Im Moment sind sie wirklich äußerst wertvoll! Allerdings kann ich dir nicht versprechen, dass nicht irgendein Cretin wirklich versuchen wird, sie dafür herzunehmen, ein Hexenwerk anzuzetteln. Was ich dir aber zusage, ist: Wir machen ein exzellentes Geschäft. Behandle sie also gut, weil es auch zu deinem Besten sein wird.«

Georg blieb etwas verdattert zurück, als der Collector gegangen war. Ein sonderbares Gefühl breitete sich in seiner Brust aus: Stolz. Wobei es nicht an ihrem Gespräch oder an den alten Büchern lag. Nein, es war vielmehr eine kleine Redewendung des Collectors gewesen, die ihn etwas aus der Fassung gebracht hatte. Er hatte etwas Befremdliches gesagt: Wir machen ein exzellentes Geschäft. *Wir*. Und er hatte wirklich *ihn* damit gemeint.

*

Einige Zeit vor Beginn des Advents richtete sich Nebel am See ein und wirkte bis weit über die Ufer hinweg ins Hinterland. Wenige Stunden am Tag stand ein gleißender Sonnenball über der Wasserfläche. Sobald sich der niedrige Bogenlauf der Sonne wieder dem Horizont zuneigte, begann der See zu dampfen. Entlang der Ufer bildeten sich lange dunstige Streifen, zunächst solitär, wie schlafende Windgeister. Je tiefer die Sonne sank, desto schneller wuchs sich der Dampf zu Dunst und dieser schließlich zu Nebel aus. Noch bevor die Dämmerung kam, verschwand die Sonne hinter einer bleichen Wand und diese seltene Stimmung hatte Wasserfläche und Ufer bis weit ins Hinterland in den sanften Griff genommen. Es gab die Nacht, es gab den Tag – und es gab die Zeit des Nebels, die mit milchigem Faden alle Konturen unauflöslich miteinander verwob.

Franzisca war auf der Weide hinter dem Haus mit den Pferden und dem Esel befasst, als sie gewahrte, wie drunten die grauen Schwaden von der Seefläche aufstiegen und sich an die Dunstbahnen hefteten. In den Bäumen und Büschen ringsherum hatten Raben und Elstern ihr Krächzen hören lassen. Als sich der Wind zur Ruhe legte, verstummten sie und eine unheimliche Stille füllte das Land.

Sie stützte sich auf ihren Stock und verfolgte das Schauspiel, genoss jede Szene, spürte keine Angst vor dem Nebel. Manchmal dachte sie sogar, er sei ihrer Seele auf eine unbekannte Weise verwandt. Die Mägde aber hatten Angst und trauten sich dann nicht mehr über den Hof zu laufen, weil sie hier und da Geister, Dämonen, Gespenster vermeinten. Natürlich trieben die Pferdeknechte ihr böses Spiel mit diesen Ängsten, wodurch sie nicht gemindert wurden. Lucas hatte ihr einmal Shakespeare vorgelesen, aus dem *Sommernachtstraum*: …

und denk, wie leicht die Phantasie bei Nacht aus Angst sich jeden Busch zum Bären macht.

Sie selbst war von diesen Ängsten frei und mochte die Stille, die der Nebel allein dadurch mitbrachte, indem er Tätigkeiten aller Art hemmte. Es bescherte ihr eine besondere Art innerer Ruhe.

Drunten in der Stadt schlug der Nachtwächter die Glocke, als er seine übliche Runde begann. Die Gendarmerie bezog ihre Posten und patrouillierte gemäß den vorgegebenen Routen entlang der Hauptstraße und in allen Nebengassen. Der Nebel bildete auf dem See eine undurchdringliche Schicht und schob sich weiter über die Ufer hinaus. Mit der Abenddämmerung erreichte er die Inselstadt und nahm Besitz von ihr. Zuerst verschwanden die Spitzen der Türme, dann war das Ende einer Gasse nicht mehr zu erkennen, und in Kumpanei mit der Dunkelheit verschwand auch der nächstliegende Toreingang. Verlor er dabei von Minute zu Minute sein magisches Leuchten, so legte er an Dichte zu.

Obschon sich die Bürger umwacht fühlen durften, zog mit dem Nebel dennoch Beklommenheit in die Mauern ein, denn jeder wusste, wie vollkommen der milchige Dunst einem Feuerteufel Schutz bieten konnte. Schlaflosigkeit nistete sich während langer Nächte in den Häusern ein – die Stunden schleppten sich dahin. Der Morgen war nur am Glockenschlag zu erkennen. Kein Sonnenstrahl stach über den See in die Inselstadt und der dichte Dunst blieb bis weit in den Tag hinein. Die Sonne wurde gegen Mittag nur als heller Fleck hinter einem undurchdringlichen Vorhang sichtbar, nur um zum Nachmittag immer schwächer zu leuchten und noch vor der Dämmerung vollständig ausgelöscht zu sein. Die Kälte bekam durch das Nasse und Feuchte eine besonders scharfe Klinge. Der Nebel hingegen hatte die Herrschaft übernommen und blieb.

*

Am Freitag kam der Collector der Einladung in die Hofstatt nach. Er führte ein besonderes Geschenk mit sich. Ein Buch, dessen er sich sicher war, dass es Katharina weder kannte noch davon gehört hatte: *Des Fürsten Geliebte: eine Geschichte dargestellt von Friedrich Laun.* Es war ganz neu auf dem Markt und er hatte zufällig einen Erstdruck erhalten. Fürsten und ihre Geliebten – das war bei Frauen immer ein Erfolg.

Der Empfang war herzlich und der Salon, in den man ihn bat, war vollständig von den erfrischenden Aromen des Kaffees erfüllt. Er sog mehrmals tief ein. Man saß auf bequemen Polsterstühlen an einem runden Tischchen mit hübschen Einlegearbeiten. Der Raum gefiel ihm: schlank eingerichtet, nicht überladen, einige Gemälde von großer Qualität an der Wand, Landschaften am See mit Pferden, Kühen, Schafen. Wer hatte wohl die Auswahl getroffen – der Soldat im Haus, seine schöne Frau oder jemand anderer?

Katharina freute sich ehrlich über den Roman. Christian war freundlich und aufgeschlossen, blieb aber dennoch zurückhaltend und überließ Katharina das Gespräch, welches an jenen Frühsommerabend im *Baumgarten* anknüpfte, von wo es sich von einer Belanglosigkeit zur nächsten wand.

Der Collector wusste hübsche Geschichten von seinen Exkursionen in die Klöster, Archive und Sammlungen zu berichten. Christian erzählte ein wenig von der Arbeit in der Relaisstation, von der ständigen Zunahme an Postverbindungen und dem Bedürfnis der Zeit, immer schneller von einem Ort zum andern zu gelangen.

Ganz ohne Zweifel war Sympathie in dieser Runde füreinander vorhanden. An jenem Punkt, da die Allgemeinheiten ausgetauscht waren, wagte Christian eine Frage, die äußerst intim war: »Wie geht es Ihrer Verletzung am Rücken?«

Katharina sah ihn erschrocken an. Wie konnte er nur?

Auch der Collector sah ihn einen Augenblick ernst an, schwankend, wie er dieser Frage begegnen sollte. Woher wusste er davon? Er entschied sich zu einem Lächeln. »Sie scheinen interessante Quellen zu haben.«

Christian schüttelte den Kopf. »Nur meine Augen. Mehr nicht.«

»Dann sind Sie ein sowohl exzellenter wie auch gefährlicher Beobachter und ich muss mich vorsehen.« Er lachte.

Katharina lachte mit, obwohl ihr gar nicht danach zumute war.

»Es hat sich stark gebessert hier in dieser Stadt, wo ich eine Behandlung gefunden habe, die mehr als nur wohltuend ist, sondern auch heilend.«

»Sie waren im Krieg?«, fragte Christian.

»Ja. Soweit ich weiß, standen wir auf unterschiedlichen Seiten.«

Christian stand auf, ging zum Sideboard, wo es ein wenig klapperte, und kam schließlich mit zwei Gläsern Cognac wieder. »Meine Frau trinkt ihn nicht, und schon gar nicht vor der Dunkelheit – auf den Frieden.«

Sie prosteten einander zu.

»Es war eine Kanone«, begann der Collector. »In der Hektik des Gefechts hatte die Mannschaft das Monstrum überladen und die Entladung erfolgte nicht nach vorne über den Lauf, sondern nach hinten, über die Pulverkammer. Ich stand unglücklich unterhalb der Stellung, als das Ding auseinanderflog. Ein großes, heißes Gußteil hat mich am Rücken getroffen und ein Brandwunde hinterlassen, die mich immer wieder unangenehm beschäftigt.«

Katharina war schockiert. Christian nickte nur. »Ich stellte es an jenem Abend im *Baumgarten* fest. Sie lehnten sich nicht ein einziges Mal an.«

»Schau an … und ich dachte, unter *ferner liefen* an dieser Tafel sitzen zu können«, theatralisch lehnte er sich besonders tief in den Stuhl. »Nun, der Aufenthalt hier in der Stadt tut mir rundum gut, ich bin schon länger hier, als jemals vorgesehen war, und ja, ich mag das Wasser des Sees, die Stimmung dieser Stadt … gleichwie, ich bin sehr zufrieden.«

Ihre Gespräche gingen weiter, über die Stadt, ihre Besonderheiten und vollendete Lage als Schnittpunkt der Handelswege in die Schweiz und nach Italien.

Der Collector erkundigte sich freundlich und beiläufig über den Fortgang der Geschäfte jener *Ersten Bank*, die dieser freundliche Herr Kringlin an jenem Sommerabend avisiert habe.

Katharina wusste nicht recht, was sie sagen sollte, da er sich mit der Frage an sie gewendet hatte. Doch ihre Miene verlor darüber die Zwanglosigkeit, und noch bevor sie etwas sagen konnte, hörte sie vom Collector entschuldigende Worte: »Es tut mir leid, diese Frage gestellt zu haben und Sie vielleicht in Nöte gebracht zu haben, in welchen ich Sie nicht sehen möchte. Nein, nein – es ist mir auch eher ohne Absicht über die Lippen gekommen … ich hätte mir das schon denken können.«

Christian horchte auf und fragte: »*Was* hätten Sie denken können?«

Katharina warf ihm einen scheltenden Blick zu.

Der Collector lächelte sie an. »Nein, nein – das ist ja durchaus eine berechtigte Frage. Ich bin es, der sie hier in den Raum getragen hat. Nun … ich selbst habe ihn aufgesucht, den Herrn Kringlin, den man hier in der Stadt dem Geschlechtsnamen nach wohl *Gengler* nennt. Es ging mir darum, einige Geschäfte mit ihm zu besprechen, doch … ich weiß nicht, wie ich sagen soll …es blieb mir der Eindruck, als wolle er an seinem Metier keinen rechten Gefallen finden. Jedenfalls bin ich unverrichteter Dinge wieder meiner Wege gegangen. Und in der Stadt höre ich nirgends etwas von ihm und seinem Unterfangen, was ich, wenn ich ehrlich sein darf, nicht erwartet hätte. Ganz im Gegenteil war ich nach jenem vergnüglichen Abend davon ausgegangen, Zeuge eines leuchtenden Aufstiegs werden zu können. Ich … ja nun … es hat mich eben bechäftigt, wenn ein so vielversprechender Mann, noch dazu mit einer derart reizenden Frau, in der Folge so zurückhaltend in Erwähnung kommt.«

Christian stimmte mit einer Körperbewegung zu, Katharina sah ihn traurig an und presste die Lippen aufeinander.

Der Collector schaute betreten drein, wechselte dann geschickt das

Gesprächsthema, indem er von einer *Bank* erzählte, die weit erfolgreicher sei, denn sie stünde an einem Gartenzaun, eine junge Frau säße darauf und blicke auf Gemüse- und Blumenbeete, und das Ganze sei Teil eines Gemäldes, welches er billigst erwerben konnte, nur um es sogleich mit nicht unerheblichem Gewinn weiterzuverkaufen.

Es war ihm einfach gegeben, Ungezwungenheit zu erzeugen, und ihre Unterhaltung bewegte sich allmählich fort vom Gengler, seinem Misserfolg und dieser Bank, von der keiner in der Stadt gut redete.

Über ihren Gesprächen vergaßen sie die Zeit, ein Küchenmädchen wurde anstellig des Nachtgerichts wegen, draußen war es finster, und abermals hing der Nebel auf der Insel bis auf das Pflaster der Gassen herunter. Der Gast wurde genötigt, am Nachtmahl teilzunehmen, wonach noch einmal die Cognacflasche bemüht wurde, und als er sich der Gastfreundschaft endlich entledigen konnte, bestand Katharina darauf, dass Christian ihn begleite – des schrecklichen Nebels wegen und der Angst, die die Inselstadt gerade aufsuchte. So warf Christian seinen alten Umhang über, nahm eine der stark leuchtenden Kutschenlaternen zur Hand und verließ mit dem Collector das Haus.

Kaum außerhalb der Hausmauern angelangt, packte die abstoßend nasse Kälte jede unverhüllte Stelle auf grausige Weise an. Christian ging voran, der Collector folgte ihm. Mehr als einige Schritte hätten sie nicht auseinander sein dürfen – man hätte die Konturen des jeweils andern nicht mehr erkannt. Die Glocke vom Münster schlug die zehnte Stunde, Hunde bellten einander von Hof zu Hof zu, Pferde wieherten und dazwischen war das Krächzen eines aufgeschreckten Raben zu hören. Von der Gendarmerie und dem Nachtwächter war nichts zu hören und zu sehen. Am Eingang zum engen Zitronengässele blieb Christian stehen und wartete den kurzen Moment, bis der Collector zu ihm aufgeschlossen hatte. In dem dichten Nebel konnte man den Eingang in die enge Gasse übersehen. Zuvor war es ihm gewesen, als hätte er einen Schatten wahrgenommen.

Als der Collector dicht bei ihm war, ging es weiter voran, die Laterne tat bescheidene Dienste. Ein Ross schnaubte aus einem Hof heraus, als sie vorbeikamen. Der alte, ruhige Ardenner, der sich da echauffierte, war ihm bekannt, da er lange in ihren Diensten gewesen war und vor einiger Zeit erst hierher abgegeben worden war. Gerade so passte das mächtige Tier in die enge Gasse.

Er blieb stehen und lauschte. Etwas stimmte nicht.

Hinter dem Holztor drückte sich der Hilfsprediger, so weit es nur möglich war, in die Schwärze eines Stallzugangs. Atmete flach und spürte den Herzschlag in seinen Ohren, wo es synoptisch rauschte. Ein Eisenriegel bohrte sich ihm in die Seite und unter einem Tuch heizte die Laterne unangenehm. Würde man es riechen?

Die zwei hatten nur wenige Worte miteinander gewechselt, doch die Stimme von diesem *Mauchin* hatte er sofort erkannt. Tief, fest, ohne Unsicherheit, markant.

Eine Gefühlswallung, angesiedelt zwischen Angst und Erregung, ergriff ihn und es kostete ihn umso mehr Beherrschung, nicht einen Laut, kein Ächzen, kein Stöhnen, kein lautes Schnaufen von sich zu geben, so sehr es ihm auch Erleichterung verschafft hätte. Sein Gesicht verzog sich zu einer Grimasse, er wagte kaum zu atmen. So schwarz die Nacht war – er sah sich in die Ecke gedrängt, als blicke er in einen Spiegel.

Christian drückte die Holztür zum Hof behutsam auf. Sie war nicht einmal verriegelt. Und das in solchen Zeiten. Wie sorglos!

Der Collector blieb dicht hinter ihm. Ohne dass es eines Wortes bedurft hätte, war ihm deutlich geworden, worum es seinem Begleiter ging. Sie traten in den Hof. Wieder schnaubte der Ardenner. Ein schmaler Karren, nur an seinen Umrissen als solcher zu erkennen, stand in der Mitte des Hofs.

Sie lauschten beide in die nächtliche Stille. Das Atmen des Pferdes war zu hören, Holz knackte. Eine Katze schreckte auf, als sie weitergingen. Beide fuhren zusammen, als sie mit einem verärgerten, hellen Laut davonsprang.

Christian stieg leise die Stiege hinauf zur Galerie. Dort befand sich der Dienstbotenzugang des Bürgerhauses. Nichts zu sehen, nichts zu hören. Alles lag in nächtlicher Ruhe. Von Frieden hingegen konnte in diesen Zeiten nicht die Rede sein.

Ebenso umsichtig, wie er nach oben gestiegen war, nahm er den Rückweg zum Collector – alle Sinne geschärft. Sie schauten noch zum Stall. Auch dort nichts Auffälliges. Der Hof war jedoch so voller Nischen, Winkel und Gerätschaften – was immer unstimmig sein mochte, es war nicht auszumachen. Sie setzten ihren Weg fort, über die Hauptstraße hinweg, die Bindergasse hinunter bis zur *Krone*, wo sich Christian verabschiedete. Ein Trupp Gendarmerie kam vorbei, und vom Hafen her war die Glocke des Nachtwächters zu hören.

Der Hilfsprediger hörte zwar das Knirschen ihrer Stiefel auf dem Pflaster, das sich zusehends entfernte. Er wartete jedoch noch eine ganze Weile, bis sich auch das Rauschen in seinen Ohren beruhigt hatte und er sicher aus seinem Versteck kommen konnte. Die alte Bootslaterne, die er aus dem Fischerstadel mitgenommen hatte, musste er der Umstände halber löschen. Welch ein Glück – sie hatten nichts gerochen.

Er haderte nun mit seiner Ungeduld. Lange war er oben in der Kammer gelegen, und nachdem die Kammertüre der Muhme endlich ins Schloss gefallen war, konnte er die Länge der Minuten nicht mehr ertragen und war aufgebrochen. Wie konnte er es nur wagen, so früh schon unterwegs zu sein? Allemal hätte er einen Grund angeben können, zu dieser Zeit auf der Straße zu sein, falls ihn die Gendarmerie aufgehalten und befragt hätte. Was man hörte, waren sie darin sehr gewissenhaft und notierten sich die Namen und die Umstände des Antreffens. Unentschlossenheit packte ihn. Waren die zwei Kerle wirklich verschwunden? Wartete nicht draußen eine Falle auf ihn? Dieses enge Zitronengässele allerdings – es war selbst wie eine Falle.

Der Blick des Hauptmanns der Stadtwache war ihm zuletzt schon äußerst argwöhnisch vorgekommen, und es galt jedes Zusammentreffen mit wem auch immer zu vermeiden. Misstrauisch und wachsam trat er hinaus in die enge Gasse. Es schien sicher zu sein. Mit kurzen leisen Schritten eilte er zurück zum Haus, wo er leise die Tür öffnete. Schlösser, Riegel und Scharniere hatte er sorgfältig mit neuem Öl versehen, weswegen nichts quietschte oder knarrte. Sorgsam nahm er die alten Schuhe ab, die weder am Absatz noch an der Sohlenspitze Stoßeisen aufwiesen, was ihm ermöglichte, lautlos wie ein Geist unterwegs zu sein.

Der Gedanke gefiel ihm – ein Geist zu sein. In der Stube hielt er inne und lauschte. Alles war ruhig im Haus. Er stellte die Laterne auf die Bank, fühlte und horchte in sich hinein. Erst jetzt merkte er, wie sehr die Kälte in ihn gekrochen war. Er nahm den warmen Backstein aus dem Ofen, wickelte ihn in ein Tuch und schlich hinauf in die Kammer, wo er sich aufs Bett legte, den Stein auf dem Bauch, die Hände drumherum. So flackte er da, starrte in das Dunkel und wartete. Er, der böse Geist dieser reichen Stadt, die ihn ablehnte. Die Gefahr, der er in der Hofnische entkommen war, sie stachelte das Böse in ihm regelrecht an.

*

Christian war auf seinem Heimweg im Zickzack durch die engen Seitengassen gezogen und schließlich, als er nichts Verdächtiges mehr feststellen konnte, nach Hause gegangen, wo er voller innerer Unruhe im Sessel saß und nachdachte. Er wurde dieses Gefühl nicht los, in dieser Nacht besonders aufmerksam sein zu müssen. Er legte noch ein paar Scheite in den Kamin, den schweren Wintermantel breitete er über den Kaminsims. Er würde unterwegs sein in dieser Nacht, rund um die Hofstatt.

Katharina nahm seine Stimmung wohl wahr. Ein wenig machte sie sich Sorgen wegen der imaginären Bedrohung. Mehr noch aber war sie froh um Christian. Sie sprach sich mit den Mädchen ab und übernahm die ersten zwei Stunden der Wache nach Mitternacht. Wenn wirklich etwas passieren sollte, musste es schnell gehen. Bündel waren gepackt mit dem Wichtigsten. Ein wenig zog das Gefühl in die Häuser ein, man befände sich wieder im Krieg.

Auch der Collector war von dem Gefühl der Bedrohung eingenommen, welches die Stadt heimsuchte, und diese düstere Stimmung lockte dunkle Momente der Vergangenheit hervor. Der erbärmlichste Moment jedoch, der über allen Schmerzen stand, war jener, als er kurze Zeit nach dem Tod des Onkels von einer Reise zurückgekehrt war und fassungslos vor dem Totenbrettl stand, das er diesem guten Menschen errichtet hatte – schäbig eingehaust in einen Verschlag aus maroden Brettern, wo immer sie herstammten. Unmenschlicher Hass wurde aus dem Werk gewärtig. Ein Bauer, der gerade vorbeikam, half ihm voller Verständnis, die Teufelei zu beseitigen. Wer konnte einem so guten Menschen wünschen, möglichst lange im Fegefeuer zu leiden?

Im Dorf hatte er damals energische Nachforschungen angestellt; man wusste vom Aufenthalt zweier Männer, die im Gasthof übernachtet hatten und von weit hergekommen waren. Vom Wirt bekam er die Namen – Ernst Kringlin lautete der des Jüngeren.

Gewiss, der Onkel war ein Mensch von veritabler Bildung, der vor allem die schönen Seiten des Lebens schätzte – die Kunst, die Frauen, gutes Essen und noch mehr guten Wein. Da alle Begabungen eines Menschen in die universelle Waage des Ausgleichs gebracht werden, litt daher der Sinn für Realität, mehr noch der für ein ökonomisches Geschäftsgebaren. So viel er auch vom Oheim über Kunst gelernt hatte, mehr und tiefschichtiger, als er es woanders hätte erfahren können, so wenig war ihm vom kleinen Schloss, den Wäldern und Feldern geblieben. Schulden allemal. Erst nach schlimmen Tagen, Wochen, Monaten wurde er sich des Schatzes bewusst, der ihm wirklich hinterlassen worden war: Das Wissen von und über die

Kunst, was ihm erlaubte, in Zusammenkunft mit seiner ökonomischen Fähigkeit wieder zu Wohlstand zu kommen.

Dennoch war er hier in dieser Stadt, um Vergeltung zu üben. Ohne die Genugtuung daraus würde er kein befreites Leben mehr führen können. Sollte ihm etwa ein dahergelaufener irrer Feuerteufel in die Quere kommen? Er nahm den Mantel vom Stuhl, warf ihn über, holte Handschuhe und eine warme Mütze. Drunten saß der Wirt mit einem Burschen bei flackerndem Kerzenlicht und sah ihn überrascht an. »Ich habe kein gutes Gefühl«, sagte er, »ich will draußen sein.«

In den Straßen, Gassen, Durchgängen und versteckten Abzweigen fand er sich inzwischen selbst bei Dunkelheit und Nebel gut zurecht. Sein Weg führte ihn am Haus der Kringlins vorbei, wo er auf zwei Posten der Gendarmerie traf, seinen Namen gleich nannte und einen kurzen Schwatz hielt – leise, mit unterdrückten Stimmen. Danach lief er hinüber zum Wirtschaftshof des Hauses, in dem sich die Kammer mit der heilsamen Salbe befand. Im Hof blieb er stehen und lauschte. Keine ungewöhnlichen Geräusche. Er überlegte, ging dann aber die Holztreppe zu Galerie empor und pochte leise an der Tür. Warten, lauschen. Es überraschte ihn, wie sehr er sich wünschte, die Tür würde sich öffnen.

*

Joseph Gaiserle lag immer noch auf dem Bett, wo er bis lange nach Mitternacht wartete. Zweimal hatte er den Nachtwächter hören können, wie er durch die Gasse direkt am Haus vorbeigezogen war, das andere Mal auf dem Weg vom Looser Turm her, auf der Mauer zur Carolinenbastion, seine Sprüche rufend und die Glocke schlagend.

Er schlich hinunter, nahm die Laterne erneut auf, horchte ins Haus, wo sich nichts regte außer dem leisen Knacken der Glut unter der Asche im Ofen und dem Stöhnen des Gebälks. Die weichen Schuhe streifte er im Gang über die Füße und schlich hinaus, blieb im Schatten der tiefen Türnische stehen, um sicher zu sein, nicht entdeckt zu werden. Nichts war zu hören. Das Gefühl von Macht und Stärke quoll in ihm und ließ ihn sich größer und stärker fühlen. Wo sollte er sich hinwenden? Er wollte sich treiben lassen. Die Höfe, in denen Hunde wachten, hatte er ausgekundschaftet und hielt sich von ihnen fern.

Vorsichtig, von Mauervorsprung zu Mauervorsprung, immer wieder im Schatten eines Torbogens, eines Kellerzugangs, einer Nische innehaltend, arbeitete er sich weiter wie ein böser, dunkler Geist. Mit einem Mal erkannte er den breiten Eingang zur Hofstatt. Der Nebel nahm einem wirklich das Gefühl für Distanzen.

Sollte er? Sollte er es wirklich wagen? Würden sie nicht Wachen aufgestellt haben, die patrouillierten? Und dieser Christian, der zu allen Schrecklichkeiten fähig war, wenn man glauben konnte, was erzählt wurde. Würde er im Bett liegen und schlafen oder nicht selbst draußen sein und wachen? Schon einmal war er ihm heute näher gekommen als es gut war. Doch er hatte ihn weder finden noch ahnen können. Die Vorstellung, gerade diesen *Mauchin* endlich zu zeigen, wie sehr sie auch nur Menschen waren, jagte ihm erregte Schauder über den Rücken. Der Nebel war noch dichter geworden, die Kälte biss um sich. Vor allem an seinen Füßen nagte der Schmerz, der dünnen Sohlen wegen. Die Laterne war gut präpariert und gab keinen Schein von sich, ein wenig Wärme wenigstens, weswegen er sie häufig von der einen zur anderen Hand wechselte und nah am Körper hielt. Die Mauer zur Hofstatt war schon erreicht. Wie an jedem Abend würde die Postkutsche für den nächsten Tag im Hofraum stehen, wo sie in der Früh von den Burschen aufgeschirrt wurde. Auch sie wäre ein lohnendes Ziel. Er drückte sich an der Mauer entlang, drei Schritte, warten, lauschen, weiter. Langsam und leise kroch er voran.

*

Christian hielt es im Haus nicht aus und war hinunter in den Hof gegangen. Selbst das nächste Gehöft konnte man in der Nebelsuppe nur mühevoll als dunklen Schatten bestimmen, und auch die Postkutsche, die für den nächsten Morgen zum Anspannen fertig im Hof stand, war nur als unförmiger Schatten wahrzunehmen.

Er wollte Katharina, die Kinder und die Bediensteten im Haus wissen, positionierte seinen kernigsten Pferdeknecht im Stall, wo er auf einer Liege wachen sollte, und organisierte die Wachwechsel.

Nachdem er alles veranlasst hatte, ging er durch den vorderen Trakt, vorbei an den aufgetürmten Heu- und Strohbergen, die bis unters Dach reichten, hinüber zu den Pferden. Wärme umfing ihn und eine besondere Art von Frieden, wie er sich unter Tieren finden lässt. Einige Pferde bliesen laut durch die Nüstern, mehr nicht. Über ihr Fell lief ein Zittern, als er sie im Vorbeigehen tätschelte, ansonsten strahlten ihre kraftvollen Körper Ruhe aus und Grundvertrautheit.

Er zurrte den Wintermantel zurecht, suchte sich eine versteckte Ecke, klappte den pelzbesetzten Kragen hoch und hockte sich auf einen Schemel, den ein Lammfell weich und erträglich machte. Hier wartete er und horchte in die Nacht. Bald fühlte er die innere Ruhe und ortete die Geräusche, die von der Stadt kamen.

In den Nebel mischte sich zunehmend der Rauch aus den Schornsteinen, der niedergedrückt wurde – einmal würzig, ein andermal stechend. Aus dem Unsichtbaren – Hundegebell, die Nebelglocke, der Stundenschlag, dazu die Winterkälte, die in jede Ecke kroch. Es war in der Tat wie früher im Krieg – in den Nächten vor einer Schlacht auf Wache. Wache! Herrje, wie oft war er Wache gegangen. Schon als er vor vielen Jahren mit den Vermessern im Land umherreiste, war ihm diese Aufgabe als Jüngstem oft zugeteilt worden. Später, im Krieg, an jenen Tagen, die bedeutsam waren, hatte er sich oft ein Versteck gesucht und gewartet – auf den Feind. Aus der Ferne kamen damals ganz andere Geräusche. Kanonendonner, Salven, der Tross bei Verlegungen mit der typischen Geräuschwolke aus Geklapper, Geklirr, Geschrei und den aufgeregten Lauten der Tiere, manchmal ein Schuss. Er geriet trotz der Kälte in die Welt der Erinnerungen und darüber ein wenig ins Dösen. Diese Aufregung, die einen vor den

Gefechten erfasst hatte, das innere Beben. Ein wenig davon, nur ein wenig, war mit den Bränden in die Stadt gekommen, da mochte Frieden sein, wie er wollte.

Ein Geräusch holte ihn aus seinem nostalgischen Schlummer. Einer der Friesen im Stall hatte mit dem Huf aufgeschlagen. Er wartete. Wenn ihn wirklich etwas Fremdes aufgestört hatte, dann musste das Schnauben bald kommen.

Da war es!

Er richtete sich leise auf, seine Muskeln spannten sich. Langsam erhob er sich, jedes Geräusch vermeidend, und horchte in das Imaginäre, das ihn umgab. Nichts.

Eine der Norikerstuten schnaubte jetzt.

Er kannte jedes seiner Tiere, wusste ihre Bewegungen, ihre Laute exakt zu deuten. Diese beiden waren die Nervösesten der aktuellen Belegung. Er wollte nicht wissen, was sein Lipizzaner veranstaltet hätte, heißblütig wie er war. Doch der stand drüben auf der Weide bei seinem Steppenpferdchen.

Zweifelsfrei war jemand in der Nähe des Hofraums, da war er sich sicher, und es musste auf eine hinterhältige, heimliche Art und Weise erfolgt sein, wenn kein Tritt, kein Laut, kein »Hallo« zu hören war. Er konnte ihn regelrecht spüren – diesen Fremdkörper, die Gefahr – doch um sich herum war nur die Schwärze der Nacht, in welcher es sich der Nebel gemütlich gemacht hatte. Es war anstrengend, still zu stehen, in ein Nichts zu schauen und zu lauschen.

Im Stall kam nun ein wenig mehr Unruhe auf. Andere seiner Pferde schnaubten, klapperten mit den Hufen, beruhigten sich aber wieder.

Er atmete langsam, gleichmäßig und lange aus, um das Rauschen im Ohr zu verhindern, das man beim Horchen nicht gebrauchen konnte.

Wer verdammt war das? Wieso hörte man keinerlei Schritte, kein Knirschen? Bei diesem Wetter musste man doch Stiefel tragen. Er richtete sich langsam auf und tat drei vorsichtige Schritte in den Raum vor ihm. Einige Meter entfernt stand die Postkutsche. Wer in Richtung des Stalls wollte, musste zwischen ihm und der Postkutsche hindurch, und in diesem Fall müsste er wenigstens einen Schatten wahrnehmen. Er tat noch einen Schritt. Jetzt fühlte er sein Herz pochen. Der schwarze Umriss des Gefährts skizzierte sich in Fragmenten, je nachdem, wie sich das Gewebe des Nebels umschichtete. Seine rechte Hand fuhr nach unten zum Stiefelschaft, wo in einer fein gefertigten Scheide der Dolch steckte. Er zog ihn sachte und fasste den Griff so, dass die Klinge auf seinem Unterarm auflag. Nahkampf! Jetzt mochte kommen, wer wollte.

Joseph Gaiserle war inzwischen im Hof angelangt und hatte sich in den Schutz der Silhouette der Postkutsche begeben. Behutsam betastete er das Gepäckbrett der Kutsche, denn wo man nichts sehen konnte, musste man fühlen. Am hinteren Ende kam er nicht in Richtung der Stallungen weiter. Kisten und Fässer versperrten den Weg, und vorne an der Deichsel musste er aufpassen, um nicht eine der Ketten oder einen Riemen zu berühren oder gar daran hängen zu bleiben.

Er ergötzte sich an der Situation und musste innehalten, seine Gefühle zu bezähmen. Nur wenige Meter entfernt von ihm, im großen Gehöft, das als gewaltiger dunkler Block erschien, da hockten sie – *die Mauchin* – die dreiste Schönheit und ihr welscher Offizier. Na, die würden Augen machen!

Fast wäre ihm ein Lachen entfahren. Er lauschte und tat einen Schritt vorwärts. Eingelullt von seinem Überlegenheitsgefühl stieß er an einen Achsbolzen, der ein Stück zu weit herausragte. Er geriet, der Vorsichtigkeit seiner Schritte wegen, ins Wanken, und tatsächlich schwang die Laterne in der Halterung und trotz aller Vorbereitung und Vorsicht war ein leises Quietschen zu hören. Es durchdrang ihn, so leise es auch war, wie ein Messerstich. Sein Gesicht verzog sich zu einer Grimasse. Sekunden, die Ewigkeiten wurden. Die Ohren spitzen, horchen – trotz des Schrecks, trotz der Aufregung. Er spürte eine große Klarheit in sich. Ansonsten war nichts geschehen. Ein Pferd hatte im Stall geschnaubt, aber das taten Pferde nun eben. Ein anderes hatte mit dem Huf aufgetreten, zweimal. Auch das kein Anlass zur Sorge. Alles war gut.

Dennoch war die Euphorie von eben verschwunden, hinabgesaust in ein wildes Tal aus kurzer Angst und heftigem Schrecken. Einem unbewussten Gefühl nach, ohne jeden konkreten Anlass zu haben, geführt wie eine Marionette, handelte er. Sorgsam stellte er die Laterne auf dem Gepäckbrett ab, beließ die mit Wasser getränkte Pferdedecke darüber, ging auf die Knie und schob sich langsam unter die Karosserie des mächtigen Gefährts, wo die Fässer und Kisten seiner dunklen Statur zusätzlich Deckung gaben.

Keine Sekunde zu früh.

Kaum dass er sein Versteck bezogen hatte, knallten die harten Tritte beschlagener Stiefel auf den Pflastersteinen und eine Gestalt hastete aus dem Nebel direkt auf die Postkutsche zu. Während des lauten Getrappels schob er sich ein Stück weiter in Richtung Hinterachse. Draußen trampelten die Stiefel um die Kutsche – rechtsherum, linksherum, weg in die eine, zurück in die andere Richtung. Gaiserle zitterte. Nicht eine Sekunde würde der da draußen mit den Stiefeln zögern – das war zu spüren. Kein Geschrei – nichts Überflüssiges. Pure Entschlossenheit. Vermutlich hatte er eine Lanze, einen Degen, Säbel oder Dolch.

Sein Herz begann zu rasen, als er sah, wie die Schritte langsamer wurden und der Körper sich hinter der Kutsche auf die Knie senkte. Ein lauter Ruf schallte durch den Hof, und die Pferde im Stall wurden laut. Das Getrappel im Hof hatte sie alarmiert.

Joseph Gaiserle nutzte die kleine Chance, als Christian sich wieder erhob und einige Schritte auf den Burschen zuging, der aufgeregt rufend aus dem Stall kam. Sobald die Umrisse der Gestalt im Nebel nicht mehr zu erkennen war, krabbelte er behände aus seinem Versteck und weiter zur Zufahrt, wo er mehr Dunkelheit um sich fühlte. Dort erst richtete er sich auf, und wie im Rausch, benommen vor Angst und Erregung, rannte er zur Gasse. Heim, nur heim. Es dauerte nicht lange und er hörte hinter sich die Stiefel auf dem Kopfsteinpflaster. Er wurde verfolgt.

Christian war, nachdem er die Laterne auf dem Gepäckbrett gefunden hatte, seiner Intuition folgend durch die Carolinenstraße gerannt und in die Gasse eingebogen, den Dolch bereit.

Als Joseph Gaiserle die Wohnungstür erreichte, presste er sich in die tiefe Türnische, vorsichtig steckte er den Schlüssel ins Schloss. Die Verriegelung öffnete sich ohne jeden Laut, ein sanfter Druck gegen die Tür – nichts! Sein Herz blieb vor Schreck einen Moment lang stehen. Er stemmte sich gegen die Tür, doch die bewegte sich keinen Millimeter.

Von der anderen Seite waren nun Stimmen und Schritte zu hören. Eine Streife der Gendarmerie kam vom nördlichen Seeufer und so geriet er in eine schreckliche Lage. So sehr er auch drückte und hebelte, die Türe tat sich nicht einen Spalt auf. Jemand, ja wer schon, musste von innen den Sperrriegel vorgezogen haben. Er zitterte am ganzen Leib. Gleich würden sie ihn haben.

Er presste sich in die Nische, hörte, wie Christian nur wenige Meter entfernt stehen blieb und rief: »Wer da?! Christian … von den Mauchin hier.«

Die beiden Gendarmen unterbrachen ihr murmelndes Geschwätz, beschleunigten ihre Schritte in die Richtung, aus der sie angerufen worden waren und passierten die Tür nur zwei, drei Meter entfernt, ohne ihr auch nur einen Blick zu schenken.

Gaiserle verfolgte das Gespräch der drei. Nein, die Gendarmen hatten niemanden gesehen, niemanden gehört und auch sonst nichts Verdächtiges wahrgenommen, und entgegengekommen war ihnen hier in der Gasse auch niemand. Die Enttäuschung in Christians Stimme war hörbar.

Joseph Gaiserle meinte, alleine das Pochen seines Herzens, das Rauschen in seinen Ohren müsse ihn verraten. Dazu raste der Zorn, nein, der Hass auf die Muhme in seinem Leib wie ein wildes Tier. Diese Kreatur – sie musste den Sperrriegel vorgelegt haben! Nie, noch nie hatte er oder sie das getan. Was wusste sie? Welches Spiel trieb sie mit ihm? Hockte sie vielleicht drinnen und lachte oder stand sie gar auf der anderen Seite der Tür und ergötzte sich an seiner Angst?

Die drei Männer entfernten sich zur Carolinenstraße hin. Christian war über die Maßen enttäuscht. Sehen hatte er nichts können und er war seinem Gefühl nach durch den Nebel gerannt – er hätte schwören können, vor ihm sei eine Gestalt geflüchtet.

Eine ganze Weile blieb Joseph Gaiserle noch in der dunklen Nische. Sollte er klopfen, rufen? Es würde zu viel Aufmerksamkeit erregen. Wer wusste schon, wer in welcher Ecke hockte und mithörte, wo es schon nichts zu sehen gab. Vorsichtig zog er den Schlüssel wieder aus dem Schloss und fühlte dabei den anderen Schlüssel – den für St. Stephan.

Er trat hinaus auf die Gasse, nur eine Armlänge von der Nische entfernt fühlte er sich einem Kerker entronnen. Vom Inselkern her waren Stimmen zu hören, dazu die Schritte vieler. Es klang nach einer Mobilisierung.

Ohne Umschweife begab er sich hinauf zum Kirchplatz und klapperte gereizt mit dem Schlüsselring. Vor der Stadtwache herrschte Auftrieb. In der Tat hatte eine Art Mobilisierung stattgefunden. Als er kurz vor St. Stephan anlangte, wurde er von der Wache aus angesprochen: »Wer da!?«, blaffte der Stadthauptmann streng.

Er ging auf die Stimme zu und der missmutige Kerl sah ihn konsterniert an: »Soso, der Herr Hilfsprediger. Wohin soll es gehen, zu dieser ungewöhnlichen Zeit?«

»In die Kirche, aufpassen und Vorbereitungen treffen für das Läuten, wenn wirklich etwas geschehen sollte. Man findet ja keine Ruhe in dieser Stadt, angesichts der ständigen Gefahr.«

Dreist wendete er sich ohne weiteren Gruß ab und ging hinüber zu St. Stephan, wo er durch den Chorraum und die Treppe hinauf in die Sakristei kam, die Tür hinter sich verriegelte und am Türblatt hinab auf den Boden rutschte. Endlich in Sicherheit.

Er fror vor Erschöpfung und Kälte. Dennoch sank er in einen tiefen Schlaf, aus dem ihn erst das Sechs-Uhr-Läuten wieder weckte.

Beim Erwachen fühlte er Schmerzen in den Gelenken, eine tief in seinen Körper eingedrungene Kälte und eine lästige Benommenheit. Es dauerte, bis er einordnen konnte, was in der Nacht geschehen war und wo er sich befand.

Umständlich richtete er sich auf, klopfte den Mantel sauber und sah, dass ein großes Stück Stoff am Saumrand ausgerissen war. Im alten Pfaffenstuhl mit dem zerschlissenen Polster fand er fürs erste einen bequemeren Platz.

Zeit, die Geschehnisse zu rekapitulieren. Natürlich hatten sie nun die Laterne, aber was sollten sie schon damit anfangen. Es würde ein exorbitantes Gerede geben, in der Stadt. Aufregung und Angst würden sich weiter steigern – sein Werk. Alles sein Werk. Wer sich traute, die Hofstatt anzugehen, dem war alles zuzutrauen. Er lachte irr und bewegte sich, als gäbe es einen teuflischen Tanz aufzuführen.

Und die freche Mauchin? Wahrscheinlich lag sie heulend vor Angst herum, die Burschen packten schon Kisten und eine Kutsche würde sie wegbringen aus der Inselstadt. Vermutlich hinaus auf ihren Hof. Seltsame Laute kamen aus seiner Kehle, an denen er sich regelrecht ergötzte. An der Angst der anderen richtete er sich zusehends auf. Um die Kälte aus den Knochen zu bringen, lief er hin und her, verfiel in eine Art von Singsang; ein dahergemurmeltes, groteskes Gemisch aus Liedtexten, Flüchen, Bibelzitaten, Phrasen und Gebetsfragmenten. Der Nebel hatte sich, wenn schon nicht aufgelöst, so doch halbwegs auf Höhe der Hausdächer gehoben. Als genügend Helligkeit durch die Fenster kam, verließ er Sakristei und Kirche, ging über den Marktplatz, als sei nichts gewesen, und seine wilde Euphorie zerfiel zu Enttäuschung, denn nichts hier deutete auf etwas Ungewöhnliches hin. Die Hausmädchen, Kutscher, Burschen, Lader, Handwerker gingen ohne jede besondere Aufregung ihrer Wege. Keine Spur von Angst. Nirgends stand man aufgeregt zusammen und ratschte oder tuschelte. Am Stift standen zwei Gendarmen – müde und gelangweilt sahen sie aus. Mehr aber auch nicht.

Er wählte den Weg an der Hofstatt vorbei. Der Blick durch die Zufahrt in den Hofraum offenbarte ebenfalls nichts Außergewöhnliches. Die Postkutsche stand vor dem Haus und die Pferdeknechte waren mit dem Aufschirren schon fast fertig.

Die Ruhe, das Gleichmaß des Alltags, es beunruhigte ihn. Diese Stadt hatte er nicht in Angst und Schrecken versetzt.

Er kehrte um und nahm den Weg zur Stadtwache und den zwei Gendarmen. Er versuchte, ein Gespräch in Gang zu bringen, doch sie blieben wortkarg, und aus den wenigen Sätzen, die sie wechselten, war besondere Gefährdung auf Grund der nächtlichen Ereignisse nicht zu entnehmen. Mit aufgebrachten Schritten tappte er nach Hause.

War es denn ein Zuhause? Nein. Was immer es war, ein Zuhause war es nicht.

Die Muhme kam ihm wieder in den Sinn, die in der Nacht aufgestanden war und ihn ausgesperrt hatte. Schon der Gedanke an sie machte ihn rasend.

Sie stand in der Kammer und warf sich gerade den dicken Winterumhang über. Auf dem Tisch eine Schale Suppe, ein Kanten Brot – sein Frühstück. Auch ihr war nichts anzumerken. Sie wechselten nur einige belanglose Worte, dann ging sie.

Er war allein.

*

Im großen Salon in der Hofstatt saßen Christian, Katharina, Franzisca, Lucas, Philipp, der Landrichter und Stadthauptmann beisammen. Es duftete nach Kaffee. Ein jeder hatte eine große Tasse vor sich stehen. Eine Kanne heißer Milch dampfte auf dem Ofensims. Der Stadthauptmann Vitz mochte das neue Getränk nicht, nippte aber höflich an der Tasse.

Es hätte eine gemütliche Runde zu dieser frühen Stunde sein können, wäre der Anlass nicht so beunruhigend und bedrohlich gewesen. Auf dem Tisch stand die Laterne, die Christian auf der Postkutsche gefunden hatte. »Ich war ihm so nahe, so nahe …«, seine Faust fuhr durch die Luft, »ich habe ihn regelrecht gespürt, wenn auch nicht gerochen. Er kann sich doch nicht im Nebel einfach so aufgelöst haben.«

»So nahe jedenfalls, dass er fliehen musste und die Laterne zurückließ«, ergänzte der Landrichter.

Christian wendete sich ihm zu. »Er kann unmöglich weit von hier wohnen. Als ich ihm nachgerannt bin, habe ich seine Schritte gehört und ich könnte schwören, er wäre in die Gasse zur Carolinenbastion vorgerannt. Doch die zwei Gendarmen kamen mir entgegen und …«

»Und?«, fragte Philipp.

»Nichts … nichts und niemand ist ihnen begegnet und natürlich glaube ich ihnen. Aber wo, wo bitte sollte er hinverschwunden sein? Mit einem Geist haben wir nicht zu schaffen, denn der brauchte nicht zu flüchten. Naja, nach oben vielleicht? Könnte er irgendwo nach oben geklettert sein, wie ein Affe? Ein schrecklicher Gedanke.«

»Es war in jedem Falle richtig, die Angelegenheit mit der Laterne nicht an die große Glocke zu hängen. Es würde zu noch mehr Angst führen«, meinte der Stadthauptmann und sah Katharina fragend an: »Wollen Sie mit den Kindern wirklich hierbleiben?«

Sie klang bestimmt: »An keinem anderen Ort wollte ich jetzt, gerade jetzt sein. Soll er sich nur nochmal trauen, was nicht der Fall sein wird …«

»Wie meinen Sie das?«

»Davongerannt ist er, der Hasenfuß. Er hockt jetzt in seinem Loch und hat mehr Angst als wir alle zusammen – glaubt mir nur.«

Christian ging zum Tisch. Neben der Laterne lag ein kleiner Fetzen Stoff, der sich unter dem Eisenring des hinteren rechten Postkutschenrades verklemmt hatte. Er befühlte es zwischen seinen Fingern und reichte es dem Landrichter. »Es ist von ihm. Sein Umhang ist beim Davonrennen hängengeblieben.«

Das schwarze Stoffstück ging reihum, wurde befühlt und begutachtet. Es konnte von sonst einem Mantel stammen. Die Laterne, das wussten sie schon, war aus der Schmiede am Looser Turm. Unter dem Blechsockel hatte der Schmied seine Initialen samt Hausmarke eingeritzt, die jedem in der Stadt bekannt waren. Der Landrichter packte beides, Laterne und Stofffetzen, ein und nahm sie mit in die Amtsstube. Die Runde löste sich auf.

Franzisca war völlig überrascht, die Buben nicht mitnehmen zu können. Sie stand etwas ratlos droben bei Katharina im Zimmer. »Aber … es ist doch viel zu gefährlich, Katharina. Wer weiß, was noch geschehen wird. Bis in den Hof hat er es schon geschafft.«

Katharina blieb unnachgiebig. »Ich gehe nicht aus dem Haus und die Kinder auch nicht. Sie bleiben hier. Wir werden wachen und sie müssen um ihre Zukunft mitkämpfen, so wie du um deine hast kämpfen müssen.«

»Es sind doch noch Kinder«, warf Franzisca ein, »sogar Christian befürwortet es.«

»Wir bleiben alle hier … alle. Es ist schließlich Frieden.« Sie ging auf Franzisca zu und streichelte ihr über den Arm. »Es ist wichtig für sie, glaube mir. Komm, setz dich noch einen Augenblick zu mir, bevor ihr wieder hinaus in eure Einsamkeit fahrt.«

Sie unterhielten sich. Katharina erzählte auch von den Sorgen, die Auguste Kringlin mit ihrem Mann hatte. »Inzwischen hockt er beinahe jeden Tag im Wirtshaus herum und säuft. Nicht selten belästigt er andere Gäste und im *Lamm* wollen sie ihn schon gar nicht mehr haben. Sein Geschäft, das so großartige Chancen gehabt hätte, es verdorrt, und sie kann nichts, aber auch gar nichts dagegen tun.«

Franzisca hatte schon von anderer Seite gehört, es stünde nicht gut um den Gengler. »Hat sie eine Möglichkeit, mit den Kindern davonzukommen?«

»Wie meinst du das?«

»Ja, es wird ruinieren, unweigerlich – wenn alles so ist, wie du es berichtest, dann kann es doch gar nichts anderes werden als ein Bankrott. Was wird dann aus ihr und den Kindern?«

»Darüber haben wir nicht geredet … noch nicht.«

*

Die Tage strebten dem Christfest zu. Schnee war gefallen und wieder getaut. Der Nebel allerdings, er wollte nicht mehr von der Stadt weichen. Selbst der kalte Wind, der immer wieder aufkam und an den Rändern der Insel nagte, schaffte ihn nicht fort, wirbelte nur das dichte milchige Gemenge durcheinander und ließ einen die Winterkälte noch bitterer fühlen.

Am westlichen Rand der Insel, in der geräumigen, kunstvoll eingerichteten Kammer unter dem Dach lag der Collector im Bett und starrte an die Decke, wo seine Augen den Maserungen und tiefen Rissen der Holzbalken folgten und für längere Augenblicke an den Astknoten hängen blieben.

Im Kamin knackten die Scheite und Tannenzapfen, feine Aromen von Harz und trockenem Kiefernholz hingen in der Luft. Von draußen war zu hören, wie Regentropfen auf das Blech aufschlugen; bald würden Schneeflocken daraus werden. Der Gedanke an die nasse Kälte ließ die Stube noch wärmer erscheinen.

Einige Gemälde, die im Lager keinen Platz mehr gefunden hatten, standen offen, an die Wand gelehnt, herum. Landschaften, Portraits, Stillleben. Auf der Kommode ein Stapel Bücher. Neben dem Bett, auf einem Schemel, eine Flasche Wein, zwei Gläser, eine Kerze in einem mit Sand gefüllten Glas.

Er blieb regungslos liegen und suchte nach einer Ordnung in seinen Gedanken. An seiner Brust lag Emilie. Sie schlief. Naja, er war sich nicht sicher. Mindestens döste sie.

Nie hätte er gedacht, jemals wieder entspannt auf dem Rücken liegen zu können, und um sich dessen sicher zu sein, bewegte er leicht seine Schultern.

Überhaupt fühlte sich alles weicher, elastischer und glatter an, seit sie ihn pflegte.

Diese faszinierende Stadt samt ihrer umliegenden, magischen Landschaft fesselte ihn, und seine ehemaligen Pläne lösten sich auf wie der morgendliche Dunst über dem See. Und neben der Inselstadt, die er brauchte, war ihm inzwischen auch der Gedanke unmöglich, ohne Emilie zu sein.

Nicht eine Frage über seine Herkunft, seine Vergangenheit, seine Pläne hatte sie ihm bisher gestellt. Zuerst hatte es ihn befremdet, bis er erkannte, wie sehr sie in sich ruhte. Vielleicht kam es durch ihr Schreiben. Einige ihrer Texte hatte er gelesen. Nichts für ihn. Es war ihm zu blumig, zu romantisch, zu viel heile Welt und Glück. Allerdings traf das den Nerv der Zeit und sie war damit genauso erfolgreich wie mit den Briefen, die sie für Gott und die Welt schrieb.

Ein kleiner Schreck durchfuhr ihn, als sie ihn unvermittelt fragte: »Wieso bist du eigentlich wirklich in die Stadt gekommen?«

Sie schlief also nicht, und – konnte sie Gedanken lesen? Ihre Stimme klang müde, wie durch einen Schleier gesprochen, und das *wirklich* beunruhigte ihn.

Er lachte leise, mit einem nachsichtigen Unterton.

Sie richtete sich etwas auf und stützte sich auf seiner Brust ab. »Sag schon …«

Seine Stimme klang theatralisch. »Ich bin in die Stadt gekommen, um jemanden, der hier lebt, zu töten. Hunderte Male habe ich mir vorgestellt, wie es sein wird, wenn ich ihm das Stilett in die Brust stoße und mein Leben alsdann zufrieden weiterleben kann.«

Sie blieb ernst: »Und aus welchem Grund hast du das Stilett bisher nicht verwendet?«

»Weil ich eine andere Möglichkeit gefunden habe, Rache zu nehmen. Eine Variante, die mir weit mehr Freude bereitet, als jene, die ich zunächst ins Auge gefasst habe.«

»Was muss man tun, dass ein Mensch wie du einen Gedanken ans Stilett hängt?«

»Nun … einmal darfst du nicht vergessen – ich war im Krieg, und im konkreten Falle: meine Familie betrügen, berauben, ihr alle Existenz nehmen … und somit auch meine Lebensgrundlage zerstören …«

»Ah … ich verstehe …«

»Nein, du verstehst nicht, denn ich war noch nicht fertig … und darüber hinaus bis in den Tod hinein ein unmenschliches, abstoßendes Verhalten zeigen.«

Emilie ließ ihren Oberkörper wieder niedersinken. »Oh … das ist in der Tat eine schreckliche Ansammlung von Verbrechen.«

»Das ist es.«

»Versprich mir nur, nicht das Stilett oder andere vergleichbare Instrumente zu verwenden.«

Er küsste ihre Haare. »Versprochen … ich verspreche es dir.«

Sie döste weiter. Er wunderte sich, wie gleichmütig sie seine Ehrlichkeit aufgenommen hatte. Glaubte sie ihm etwa nicht?

Seine Gedanken sponnen bald weiter am zerstörerischen Faden. Sein neues *Stilett* zeigte erste scharfe Verletzungen. Der Gengler war inzwischen ein täglicher Gast in den Wirtshäusern. Zu Anfang dort gern gesehen, nach nur wenigen Wochen hingegen eher gelitten, denn erwünscht.

Die Dinge fügten sich also, und gestern war eine Antwort aus Wien, auf seinen Brief hin, eingetroffen. Nach wie vor lag er ungeöffnet im Schreibtisch, droben in seiner Kammer. An eines hatte er nicht gedacht – das Antwortschreiben würde natürlich von der *Ersten Bank* an ihn gerichtet sein. Wenngleich – wem sollte das auffallen? Er schloss die Augen und gab sich angenehmeren Gedanken hin – ein gutes Abendessen und ein guter Wein waren ein angenehmes Feld dazu. Es wäre an der Zeit, spürte er, Emilie bald offiziell an seiner Seite zu zeigen. Und es wäre auch weit angenehmer, einen Abend mit ihr zu verbringen – in einem Haus dieser Inselstadt, welches ihm gehörte und das sein eigenes Reich begründete.

Am Abend öffnete er den Brief aus Wien und überflog die Zeilen. Ein breites Grinsen machte sich auf seinem Gesicht breit, das im Schein der flackernden Kerze etwas Dämonisches in sich trug. Er hatte die *Erste Bank* angeschrieben, das Ansinnen mitgeteilt, sich als in Lindau ansässiger Kaufmann umfangreicher finanziell engagieren zu wollen, und nachgefragt, wo eine Kontaktmöglichkeit bestünde.

Höflich verwies die Wiener Bank darauf, in der Inselstadt selbstverständlich eine Vertretung zu haben, nannte ihm den Kringlin und riet ihm, bei diesem mit seinem Anliegen vorstellig zu werden. Natürlich würden nun Fragen auftauchen, aus welchem Grund ein Geschäftsmann in Lindau nichts von einer Vertretung ihrer Bank in der Stadt wusste. Die Dinge fügten sich also.

*

Zu den Christfeiertagen hin löste sich der Nebel von der Welt am See. Das Klamme verschwand ebenso wie die Tage und Nächte, an denen man nur Konturen der Umwelt wahrnehmen konnte. An den ersten klaren Tagen bewegten sich die Menschen samt den Tieren noch vorsichtig, im Geist noch der Furcht nahe, etwas zu übersehen, hängenzubleiben, sich zu verlaufen.

Aus dem klaren Himmel fiel nun ein hemmungsloser Frost auf die Stadt nieder. An den Ufern bildeten sich unvermittelt Eisflächen, und im Hafen wehrte man mit Stangen und Eisen dem Einfrieren der Schiffe.

Nachts hingen die Sterne wie Eiskugeln am Himmel – klar, schimmernd, unerreichbar und unnachsichtig.

Endlich fiel Schnee, überzog Land und Stadt mit einer weichen Decke, was die Geräusche minderte und die Kälte erträglicher machte. Draußen lag der See wie in einem Zwischenraum der Jahreszeiten – ungerührt von allem – wie ein Tier, das ruhte und von dem man niemals wissen konnte, ob es zahm war oder wild.

Auguste Kringlin saß droben im großen Arbeitszimmer ihres Mannes am Schreibtisch und sortierte Briefe, die ungeöffnet herumlagen. Der lag zwei Stockwerke tiefer auf der Chaiselongue neben dem Kachelofen und schlief seinen Rausch aus. Zu einem vernünftigen Gespräch war er seit dem Herbst nicht mehr willens und inzwischen auch kaum mehr fähig. Er zog durch die Wirtshäuser, hockte dumpf am Tisch und führte Selbstgespräche, fabulierte groteskes Zeug. Niemand nahm ihn mehr ernst und keiner konnte verstehen, was ihn in einen solchen Verfall hatte bringen können, wo doch alles so gut gerichtet war – das Inselhaus, eine patente Frau, gesunde Kinder, die Vertretung einer Wiener Bank – und ein alter, wohlklingender Hausname dazu, einer, der etwas galt in der Stadt.

Auguste Kringlin öffnete mit banger Vorahnung und zittrigen Fingern einen Brief, der gerade aus Wien eingetroffen war. Die wenigen Zeilen bestätigten ihre schlimmsten Vermutungen. In geschäftsmäßigem Ton zeigte man Bedauern an dem geringen Erfolg, der im Laufe des vergangenen Jahres erzielt werden konnte und kündigte die geschäftliche Verbindung zwischen *Erster Bank* und dem Herrn Ernst Kringlin auf. Entsprechende Schriftstücke würden in Kürze zugeleitet werden.

Lange saß sie im Sessel, hielt das Dokument in der Hand und sah in ein imaginäres Nichts. Da war es nun, das lange erwartete *Aus*.

Vor einigen Tagen war sie am Inselgraben gewesen, bei der Inselhexe, wie sie hinter vorgehaltener Hand von manchen genannt wurde, um ihr Schicksal mit ihr zu besprechen. Ohne jede Regung hatte die Alte ihr zugehört und dabei ihre Kräuter gerupft, sortiert und in Tücher gewickelt. Sie bei dieser einfachen Arbeit zu beobachten, verschaffte Auguste alleine schon Erleichterung. Sie konnte erzählen, erzählen, erzählen und niemals musste sie eine Frage beantworten. Manchmal ließ die Alte einen Laut hören – mehr nicht.

»Ich weiß einfach nicht, was ich machen soll«, sagte sie, als sie zu Ende gekommen war.

»Machen? Ja, was sollst da noch machen wollen, wenn der Satan die Finger in die Beine einer Seele geschlagen hat und sie nach unten zieht. Aber etwas kannst für dich und die Kinder schon machen. Gib ihm jeden morgen, jeden Mittag und jeden Abend eine Tasse Schnaps. Das kannst noch machen, um es schneller werden zu lassen.«

Später, wieder zuhause und drunten in der Küche, richtete sie mit der Köchin das Essen für die Kinder und die Bediensteten, nahm einen Becher mit in die Stube, schenkte kräftig Weinbrand ein und stellte ihn neben die Chaiselongue.

Sollte Satan seinen Willen bekommen.

Am Abend suchte sie Katharina auf und erzählte ihr alles.

Deren Bestürzung war groß, und was den Schnaps anging, so war Katharinas Gefühlswelt zwischen Abscheu vor der Skrupellosigkeit und Bewunderung der Entschlossenheit hin- und hergerissen.

Ihre moralische Einordnung ließ sie schnell sein, denn auf einmal kam ihr die Nacht wieder in den Sinn, als sie draußen am Mauchinhof den Soldaten getötet und in den See verfrachtet hatten.

Niemand, niemand wusste bis heute davon – nur sie und ihre Mutter.

Also umarmte sie Auguste und drückte sie fest an sich. Was sollte man auch zu der vertrackten Situation sagen – es gab keine Worte dafür, die hätten helfen können.

Es war auch für sie schwer, denn so besoffen der Gengler auch sein mochte, kam in seinem wirren Geplapper immer wieder der Name Mauchin vor, was bei dem ein oder anderen die Frage aufkommen ließ, was die wohl mit dem Zustand des Kerls zu schaffen haben mochten.

»Wie soll es nun weitergehen?«, flüsterte Katharina, als sie beide sich wieder beruhigt hatten.

»Das wird sich weisen«, meinte Auguste mit finsterer Festigkeit.

»Du wirst das Haus nicht halten können, und wovon willst du existieren, du und die Kinder?«

Auguste lachte bitter. »Mein Vater, von dem ich nie viel gehalten habe, weil er nur Interesse an meinem Bruder zeigte, er hat eine Sicherung für mich hinterlegt, die mein Bruder verwaltet. Ich kann darauf zugreifen ... in diesem Fall ...«

»Dein Vater?«

»Ja. Ich habe es nicht als das wahrgenommen, was es ist, und erst jetzt offenbart es für mich seinen Wert. Offensichtlich hat er doch mehr an mich gedacht, als ich das geglaubt habe. Und er scheint mehr geahnt zu haben, als ich mir wünschen würde – weshalb hätte er sonst auf eine solche Weise für mich vorgesorgt?«

»Trotzdem wirst du den Haushalt nicht halten können.«

»Das nicht ... aber ...«, sie lächelte.

Katharina schüttelte energisch den Kopf. »Der Musicus?! Nein, das kannst du nicht wagen! Denke nicht einmal daran. Es wäre ein Skandal, Auguste! Du musst warten, lange warten, sonst würde man dich für alles Elend, für den ganzen Niedergang allein verantwortlich machen.«

»Aber das weiß ich doch. Ich werde warten ... hab keine Sorge.«

*

Zum Christfest lag tiefer Schnee bis hin zum Ufer und von dort auf den Eisflächen weit hinein, wo die weißen Kanten letztlich auf stahlgraues Wasser stießen.

Unter dem Schnee lag hartgefrorener Boden, was den Wechsel von der Kutsche auf den Schlitten für die Fahrten zwischen dem Mauchinhof und der Inselstadt sinnvoll erscheinen ließ, weswegen Lucas und der Schniefer den großen alten Schlitten aus dem Stadel geholt hatten.

Die beiden Kaltblüter dampften in der Winterkälte, als sie in der Abenddämmerung mit Katharina, Christian und den Kindern am Hof ankamen. In der Stube war es warm und roch nach gegrillten Nüssen. Lucas erzählte den Buben Geschichten von Hexen, die zum sternklaren Himmel aufstiegen, von Fischern, die am Grund des Sees schliefen und nur in der Christnacht aufwachten, nach oben stiegen und dort Fontänen aus Eiskristallen in die Nacht bliesen.

Das Essen wurde aufgetragen: Bratwürste, Kraut, Gans, Ribisl, Bratäpfel und Nüsse. Der Schniefer, Bernadette, die Pferdeknechte und Hausmädchen hockten in der Stube verteilt, bis weit nach Mitternacht.

Auf der Insel ging es im Haus des Hilfspredigers reservierter zu. Er saß bleich, mit maskenhaftem Gesicht am Tisch. Er bestand nur noch aus Haut und Knochen; die Gesichtshaut lag faltig über den Kieferknochen und seine Augen wirkten größer in dem abgemagerten Schädel.

Er aß seit Wochen kaum noch etwas und war daher kaum ansprechbar vor Schwäche. Was er trieb, ging weit über das normale Fasten hinaus, wodurch die Muhme zusehends Angst bekam, sich fürchtete, mit ihm zusammen zu sein. Manchmal redete er wirres Zeug.

Die Muhme war in der Stadt inzwischen als eine kunstfertige Stickerin bekannt, und ihre Honorare überstiegen ihre kühnsten Vorstellungen. Es hatte viele Wochen gedauert, bis sie sich darüber im Klaren war, welche Möglichkeiten, ja welche Freiheiten ihr diese Einkünfte erlaubten. Wenn sie still am Tisch saß und stickte, verloren sich ihre Gedanken immer öfter in Phantasien, und mit der Zeit entdeckte sie, dass viele dieser Tagträume gar keine waren, sondern sich wahrhaftig realisieren lassen konnten. Immer stärker rückte der Wunsch ins Zentrum ihrer Überlegungen, unabhängig und selbstständig in der Inselstadt leben zu können, womit sie vor allem ein Leben alleine, ohne *ihn*, meinte. Die ständige Beschäftigung mit diesem Gedanken ließ sie Dinge denken, die ihr wie aus einer fremden Welt vorkamen. Sie sah sich in einer eigenen kleinen Stube am Fenster sitzen und sticken. Niemandem war sie Rechenschaft schuldig, niemandem musste sie den Haushalt führen – eine geradezu unfassbare Vorstellung, die sie in mancher Nacht überhaupt nicht zur Ruhe kommen ließ. Darüber wurde ihr die Haushaltsführung für den Hilfsprediger zunehmend lästig und machte sie verdrießlich. Sie kochte nicht mehr regelmäßig, nähte und stopfte nur noch widerwillig seine Sachen und gab nicht mehr acht auf sein Erscheinungsbild. Wie hatte es überhaupt kommen können, dass sie sich um ihn gesorgt, sich verantwortlich für ihn gefühlt hatte? Wie nur?

So nahm ein Prozess der Distanzierung der beiden voneinander seinen immer schnelleren Fortgang – von Stunde zu Stunde, von Tag zu Tag und von Woche zu Woche wurden sie einander fremder, bis sich keiner mehr erinnern konnte, aus welchem Grund sie überhaupt zusammen in dieser Wohnung lebten.

Sie war nurmehr allein in der Stadt zu sehen, mied es gar, mit ihm zusammen gesehen zu werden und besuchte seine Gottesdienste nicht mehr, ging stattdessen in jene des Stadtpredigers, der seinen Hilfsprediger ausschließlich die weniger bedeutsamen Gottesdienste verrichten ließ.

Da er gerne eingeladen wurde, selbst gerne eingeladen war und nicht zu den ersten gehörte, die die fremden Tafeln verließen, brauchte er an manchen Wochenenden ausgiebiger Ruhe.

Für den Hilfsprediger war es grauslich, in der Früh in der Kirche zu sein, im Wissen, der Prediger lag vollgefressen und vollgesoffen im Bett.

So lebten Hildegund Zschuk und Joseph Gaiserle nebeneinander her. Am Weihnachtstag, nach dem Gottesdienst, ergab sich ein Gespräch der Muhme mit den Schindlins und einigen anderen Leuten, die sich vor dem Cavazzen zusammenfanden. Darin war von einer kleinen Wohnung die Rede, die in einem Häuschen an der Maximiliansbastion frei und zu vergeben war. Die Muhme zeigte sofort Interesse und wusste ebenso gute Gründe dafür zu nennen – einmal die geplante Ausweitung ihrer Arbeit, was die Schindlins erfreute, ohne dass sie es zeigten. Natürlich war es auch lichter und freundlicher dort, vor allem im Morgenlicht, was die Arbeit an den kunstvollen Stickereien vereinfachte.

Der immense Verkehr, der tagein, tagaus über die Landthorbrücke fuhr, störte sie nicht, ganz im Gegenteil fand sie es aufregend. So ganz anders eben als in der düsteren Gasse, wo man nichts sah als nur die dunklen Mauern der Nachbargehöfte und ein wenig Himmel darüber.

Ganz beschwingt machte sie sich auf den Nachhauseweg, fühlte sich warm und wohlig, trotz der winterlichen Kälte. Der eisige Wind verebbte gerade und Schneeflocken fielen herab, erst verhalten, dann immer flockiger und dichter. Als sie in der Nische vor der Tür stand, bedeckte bereits eine weiße Schicht Dächer und Straßen.

Drinnen war es weder warm noch wohlig. Sie feuerte ein und öffnete den Zug, dass es richtig prasselte. Die Decke über ihr knackte. Er war also droben in der Kammer.

Es schüttelte sie regelrecht, wenn sie nur an ihn dachte, und sofort ging ihre Phantasie spazieren. Sie sah sich an einem Fenster sitzen, blickte hinaus auf den See, auf die Landthorbrücke, wo Karren, Kutschen und Reiter einander begegneten – gab es Schöneres?

Gerade als sie eine Kerze entzünden wollte, weil es zu dunkel wurde, um zu sticken, sah sie draußen in der Gasse eine Gestalt stehen. Erschrocken trat sie einen Schritt zurück. Hinter den gehäkelten Vorhängen, im Dunkel der Kammer konnte niemand von draußen sie sehen.

Nach einer Weile erkannte sie den Kerl, der da etwas unschlüssig herumstand und den Blick auf die Eingangsnische ihrer Wohnung gerichtet hatte – es war der Hauptmann der Stadtwache. Was wollte er da draußen und warum klopfte er nicht an der Tür?

Gottlob Christian Vitz, Hauptmann der Stadtwache, hatte seit Tagen keine Ruhe gefunden. Was, wenn der Lump an den Weihnachtstagen zuschlagen würde? Die Auswertungen und Dokumente über die Ankömmlinge in der Stadt seit Jahresbeginn waren ihm inzwischen auch vorgelegt worden. Ausgiebig hatte er sie studiert und mit den Namenslisten verglichen, die sie bei den letzten Bränden angefertigt hatten.

Heute nun war er nochmals von der Hofstatt aus jenen Weg gegangen, den Christian bei seiner Verfolgung genommen hatte. Was ihn stutzig machte, war dieses unerklärliche Verschwinden des Flüchtenden, denn einer Sache konnte man sicher sein: Christian Ganal war niemand, der sich etwas einbildete. Wenn er sagte, er sei den Schritten bis hierher in die Gasse gefolgt, dann war es auch so. Den beiden Gendarmen war aber niemand entgegengekommen. Was also, wenn der Kerl nach links oder rechts verschwunden wäre?

So stand er nun konsterniert vor der Tür zur Wohnung des Hilfspredigers, von dem er bislang gar nicht gewusst hatte, wo er überhaupt auf der Insel seine Wohnstatt hatte. Hier also, in dieser dunklen Ecke hauste der Bursche, der auf dem Dokument über die Neuankömmlinge erfasst war und auch auf den Listen derjenigen auftauchte, die in der Nähe der Brände gesehen worden waren. Er selbst erinnerte sich gut an diese fahle, magere Erscheinung mit dem eigentümlichen Blick, aus welchem einem Feindseligkeit und Angst gleichermaßen entgegenblickten.

Aber das … das war so ein verruchter Gedanke – ein Geistlicher. Er traute sich nicht, ihn entschlossen weiterzudenken. Sollte er überhaupt weiterhin in diese Richtung insistieren?

So tappte er vor dem Haus in der Gasse herum und suchte Ordnung in seine Gedanken zu bringen und vor allen Dingen eine Verfahrensweise zu finden, wie er mit seinem Verdacht weiter verfahren sollte.

Drinnen stand die Muhme, beobachtete die Unentschlossenheit, die vom Stadthauptmann ausging. Es war ihm anzusehen, dass ihn etwas beschäftigte, ja, ihn geradezu umtrieb. Eine böse Ahnung erfasste sie und sie spürte unmittelbar ein Brennen in ihrem Leib. Dahin war die Euphorie des bisherigen Tages, mit den Phantasien eines neuen eigenen Glücks.

Sie traute kaum, sich zu rühren, reckte nur den Kopf nach links und rechts, um zu verfolgen, was sich vor ihrem Fenster tat. Die Befürchtung, der da droben in der Kammer wäre mit einem bösartigen Treiben befasst, hatte sie schon geraume Zeit verfolgt. Nun aber bedrohte dieser Unhold ihre eigene Zukunft und damit den glücklichen Teil ihres Lebens, der ihr doch zustand.

Wenn sie ihn erwischten und abführten, dann wäre es auch um sie geschehen. Niemand in der Inselstadt würde noch etwas mit ihr zu schaffen haben wollen, und gleich wie schön sie stickte – wer sollte es erwerben wollen? Diese unglückselige Kreatur dort droben in der Kammer war dabei, sie mit hinab in die Finsternis zu reißen, die ihm drohte. Sie musste weg von ihm – weg!

Sie blickte hinaus. Der Hauptmann war verschwunden. Vorsichtig ging sie ein paar Schritte zur Seite, schaute längs in die Gasse. Nichts zu sehen. Vor ihren Augen flimmerte es. Erschöpft setzte sie sich an den Tisch, unfähig etwas zu arbeiten. Sie brauchte eine schnelle Lösung. Wie war es überhaupt gekommen, dass sie derart an dieses Ungeheuer gekettet war, das nun wie ein Mühlstein um ihren Hals hing?

Nach einer Weile holte sie das kleine, ledergebundene Buch mit den vielen Einträgen, die sie von Hand gemacht hatte. Sie musst nicht lange blättern, bis sie gefunden hatte, was sie suchte. Ihr Zeigefinger folgte den Worten, die sie beim Lesen leise flüsterte: *Abgeschaumten Honig, sechs Pfund, vorsichtig erwärmen, langsam, am besten über die Nacht hinweg. Am Morgen, wenn er ganz sämig ist, in einer Flasche Seewein aufgelöstes Opium hinzugeben, nicht mehr als eine Unze. Sechs Unzen gepulverte Angelikawurzel, vier Unzen Baldrianwurzel und je zwei Unzen Meerzwiebel und Zitwerblüte, dazu je eine Handvoll Kardamom, Myrrhe, Gewürznelken und kristallisiertes schwefelsaures Eisen.*

Opium, Meerzwiebel und Zitwerblüte musste sie verdoppeln. Das wusste sie noch.

Sie begab sich auf die Suche, was sie noch hatte. Den Rest würde sie beschaffen, gleich nach den Feiertagen.

*

Im Haus der Kringlins verliefen die Christtage weit ruhiger, als Auguste es erwartet hatte. Die Kinder nahmen keine sonderliche Kenntnis vom Zustand des Vaters, und seit sie ihm konsequent den Schnaps bereitstellte, verbrachte er die meiste Zeit damit, im Haus herumzustolpern, war aber kaum noch in der Lage, in der Stadt spazieren zu gehen. Er aß wenig, weswegen er umso mehr trank. Der zunehmende Verfall war von Woche zu Woche deutlicher zu sehen.

Wenn er auf dem Canapé lag und schlief, durchforstete Auguste die Unterlagen, um einen Überblick zu gewinnen, ihre ökonomische Situation betreffend.

Ihre schlimmsten Befürchtungen wurden bestätigt und sie wunderte sich, mit welcher inneren Ruhe sie über die Zahlenreihen hinwegging. Die laufenden finanziellen Mittel wurden zunehmend knapp, da kaum noch Einnahmen zu verzeichnen waren. Die wenige

Pacht reichte hinten und vorne nicht, um die Bediensteten zu bezahlen. Man lebte von der Substanz, und vor dem Lichtmesstag würde sie einigen aufkündigen müssen. Einen Pferdeknecht, die Köchin und ein Hausmädchen würde sie behalten können. Wenn sie richtig gerechnet hatte, reichte es dann noch für etwas länger als ein Jahr. Sie biss sich auf die Lippen, denn es bedeutete im Umkehrschluss …?

Lichtmess

An Lichtmess blies ein kalter Winterwind über das Land. Die Straßen und Gassen waren leer, die Wirtshäuser nach der Messe voller als zuvor die Kirchen. Viele Bedienstete hatten ihren Jahreslohn erhalten – einiges davon auch in Naturalien. Manche hatten einige Kreuzer oder gar Gulden als besondere Anerkennung bekommen, die von manchen sogleich in Wein und fettes Essen umgesetzt wurden. Die Wirte mochten diese fünfte Jahreszeit. Ihre Backen glänzten vor Freude rot.

Auguste Kringlin saß mit den Kindern am Tisch in der Küche bei Krautsuppe mit Speck und Grießnockerln. Ernst Kringlin lag wie immer droben auf dem Sofa. Dort schlief er nicht etwa seinen Rausch aus, vielmehr schlief er vom einen zum nächsten. Seit einiger Zeit achtete sie darauf, die Kinder von ihm zu separieren.

Mit den Dienstboten war sie sich über die weitere Zukunft einig geworden. Die im Haus blieben, waren mit der Situation vertraut und hielten sich ausschließlich an sie.

Für die anderen hatte sie gute Herrschaften und Haushalte gefunden. Ein Hausmädchen war bei Katharina untergekommen, ein Hausdiener und ein Hausmädchen beim Kaufmann Bucher, der ihr persönlich zugetan war.

Nach dem Essen wurde der Christbaum, der noch in der Stube stand, abgeschmückt und in den Hof gebracht, wo ihn der Pferdeknecht zersägte. Die Weihnachtszeit war nun endgültig vorbei. Mit gemischten Gefühlen sah sie in die Zukunft und fragte sich, wie das kommende Fest wohl vonstattengehen würde – wo und mit wem?

Die Tochter fragte, weswegen der Christbaum heute in den Hof gebracht wurde. Ganz von den Zukunftsängsten benebelt, hörte sie sich selbst beim Reden zu, als sie von den jüdischen Traditionen sprach und dass Maria und Josef ihren erstgeborenen Sohn vierzig Tage nach der Geburt in den Tempel brachten, um ihn Gott zu weihen; diese vierzig Tage seien an Lichtmess vorbei. Und weil die Kleine hustete, sagte sie: »Und morgen feiern wir das Blasiusfest, da bekommst du mit zwei gekreuzten, unter das Kinn gehaltenen Kerzen den Blasiussegen, der dich vor Halsweh schützt.«

Ihre Besuche beim Musicus waren seltener geworden, da ihr die mahnenden Worte von Katharina noch in den Ohren klangen. Unausgesprochen zwischen ihnen war doch beiden deutlich, dass sie auf ein schreckliches Ereignis warten mussten, um irgendwann eine gemeinsame Zukunft zu haben. Auf keinen Fall durfte sie sich der Gefahr aussetzen, in die Fänge der Moralapostel zu geraten, deren Rücksichtslosigkeit allen bekannt war. Sie hockten da, unsichtbar, still und unauffällig – warteten auf ihre schwachen Opfer wie die Spinne in ihrem Netz. Und sie wäre für sie ein schwaches Opfer.

Ihr Mann präsentierte sich seit einigen Tagen weit veränderter, als es nur durch die Sauferei geschehen sein konnte. Etwas mitleiderregend Ängstliches war in ihn gekommen und blickte aus seinen leblosen, wässrigen Augen. Es dauerte sie, und oft schloss sie sich im Dachboden ein, um über sein Unglück zu weinen, welches auch das ihrige war.

Ernst Kringlin war nach Epiphanias in einer Spelunke in der Carolinenstraße gewesen. In den guten Gasthäusern wurde er inzwischen abgewimmelt. Trunken war er am Tisch gehockt, und durch den von Alkohol, Tabakqualm und Geplärr erzeugten Dämmerzustand war er der Unterhaltung der Tischnachbarn gefolgt, zwei Ladern und zwei Kutschern. Der eine Kutscher war eine furchteinflößende Gestalt, mit breiten Schultern, riesigen Händen und einem von Narben und Auswüchsen übersäten Gesicht. Den speckigen Hut hatte er nur ins Genick geschoben und den massigen Oberkörper auf den Unterarmen abgestützt. Seine Stimme war durchdringend, mit einem bösartigen Schlag. Niemand hätte sich gewünscht, dass er laut geworden wäre. Er nahm an der Unterhaltung nicht teil, sondern gab ausschließlich Phrasen, Fragmente von Bibelsprüchen und Bauernweisheiten von sich. Einmal, als die andern sich stritten, wurde er etwas lauter und sagte düster: »Merkt euch … merkt euch: Am Kathrinentag – *was die Väter einst verbrochen, wird an Kindern nun gerochen!* Merkts euch!«

Obwohl er den Kringlin gar nicht wahrnahm, fühlte der sich angesprochen und eine ungeheure Angst kroch ihm ins Gemüt. Eine Angst, die er nie mehr aus sich herausbekommen würde – vor dem Kathrinentag. Immer wieder hallte es durch sein Inneres: *Was die Väter einst verbrochen, wird an Kindern nun gerochen!*

*

Draußen am Mauchinhof wurde der Feiertag ähnlich begangen, jedoch befanden sich die Beteiligten in einem großen inneren Frieden. Franzisca trat am Nachmittag hinaus in den Hof, ging einige Schritte hinüber zum schlafenden Garten, dessen Beete unter einer feinen Schneeschicht lagen. Sie sah in den Himmel. Wie lautete nochmal der Spruch? *Wenns an Lichtmess stürmt und schneit, ist der Frühling nicht mehr weit.* Dunkle Wolken zogen über das Haus hinweg. Es sah demnach nach einem warmen Frühjahr aus.

Am Abend zogen alle, bis auf den Schniefer und Bernadette, auf die Insel. Auch Franzisca war geblieben. Sie liebte dieses Haus. Früh schon war sie zu Bett gegangen. Der Wind war in der Dunkelheit etwas abgeflaut, und nach anfänglichem Schneeregen fielen nun große, schwere Regentropfen. Es prasselte auf dem Dach. Sie lag im Bett und lauschte, wie die Tropfen auf den Dachziegeln aufschlugen, was das Gefühl von Geborgenheit noch steigerte. Sie rollte sich in ihre Federbettdecke und genoss das Wohlbefinden.

Der Februar des neuen Jahres gab sich winterlich. Immer wieder zogen Schneewolken über den See, dessen Wasser in großer Unruhe lagen. Wenn die Wolken sich über die Berggipfel hoben, leuchteten massive

Schneefelder herüber. Die nasse Kälte begann die Menschen zu ermatten und die Sehnsucht nach Sonne, Licht und Wärme wurde spürbar.

Als Franzisca eines Tages auf der Insel zu tun hatte, sprach eine Händlerin am Markt vom Schnee als einem *Betttuch des Todes*. Diese Wortwahl erschreckte sie, und dieses Erschrecken erhielt neue Nahrung, als Bernadette am darauffolgenden Sonntag aus der Inselstadt zurückkam und berichtete, der alte Geheimrat Gaupp, dem sie regelmäßig Essen brachte, läge nun seit Tagen im Bett, sei bleich, habe ein eingefallenes Gesicht und hätte kaum etwas von der Hühnerbrühe gegessen.

Voller Sorge machte sie sich auf den Weg zur Insel und fand vor, was sich aus den Worten Bernadettes bereits angedeutet hatte. Ihr alter, guter Beschützer würde von diesem Lager nicht mehr aufkommen. Sein Gesicht glänzte matt und hatte schon ein maskenhaftes Aussehen angenommen, die Stimme klang kindlich und brüchig. Sie beschloss, bei ihm zu bleiben und ließ Lucas eine Nachricht zukommen. Katharina sah immer wieder vorbei und Franzisca richtete sich auf dem Kanapee ein Bett für die Nächte. Keine Stunde wollte sie ihn allein lassen, auf dieser letzten Wegstrecke.

Er aß bereits nicht mehr. Ab und an nahm er einen Schluck Brühe oder ein paar Tropfen Wasser zu sich. In den Phasen, in denen er schlief, lag Franzisca auf dem Canapé und ließ die Erinnerungen vorüberziehen. Welche Angst sie damals vor ihm hatte, als er die Untersuchung führte. Seine Stimme hatte durchdringend und unerbittlich geklungen, sein Blick ohne jede Regung, voller Strenge. Und dennoch, wie sie erst viel später erkannt hatte, war dahinter ein großes Wohlwollen für sie verborgen.

Während der gesamten Befragung hatte damals ihr Herz rasend gepocht, und als es endlich vorüber war, meinte sie gleich ohnmächtig zu werden.

Seine Fragen schlugen beinahe auf die Befragten ein. Der Barbier aus Oberreitnau war zitternd aus dem Zeugenstand gegangen, ihre schlimmste Feindin, die Günthörin, war zu einem Nervenbündel geworden. Nur deren Freundin, die Bernhardin, war unbeeindruckt und stolz vor Gaupp aufgetreten und hatte ihre Vorwürfe und ihren Verdacht scharf formuliert – dass sie, die Pfarrköchin Mauchin, dicke Füße und Beine gehabt hätte, was ein jeder als ein deutliches Anzeichen für eine verborgene Schwangerschaft kenne.

Wie nebenbei hatte Gaupp, als er mit ihr eigentlich schon fertig war, gefragt, ob sie denn nicht auch schon einmal dicke Füße gehabt habe.

Eifrig war sie in die Falle getappt. »Oh ja. Unsereiner hat schon schwere Arbeit, und im Sommer, wenn es heiß ist, dann schwellen die Füße schon an … und wenn es arg schlimm ist, geh ich zur Kirchenschmiedin, weil die …«

»Sie hat also selbst schon dicke Füße gehabt!«, hörte sie Gaupps Stimme aus der Vergangenheit dröhnen – scharf, fest, unnachgiebig.

»Ja … ja sicher.«

»Und – war sie da schwanger?« Die Bernhardin verstand nicht recht, worauf er giftig nachgefragt hatte: »Ja, wegen der dicken Füße … war sie da schwanger oder nicht, die Bernhardin?«

»Nein … natürlich nicht.«

»Natürlich nicht!«, hatte er gebellt. »Natürlich nicht!«

Mit einem Wink hatte er die Magd aus dem Zeugenstand entlassen.

Franzisca lachte leise. So lange her.

In den folgenden Tagen wurde Gaupp öfters unruhig, und sie setzte sich an sein Bett, wo sie immer wieder einnickte, im Halbschlaf zwischen Wirklichkeit und Träumen dahinwanderte. Am dritten Tag ihrer Anwesenheit, nach einer Nacht, in der er oft aufgeschreckt war und sie nicht mehr tun konnte, als nur da zu sein, schlief der Geheime Rat Gaupp ein.

Die Beerdigung geschah unter großer Anteilnahme der Inselstadt. Das Wetter zeigte sich ungnädig und fegte mit böigem Schneeregen über die Trauergemeinde hinweg.

Da es keine Familienmitglieder mehr gab, blieb Franzisca die Aufgabe, sich um den Nachlass zu kümmern. Schätze hatte Gaupp nicht gehortet. Bemerkenswert war allerdings die große Anzahl an Büchern. Da sie nicht wusste, was damit anzustellen war, holte sie den Rat des Collectors, der sich zum Frühjahr hin mit der Sammlung befasste und auf interessante, teils auch wertvolle Stücke traf. Der Erlös kam dem Heiliggeistspital zugute. Sein Bursche Kinkelin half gerne bei den Aufräumarbeiten, denn der Großvater war einst Schreiber bei dem Alten gewesen und hatte ihn stets geachtet.

Zu Frühlingsbeginn, als das Vogelgezwitscher den Tagesanfang wieder kenntlich machte, war die Wohnung auf der Insel geräumt.

Franzisca hatte nur wenige Dinge für sich zurückbehalten, die sie an ihren bescheidenen Wohltäter erinnern sollten. Einen Stich, der den Lindauer Hafen mit Mangturm und Feichtbastion zeigte und der ihm sehr am Herzen gelegen hatte. Eine mit seinen Initialen signierte Waschschüssel samt Krug aus Porzellan, fein mit floralen Mustern bemalt, sowie seine Bibel, in die er Eintragungen gemacht hatte und in welche darüber hinaus viele beschriftete Notizzettel eingelegt waren. Zuletzt noch eine Schatulle mit Korrespondenz. Ein Briefpaket war sorgsam mit einer blauen Schleife umwickelt.

An einem Nachmittag, als noch genügend Licht in die Stube kam und sie alleine war, holte sie die Familienbibel und notierte die Daten des Verstorbenen so, als wäre er ein Teil der Familie gewesen. Im Garten hatte sie kurz nach seinem Tod den ersten blühenden Winterling für ihn gepflückt und legte ihn nun zwischen die Seiten der Genesis.

*

Franz von Riefenstein war in dem knappen Jahr, in dem er nun in der Stadt weilte, zu einer festen Institution geworden. Viele Bürger, Kaufleute und Händler suchten ihn um Rat in Dingen auf, die Kunstwerke, Bücher und Nachlässe betrafen, doch auch zu allen anderen Themen zog man ihn gerne hinzu, hörte auf seine Einschätzungen und Empfehlungen.

Dem Kronenwirt hatte er sein Vorhaben erläutert, auf der Insel ein Haus zu erwerben, ebenso seine festen und ehrsamen Absichten Emilie gegenüber. Der rieb sich vor Freude die Hände, drunten im Keller, wo es niemand sah, juchzte und hüpfte herum. Hatte er doch den richtigen Riecher gehabt.

Einige Male hatte der Collector versucht, im Haus der Kringlins einen Termin für ein Gespräch mit dem Hausherrn zu erreichen, was von dessen Frau Auguste abschlägig beschieden wurde.

Sein Eindruck täuschte demnach nicht. In den Wirtshäusern war der Kerl kaum noch anzutreffen. Einmal hatte er ihn gesehen, in einem kalten Frühlingswind, nur mit einem dünnen Rock bekleidet, taumelnd und schwankend auf dem Weg nach Hause. Der Körper kraftlos, die Beine unwillig, geradeso auf den Stock gestützt war er seinem Haus entgegengestolpert. Der Niedergang war unaufhaltsam im Fortgang begriffen. Über welches ökonomische Fundament die Kringlins wohl verfügten? Die Frage beschäftigte ihn. Wie lange noch würde diese zähe Frau, für die er ehrliche Sympathien empfand, durchhalten können?

Er suchte hier und da das Gespräch mit anderen Leuten, kam aber nicht an die erforderlichen Informationen heran, weswegen er eine Gelegenheit nutzte, die ihn in das Haus an der Hofstatt brachte, wo er auf einen Nachmittagstee mit Christian und Katharina zusammensaß.

Mit bedauernder Miene berichtete er vom erschreckenden Eindruck, den er von Ernst Kringlin bei einem Zusammentreffen gewonnen hatte und wartete ab. Die beiden blieben im Allgemeinen.

Kurz bevor er ging, erwähnte er seinen Entschluss, der Inselstadt fest verbunden zu bleiben und auf der Suche nach einem geeigneten Anwesen zu sein.

Die beiden äußerten ihre ehrliche Freude über seinen Entschluss und versprachen sich umgehend zu melden, wenn ihnen etwas bekannt würde.

Gleich am nächsten Tag suchte Katharina Auguste Kringlin auf und berichtete von den Neuigkeiten. »Er sucht ein Anwesen, ein Haus, er braucht Lagerräume und repräsentative Geschäftsräume, in denen er seine Kundschaft empfangen kann – verstehst du denn nicht? Irgendwann wirst du das Haus verkaufen müssen und es wäre ideal für ihn, und von noch größerem Vorteil wäre es für dich, wenn dieses Geschäft im Stillen abliefe – oder willst du Neugierige durch das Haus führen und dir anhören müssen, was alles nicht gefällig ist?«

Auguste sah sie ängstlich an. Alles, was bislang im Ungefähren lag, in einer Zukunft, die von Schleiern umgeben war, bekam nun Konturen – scharfe Konturen. Diese Endgültigkeit machte ihr Angst, derartig Angst, dass sie im Moment keinen rationalen Gedanken fassen konnte.

Katharina tröstete sie, so gut es ging, und als sie ging, fiel es ihr schwer, sie zurücklassen zu müssen in ihrer Kümmernis. »Wenn du möchtest, rede ich mit ihm ... reden wir mit ihm ... irgendwann, wenn es dir recht ist, denn er würde wohl selbst umgehend auf dich zukommen.«

Auguste Kringlin nickte müde. »Ja ... redet mit ihm.«

*

In der Hofstatt hockte Stadthauptmann Vitz in der kleinen Kammer hinter dem Pferdestall mit Christian zusammen, wo sie für sich waren – unbeobachtet und unbelauscht.

Vitz hatte seinen Verdacht eine ganze Weile mit sich herumgetragen. Letztlich blieben nur die Tatsachen, dass der Hilfsprediger bei jedem Brandereignis unmittelbar in der Nähe der Schreckensorte angetroffen worden war und er auf der Liste derjenigen stand, die neu in die Stadt gekommen waren. Maßgeblich und schwerwiegend fand Vitz allerdings das letzte indirekte Auftauchen, als Christian in der Gasse mit den Gendarmen genau vor der Wohnung des Hilfspredigers stand – exakt zu jenem Zeitpunkt, da sich der Feuerteufel in Luft aufgelöst zu haben schien.

Christian hatte sich die Darstellung des Stadthauptmanns in aller Ruhe angehört. Er hielt viel auf ihn. »Mhm, der Hilfsprediger. Ein unangenehmes Kerlchen, das schon, aber was könnte der Grund sein? Ist von dort, wo er zuvor war, etwas von Feuern, von Bränden bekannt geworden?«

Vitz knirschte mit den Zähnen und schnitt eine Grimasse, bevor er mit unzufrieden klingender Stimme antwortete: »Ich habe Erkundigungen eingezogen über den Kerl. Von Bränden ist da nichts aufgetaucht … gar nichts.«

»Mhm … in der Post vorne haben sie erzählt, die Kinder hätten Angst vor ihm.«

»Was grundsätzlich nicht schädlich sein muss«, warf Vitz ein.

Christian schüttelte den Kopf. »Nein … nicht weil er streng und auf Disziplin halten würde, sondern seiner ganzen Art wegen. Wie man es dreht und wendet, es bleibt ein heißes Ding … immerhin ein Kirchenmann. Da muss man vorsichtig sein und kann nicht einfach so drauflos gehen.«

»Eben. Ich meine, wir sollten ihn irgendwie im Blick behalten.«

»Irgendwie?«

»Darüber mache ich mir noch Gedanken. In jedem Falle müssen wir noch den ein oder anderen, der auch sein Maul halten kann, einweihen, sonst wird das nichts.«

»Sonst wird das nichts«, wiederholte Christian. »Stäupen und brandmarken tät ich ihn, den Lump, noch bevor man ihn aufknüpfen könnte … dass er sich in meinen Hof getraut hat, an meinen Stall, wo meine Frau, meine Kinder, meine Leute, meine Pferde leben.«

*

Franzisca brachte Gaupp nicht aus ihrem alltäglichen Denken und fand sich immer wieder dabei, darüber zu sinnieren, welches Essen, welchen Wein sie ihm auf die Insel schicken könnte, bis ihr wieder bewusst wurde – er war tot. Was sie tröstete, war der Gedanke an das Leben, das er geführt hatte. Mit Fug und Recht durfte man von einem lebenssatten Ganzen sprechen. Und die letzten Jahre, von den Pflichten entbunden, die ihn oft gequält hatten, wie er ihr einmal ganz nebenbei in seiner unspektakulären Weise gesagt hatte, diese letzten Jahre hatte er genießen können. Wilhelm, der Älteste von Katharina, war oft bei ihm zuhaus gewesen und folgte begierig seinen Erzählungen; meistens waren es philosophische und juristische Monologe, denen sonst niemand überhaupt zuhören wollte. Der Kleine hingegen nahm diese Selbstgespräche auf wie ein trockener Schwamm das Wasser.

*

Im Verlauf des Frühjahrs kamen endlich wieder warme Winde daher, umschmeichelten die Insel und die Ufer als wollten sie Abbitte leisten für die Unbarmherzigkeit der vergangenen Wochen und Monate. Die Augen weideten sich am frischen Grün und der ungemeinen Fruchtbarkeit, die sich aus dem Boden erhob. Nach einigen weiteren Sonnentagen, die die Mauern kräftig bestrahlten und die Wärme so nach innen brachten, war man gerne bereit, die grässlichen Wochen und Monate dieses Winters zu vergessen. Die Weißdornhecken, die den Hohlweg vom Seeufer herauf begleiteten, standen in voller Blüte und zeigten die Anmutung einer trägen Nebelschwade, die über den Wiesen hing, die Buschwindröschen leuchteten aus dem Gehölz jenseits des Weges – bald würde der süße Duft von Maiglöckchen einem die Sinne auf Lebenslust drehen. Die Natur entlang der Ufer entwickelte eine besondere Leidenschaft, denn hier am See war sie von sich aus feurig und von explodierender Fruchtbarkeit.

Nicht überall wirkten die längeren Tage und die Wärme wie ein Jungbrunnen. Der Hilfsprediger war noch bleicher geworden. Sein Gesicht wirkte eingefallen und maskenhaft, die Augen verströmten keinerlei Lebendigkeit und auch seine Bewegungen waren maschinenhaft. Seine Haut nahm insgesamt einen Zug von Gelb an.

Der Stadtprediger hatte ihn bereits darauf angesprochen, ob er sich krank fühle, vielleicht nicht besser einen Arzt konsultieren wolle? Joseph Gaiserle hatte nur abgewunken und auf den langen Winter verwiesen und die Aufregungen in der Inselstadt. Jetzt, wo Wärme und Licht wieder zum Tagesgeschäft gehörten, würde es schnell besser gehen und er mehr Kraft in sich spüren.

In der Tat fehlte ihm jegliche Energie, was er sich nicht erklären konnte. Die Gelenke schmerzten ihn, insgesamt war ihm ein ständiges Gefühl des Unwohlseins anhängig geworden und manchmal verschwamm ihm sogar der Blick ein wenig. Ob er ernstlich erkrankt war? Auch fühlte er keinen inneren Antrieb, sich an einem Feuer zu ergötzen – es war, als würde ihm etwas den Lebenswillen absaugen.

Er ging nun viel am See spazieren, atmete ausführlichst und langsam, wie es einem die Ärzte bei jeder Gelegenheit nahelegten, und war darauf bedacht, seine Gedanken zu beruhigen.

Jenseits seiner körperlichen Schwäche gab es noch etwas anderes – er fühlte sich beobachtet. Öfter als sonst begegnete er dem Stadthauptmann, dann wieder diesem Christian Ganal. Erst zwei Tage zuvor war es ihm aufgefallen. Als er am Abend von einer Andacht aus St. Stephan zurückkam, lief ihm der Stadthauptmann über den Weg, und ein Stück weiter, drunten in der Carolinenstraße, lehnte Christian an der Hauswand. Just als er in die Gasse einbog, stieß der sich von der Mauer ab und kam ihm entgegen. Geradeso schaffte er es noch, vorher in die Gasse zu kommen, um eine direkte Begegnung zu vermeiden, denn er fühlte sich einem Aufeinandertreffen und Ganals feurigem Blick nicht gewachsen. Besonders, seit er vor einigen Tagen an der Hofstatt vorbeigegangen war, weil er in der Nachbarschaft einen Krankenbesuch machen musste. Gerade als er den Hof passierte, zog Christian, der vor der Postkutsche stand und ihn sah, den Degen, tat einen Ausfallschritt und einen Schwung mit der Klinge nach rechts außen und mit hässlichem Zischen wieder nach innen. Man konnte den Eindruck haben, er simulierte die Enthauptung eines Menschen. Er war vor Schreck stehengeblieben. Der freche Kerl hatte ihn angegrinst und gemeint, es sei erforderlich, in der Übung zu bleiben, denn man wisse ja nicht, ob man es nicht bald einmal brauchen würde.

War ihm zuvor schon nicht gut gewesen, so ging es ihm nach diesem Erlebnis besonders schlecht. Er hatte den Eindruck gewonnen, er, wirklich er sei mit der Scheinattacke gemeint gewesen. Wussten sie etwas oder war es nur eine Ahnung?

Bei einem seiner Spaziergänge begegnete ihm das Ehepaar Schindlin, welches ihn freundlich grüßte und in ein kurzes Gespräch verwickelte, in welchem die Gattin zu ihrem Mann meinte, sie hielte es für sinnvoll, wenn die Muhme erst dann die neue Wohnung beziehen würde, wenn ihr Neffe wieder ein gesünderes Aussehen erlangt habe. Er gab sich jovial, äußerte ein paar Allgemeinheiten und man verabschiedete sich mit den üblichen Höflichkeiten.

Es machte ihn rasend. Umzug! Sie wollte ihn also zurücklassen.

Kraft und Energie flackerten wieder auf. Er rang die Wut nieder und stapfte durch die Gassen. Wie sehr diese Stickerei die Alte doch verändert hatte.

Loswerden wollte sie ihn also. Nun – da er sie hierher in die Stadt gebracht hatte, in die sie ohne ihn niemals gekommen wäre. Offensichtlich erwarb sie durch diese Arbeit, von der sie gar nicht mehr lassen konnte, erhebliche Einkünfte, wenn es ihr sogar möglich war, hier eigenständig zu sein.

Die Wut schaffte ihm Kraft. Bevor er nach Hause ging, suchte er das *Lamm* auf, wo er sich ganz an den Rand eines Tisches hockte und Krautbraten bestellte. Er trank ein Bier dazu und fühlte sich weit wohler. Die Dämmerung war schon fortgeschritten, als er in die Wohnung trat. Die Muhme klapperte in der Küche. Auf dem Tisch stand ein Teller mit Gerstensuppe. Wortlos durchschritt er den Raum und ging die Treppe nach oben.

Sie sah ärgerlich auf den Teller, wartete eine ganze Weile, ob er nicht vielleicht doch noch herunterkäme. Erbost schüttete sie die Suppe zurück in den Topf und setzte sich an den Tisch, wo sie sich einer Weste widmete. Ihr Kopf begann nach einer Weile zu wackeln, als käme von fernher Musik, und ein Grinsen spannte sich auf ihrem Gesicht auf. Es wirkte. Es wirkte schon.

Leicht war es nicht gewesen, alles zusammenzubekommen. Einige Kräuter hatte sie von der Verrückten am Inselgraben, anderes bei einem Apotheker beschafft. Am Anfang machte sie noch Fehler. Beim ersten Mal war ihm so schlecht geworden, dass er mit Magenkrämpfen im Bett gelegen hatte. Sie passte die Dosis an und musterte ihn die folgenden Tage unbemerkt. Die Schwäche insgesamt, die ledrige Gesichtshaut, der feine Schweiß auf der Stirn und die Stille, die diese unruhigen, aufbrausenden Menschen mit einem Male in Besitz nahm, zeigten ihr, wie gut das bewährte Mittel wirkte.

Sie führte die Nadel, kontrollierte den Faden und lachte rauchig, sah sich an einem lichten Fenster sitzen, draußen fuhren Kutschen und Karren über die Landthorbrücke, die Wachen gingen vor ihrem Fenster auf und ab. Ein Gedanke von paradiesischer Größe. Sie würde endlich, endlich frei sein und für sich leben können. Zum ersten Mal in ihrem Leben fühlte sie eine tiefe, beglückende Freude in sich.

In den kommenden Tagen ergab es sich, dass der Hilfsprediger in die Stube kam, als die Muhme in der Küche einen Topf mit Brühfleisch zubereitet hatte. Er trat ans Fenster und wandte ihr den Rücken zu. In der Spiegelung der Fensterscheibe hingegen konnte er sehen, wie sie einen Teller vollschöpfte, aus einem Becher einen Löffel Pulver hinzugab, verrührte und nochmals vom Brühfleisch dazuschöpfte. Er setzte sich an den Tisch und sie stellte ihm den Teller hin.

»Soll ich etwa alleine essen?«, fragte er.

»Nein, nein …«, hörte er sie beflissen und entschuldigend. Sie kam mit einem weiteren Teller und setzte sich.

Nach einem schnell genuschelten Gebet probierte er und meinte, es schmecke eigenartig, vor allem fehle ihm Salz. Unverzüglich erhob sie sich, ging hinaus in die Küche, von wo Klappern zu hören war. Er nutzte den kurzen Augenblick und tauschte die Teller aus.

Im Laufe der Woche gelang ihm dergleichen noch dreimal. Ansonsten fand er Gründe, auf das Mahl zuhause zu verzichten, und probierte sich durch die Wirtshäuser der Inselstadt, holte gerne einen der an den offenen Feuern im Hafen gegrillten Fische und fühlte sich von Tag zu Tag kräftiger und sicherer. Die Schmerzen in den Gelenken wurden weniger. Seine Wut hingegen wuchs sich derart aus, dass sein ganzer Körper dadurch ins Zittern geriet und er nicht fähig war, auch nur einen Laut von sich zu geben. Vor Gottesdiensten oder Hausbesuchen musste er sich besonders konzentrieren und jene Gedanken, die ihn so angriffen, in die hintersten Winkel verdrängen.

Ohne es zu wissen, befand er sich in der Tat in umfassender Überwachung. Stadthauptmann und Christian hatten die vertrauensvollsten Menschen ihres Umfelds in ihren Verdacht eingebunden, woraus sich ein kleines, wirkungsvolles Netzwerk ergab, in dem permanent über Beobachtungen berichtet wurde. So fiel schnell auf, welch veränderter Tagesrhythmus beim Hilfsprediger seit Kurzem eingekehrt war, da er nun auf einmal öfters in Wirtschaften auftauchte.

Christian, der keine Vorbehalte mehr gegenüber Franz von Riefenstein hatte und von dessen Absicht wusste, sich vollständig in der Inselstadt niederzulassen, hatte eine zufällige Begegnung mit ihm genutzt, um auch ihn ins Vertrauen über den bestehenden Verdacht zu ziehen.

Riefenstein konnte es gar nicht glauben. »Was!? Dieser blasse Kerl mit seinem Bubengesicht und den roten Backen … der steht im Verdacht?«

Christian bestätigte.

»Aber welchen Grund sollte er haben, etwas derart Verrücktes, Niederträchtiges und Verbrecherisches zu tun – immerhin, er ist ein Mann der Kirche!?«

Christian schnitt eine Grimasse. »Er wäre nicht der erste delinquente Kirchenmann und stünde damit sicher nicht an der Spitze der Verruchtheit.«

Franz von Riefenstein stimmte ihm zu. »Durchaus, wenngleich ich mir das noch nicht so recht vorstellen kann.«

Er wollte in jedem Fall ein Auge auf den Kerl haben.

Über die Tage und Wochen, die dahingingen, kam Joseph Gaiserle wieder zu Kraft und mit ihr kam auch die Bösartigkeit wieder in ihm auf.

Stadthauptmann, Christian und Collector – vor allem diese drei behielten ihn nach wie vor im Blick, und wo immer er auftauchte, konnte er sich ihrer prüfenden Blicke sicher sein. Einer Intuition folgend, suchte er ihnen, wo immer es möglich war, aus dem Weg zu gehen.

Die Muhme wusste die Situation nicht recht einzuschätzen. Einige Zeit war es ihr selbst schlecht gegangen, und die veränderten Gewohnheiten des Hilfspredigers konnten auch ihr nicht verborgen bleiben. Er aß überwiegend in Wirtshäusern und zuhause nahm er nur noch Brotzeiten zu sich.

Sie arbeitete viel und hatte inzwischen genügend Geld beisammen, um aus der düsteren Gasse hinaus in das Licht des Sees zu kommen.

Eines Tages, in der Zeit des Wechsels von Frühling zu Sommer, sagte sie dem Hilfsprediger ohne Umschweife, ihr Auszug wäre beschlossen und die Schindlins würden ihr noch vor dem anstehenden Pfingstfest eine Kutsche schicken.

Joseph Gaiserle saß am Tisch und las in einem Buch mit ausgenommen strengen Predigten. Als sie geendet hatte, hob er den Kopf, sah ihr für lange Sekunden kalt in die Augen, nickte stumm und sah dann wieder auf die Seiten als beträfe ihn nicht, was sie soeben gesagt hatte.

Sie stand da und wusste nicht recht, was sie tun, wie sie reagieren sollte, warf ihr Tuch um die Schultern und ging hinaus. Der Weg führte sie zum Nordufer, wo sie entlang der Stadtmauer vorbei an Carolinen- und Ludwigsbastion zur Landthorbrücke spazierte. Kutschen, Karren und Ochsengespanne zogen zwischen Insel und Ufer dahin. Jenseits des Landthors sah sie das Haus, wo sie eine neue Heimat finden würde. Eine warme Brise wehte, es roch schon nach Sommer und dennoch lief ihr ein kalter Schauer über den Rücken.

*

Eine der vornehmen Kutschen, die über die Landthorbrücke auf die Insel gekommen war, hielt vor dem Gasthof zur Sonne und eine imposante Persönlichkeit entstieg ihr. Ein Mann, groß gewachsen, mit einer wohlgenährten Figur, die in einer eigenartigen Garderobe steckte – eine Art Phantasieuniform. Ein großer Orden hing an der linken Brustseite. Ein Haarkranz mit schon ergrauten Locken wand sich um den Schädel.

Er zog unweigerlich die Blicke der Vorübergehenden auf sich. Stolz, mit ernstem Blick wartete er, bis der Wirt kam, der sich vor der fremden Uniform tief verbeugte und den Herrn, der angekündigt war, in seine Gaststube bat. Burschen kümmerten sich um das Gepäck, das aus zwei großen Reisekisten bestand.

Major Georg Anton Schäffer war sich der Wirkung seiner Auftritte bewusst. Schon zum zweiten Mal war er nun in dieser reizvollen Stadt, deren besonderer Liebreiz sich bei seinem ersten Aufenthalt vor knapp einem Jahr vor allem in der Carolinengasse entfaltet hatte.

Im Auftrag des brasilianischen Königs unterwegs, um Siedler für das riesige Land zu finden, war sein Äußeres ganz von der königlichen Würde seines Auftrags erfüllt, und wenn er seine Reden hielt, in welchen er das Paradies schilderte, das auf seine Zuhörer wartete, so glaubte er seinen Worten selbst. Wer von denen brauchte schon zu wissen, wie sehr es seinem Auftraggeber um Soldaten ging. Soldaten brauchte er und es durften auch ein paar Siedler dabei sein.

An drei Abenden in der Woche hielt er Veranstaltungen ab, die er im Intelligenzblatt inserierte und durch bezahlte Ausrufer in der Inselstadt schon einige Zeit voraus ankündigen ließ. Das Gerede über ihn lief durch Gassen und Spelunken. Viele, die in seine Veranstaltungen kamen, taten dies aus Gründen der Unterhaltung, denn man erzählte sich, es ginge dort zu wie im Theater.

So kamen denn Lader, Handwerker, Kutscher, Matrosen, Hausmädchen, Schneiderinnen und Köchinnen. Sie lauschten den Erzählungen von Schäffer, der Drucke herumgehen ließ, die nichts anderes als das Paradies zeigten. Märchenhafte Gartenlandschaften, am Horizont nur von sanften Bergen und Hügeln begrenzt, weite Flußauen, Feld und Wald – unendlich. Dazu die Verheißung, einen gehörigen Teil dieser Gefilde als eigenes Land besitzen zu können – ja, sein eigener, freier Herr zu sein, nur sich selbst, seinen Talenten, seinem Fleiß und Gottes Gnade ausgeliefert. Der imaginäre Blick in eine solche Zukunft nahm nicht wenigen die Sorge und Angst vor dem Fremden, Unbekannten. Man hatte durchaus schon von wilden und giftigen Tieren gehört, von schrecklichen Fiebern und einem Land, dessen Natur sich mit fürchterlicher Gewalt dagegen wehrte, gebändigt zu werden.

*

Joseph Gaiserle hockte im Wirtshaus Zum Schaf und löffelte seine Krautsuppe. Immer wählte er einen Platz ganz am Rande, am liebsten in einer stillen Ecke, in der er halbwegs unbeobachtet und unbelästigt sein konnte. Manchmal war es schon vorgekommen, dass ein angetrunkener Grobian ihn dumm anredete, was aber von den Wirten schnell unterbunden wurde. Denn so schmierig und verkommen der ein oder andere auch sein mochte, konnte sich keiner von ihnen leisten, in Händel mit einem Kirchenmann zu geraten.

So hockte er still da, aß, trank einen Becher Most, wenn ihm danach war, auch zwei und lauschte den Gesprächen. Es war unfasslich, welche Welten sich ihm hierbei eröffneten, was er alles erfuhr. Von feinen Herrschaften, die gar nicht so fein waren, glaubte man ihren Pferdeknechten und Küchenhilfen, die sich über Alltägliches und Intimes in einer unerhörten Lautstärke ausließen, und das völlig ungeniert. Er wusste bald von Freundschaften und Feindschaften, von Liebeleien und Gaunereien gleichermaßen wie von ernsthaften Geschäften, die anstanden, oder einem bevorstehenden Bankrott.

Besonders amüsierten ihn die Geschichten über den Gengler, den er vom Festabend im *Baumgarten* her kannte. Wenn er den Namen hörte, spitzte er die Ohren besonders fein. Wie war dieser Kerl an jenem Abend so freudig gewesen und einer erfolgreichen Zukunft sicher. Und bald ein Jahr später nichts als Niedergang und Desaster. Man sprach sogar davon, er sähe derart schlecht aus, dass man befürchten müsse, er werde die Weihnachtsglocken nicht mehr läuten hören.

Das Elend des anderen machte ihn froh, relativierte es doch die Armseligkeit seines eigenen Daseins. Gegenwärtig war jedoch der Major in Diensten des brasilianischen Königs bestimmender Teil der Gespräche. Einige waren bereits in den Veranstaltungen gewesen, wo um Leute geworben wurde, die dabei helfen sollten, die unvorstellbare Größe des Landes fruchtbar und ertragreich zu machen.

Er schlürfte die Suppe besonders leise, um ja alles zu verstehen, was geredet und geplärrt wurde, und am Ende war es für ihn so, als wäre er selbst in einem jener Vorträge gewesen. Die wilden, vom Alkohol aufgepeitschten Berichte erweckten auch in ihm die Sehnsucht nach diesem Land, in dem es keinen Winter gab, der einen bis tief in die Knochen ausfror. Bei den Burschen machte allerdings die Nachricht, die Hälfte der Weiber würden dort halbnackt herumlaufen, einen noch größeren Eindruck. Die Bedingungen waren durchaus zu bewältigen. Für eine Überfahrt und die Zuteilung von Land benötigte man den Mut es zu wagen, genügend Kapital für die Schiffsreise und ein Arzt musste die körperliche und geistige Gesundheit bestätigen. Heiraten durfte man in Brasilien ohne Erlaubnis, und ausschließlich Ehepaaren wurde Land zugeteilt. Ledige Burschen mussten erst eine Zeit lang in der Armee dienen. Ledige Weibspersonen wurden nicht akzeptiert. Der Hilfsprediger fand das alles vernünftig. Draußen auf der Gasse, wo sich warme Abendluft staute, war ihm immer noch ganz schwindlig von den verrückten Erzählungen.

Am nächsten Tag machte er sich mittags auf den Weg zur *Sonne* und suchte um einen Termin bei Major Schäffer nach, der ihn ohne Umschweife empfing. Der Wirt bugsierte die beiden in einen kleinen Nebenraum, wo sie ungestört reden konnten.

Schäffer war überrascht von den Fragestellungen des Geistlichen, denn bislang war ihm noch nie ein Kirchenmann gegenübergetreten, der die ernsthafte Absicht äußerte, nach Brasilien auszuwandern. Er fand auch auf Anhieb keine Antwort auf die Frage, welche Möglichkeiten sich denn für einen Prediger eröffnen würden. Vertraut mit schwierigen Situationen und ohne jeden Skrupel vertröstete er ihn mit warmen Worten und gut klingenden Ausreden. Vor allem wollte er auf vertrauliche Weise in Erfahrung bringen, was es mit dem unangenehmen Kerl auf sich hatte.

Joseph Gaiserle schöpfte aus seinem Mut, den Major aufgesucht zu haben, weitere Forschheit. Die Schwäche, die er so lange in sich getragen hatte, war vergessen, und hinter der schmächtigen Brust tat sich ein ungeheurer Raum des Hasses auf die Muhme auf. Wenn er nicht Gefahr laufen wollte, die Kontrolle zu verlieren, musste er etwas unternehmen. Brennen musste etwas, gleich was. Gefahr hin oder her.

Schäffer ging der Besuch des Hilfspredigers nicht aus dem Sinn. Vielleicht war es gar nicht so schlecht, einen so jungen Geistlichen mit nach Brasilien zu nehmen. Er sah zwar ausgemergelt aus, doch hinter seinen eigenartig leer dreinblickenden Augen glühte eine gewisse Giftigkeit. Ganz sicher handelte es sich um einen bösartigen, zähen Kerl. Vielleicht war ja ein gemeiner Kerl wie er gerade recht, um auf der langen Überfahrt die Disziplin aufrechtzuerhalten – dafür brauchte man entweder Soldaten oder diese Art von Pfaffen. In Brasilien würde er als Soldat untauglich sein, aber in den Siedlungen wurden dringend Geistliche gesucht, vor allem als Lehrer für die Kinder, um die sich niemand kümmerte. Sieveking, sein Geschäftspartner aus Hamburg, hatte das bei ihrem letzten Treffen in einer unangenehmen Art und Weise angemahnt, weil inzwischen unschöne Berichte aus den Kolonien ankamen, die ihr Geschäft gefährdeten, das da hieß: Menschen nach Brasilien, Zucker nach Hamburg. Ja, er würde diesen Gaiserle mitnehmen, ihm aber zuvor exakt erläutern, zu welchem Zwecke und was genau seine Aufgabe sei – nämlich die Leute in Ruhe zu halten, komme was da wolle, und etwaige Großmäuler und Rädelsführer an die Kandare zu nehmen. Die bisherigen Versuche, Geistliche mitzunehmen, waren an deren Familien gescheitert, an der Sorge um die Frau, um die Kinder. Der hier war alleine und nichts und niemandem verantwortlich.

*

Die warmen, zunehmend langen Sommertage stellten das schädliche Bestreben des Hilfspredigers vor erhebliche Probleme. Bis tief in die Nacht und bis zum Morgengrauen waren Säufer, Liebespaare und dazu Gesindel auf der Insel unterwegs. Vergangen waren sie, die neblig-kalten Nächte des Winters, die Augen und Ohren von ihm ferngehalten und ihm so beglückende Augenblicke geschenkt hatten.

Es half alles nichts, er musste sich zurückhalten. Zudem verfestigte sich sein Eindruck, unter Beobachtung zu stehen. Eines Nachts, als er aus der Gasse in die Carolinenstraße getreten war, auf dem Weg nach St. Stephan, wo er an einem sicheren, unverdächtigen Ort Laterne und Brandtücher versteckt hatte, war ihm auf dem Marktplatz der Stadthauptmann begegnet – spät in der Nacht noch. Lange hatte er in der Kirche gehockt und gewartet, war dann unverrichteter Dinge zurückgegangen, wo ihm urplötzlich von der Hofstatt her Christian entgegengekommen war, den er trotz Dunkelheit an Gestalt und Gang erkennen konnte. Abermals war er noch vor einem Zusammentreffen in die enge, nachtschwarze Gasse geschlüpft und flugs in der Türnische verschwunden. Konnten das Zufälle sein? Das innere Brennen wurde ihm immer unerträglicher.

Eines Tages stand unvermittelt ein Karren vor der Türe, auf den die Muhme ihre Sachen verbrachte. Die große Holzkiste schleppte der bärtige Kutscher, und ohne jeden Gruß gingen Joseph Gaiserle und Hildegund Zschuk auseinander, getrennt von einem unendlich tiefen Graben, der keinem von beiden ein Hinüberkommen mehr ermöglichte.

Stolz hockte sie sich auf das schmale Sitzbrett des Karrens, während der Hilfsprediger in der Tür stand und dem Gespann nachschaute, wie es wacklig und klappernd in der Carolinenstraße verschwand.

Nun war er allein.

Im Laufe des Nachmittags zogen Gewitterwolken auf und in der Nacht zuckten Blitze über der Inselstadt, ließen die Silhouette aus Türmchen und Giebeln in groteskem Aufleuchten erscheinen und die Gewitterregen brachten reichlich Wasser in das Land um den See.

*

Am nächsten Morgen hatte sich das Unwetter verzogen, nur letzte grau-weiße Wolkenschleier hingen noch am blauen Himmel, und den schattenfeuchten Überbleibseln der Regennacht blieb kein lange währendes Dasein. Bis zum Mittag leckten gleißende Sonnenstrahlen alles trocken. Die Vögel sangen, als hätte es keine Blitze, keinen Donner gegeben, und der Sommermorgen zeigte sich von seiner paradiesischen Seite. Ein ungewöhnlich dunkles Blau flutete über den Höhen und Wäldern und die Natur offenbarte ihren warmen Atem.

Jedoch – das Schauspiel des Vortages wiederholte sich und am späten Nachmittag zogen abermals Gewitterwolken wie aus dem Nichts hinter den Bergen hervor und versammelten sich über Seefläche und Ufer. Im Westen leuchtete die sinkende Sonne mit gleißenden Strahlen durch einen Wolkenspalt. Verspielt hüpften Sonnenstrahlen und Blitze um die Wette – überall war Licht, an Land und zugleich am Himmel. Diesmal jedoch fehlte der Naturäußerung die Kraft, und noch bevor es dunkel wurde, hoben sich Büsche und Pflanzen aus den nassen Beeten, um die alten Bäume legte sich der Friede nach dem Sturm. Draußen am Mauchinhof trat Franzisca hinaus. Eine Amsel sang auf dem Hausdach, die Luft war voller süßer Aromen und der alte Kirschbaum streute seinen langen Schatten bis hinüber auf den breiten, gewundenen Weg.

Sie war barfuß und nahm den Weg in den Garten, um dort nach dem Rechten zu sehen. Überall an den Pflanzen hingen Regentropfen und leuchteten wie Kristalle.

Ihr war eigentümlich zumute geworden, schon als sie hinaus in den Hof getreten war. Erst dieses kurze, heftige Gewitter, begleitet von Platzregen – ein rechtes Wettertheater. Nun hingegen diese Stille – als hielte die Welt kurz inne. Es wühlte sie innerlich auf, als läge darin eine Ahnung – aber welche?

Sie hob den Saum ihres Kleides an und fühlte bei jedem Schritt das Kühle und Nasse an ihren Knöcheln – prickelnd, heiß, kalt. Es tat gut. Eine Amsel sang den sommerlichen Abendfrieden herbei, am Holunder hingen die regennassen Blütenträubel müde herab. Wolkenfetzen hingen über dem See, der noch in Wallung war. Über die Nacht hinweg sollte es ruhiger werden. Sie ging wieder zurück ins Haus.

*

Drunten auf der Insel hetzte der Hilfsprediger hinunter zum Südufer, passierte den Hafen und lief im Zickzack durch die Gassen wieder zurück. Das Gewitter und der Regenguss hatten ihn im Haus gehalten, doch gleich, als nur noch kleine Tropfen fielen und Licht im Westen sichtbar wurde, lief er los. Eine nervöse Euphorie zwang ihn, seine überschüssige, diabolische Energie in Bewegung umzusetzen.

Major Schäffer hatte ihn am Abend zuvor zu sich bestellt und mitgeteilt, er würde ihm mit Freude die Möglichkeit eröffnen, den Weg nach Brasilien anzutreten. Die Aufgaben, die ihn auf der Reise erwarteten, waren ihm durchaus gelegen und nun taumelte seine Gefühlswelt zwischen Furcht und Freude. Er hatte sogar schon gepackt – eine kleine Kiste, wie mit dem Major besprochen. Alles, wirklich alles war bereit. Umso lästiger waren ihm die Pflichten, die ihm der Stadtprediger zusätzlich auferlegt hatte.

Zurück in der Wohnung sprang er von einem Raum in den andern, ohne zu wissen, was er dort wollte. Seine Gedanken wirbelten um die bevorstehende Reise. Niemand, niemand würde wissen, wohin er verschwunden war, denn mit dem Major war Verschwiegenheit vereinbart worden. Noch bevor das Landthor offiziell öffnen würde, wäre er mit der Kutsche des Majors schon auf dem Wege nach Ulm, da der feine Herr die Sondergenehmigung des Magistrats besaß, die Inselstadt vor der Zeit zu verlassen. Die Reisekiste mit seinen Habseligkeiten hatte er vom Kutscher schon abholen lassen.

Glockengeläut riss ihn aus seinem gedankenverlorenen Zustand. Herrje, er war zu spät. Beinahe geriet er ins Rennen, auf dem Weg zur Andacht in St. Stephan. Die Glocken läuteten schon eine geraume Zeit.

Wie er diese Andachten verfluchte, die er zu halten hatte, nur weil es der Wunsch einiger frömmelnder Einflussreicher in der Gemeinde war. Natürlich hatte der Stadtprediger dem Ansinnen ohne inneren Hader und mit großer Wertschätzung und Anteilnahme zustimmen können, da er schon beim ersten Anklingen des Wunsches ihn für diese Aufgabe vorgesehen hatte. Der feine Herr selbst wollte und konnte mit den Frommen nichts anfangen. Ihr Lebensentwurf war dem seinen so fremd wie der seine ihrem, und wenn er etwas in seinem bisherigen Leben gelernt hatte, dann die Erfordernis, größtmöglichen Abstand zu Antipoden einzuhalten, wie einem dies die Physik schon nahelegte.

So war nun Joseph Gaiserle den Sommer über zweimal in der Woche nach dem Abendläuten in St. Stephan zugegen, um Andachten zu halten, und weil es ganz Fromme waren, suchte er dafür die strengsten Predigten hervor, die ausschließlich das Schlechte im Menschen thematisierten.

Die Umstände für eine solche Aufgabenmehrung hätten hingegen besser sein können. Gerade jetzt, wo die Muhme ihre Freiheit genommen, ihn allein mit allem zurückgelassen hatte und er noch nicht wusste, wie er die Dinge des Alltags regeln sollte, war es ihm schnell zu viel. Voller Schrecken war ihm bewusst geworden, wie abgegriffen der alte Lutherrock schon war – der neuere lag bereits im Koffer.

So rannte er, von allerlei unterschiedlichen Gedanken verstört, über den Marktplatz und hörte die scharfe Stimme erst beim dritten oder vierten Ruf. Er hielt inne und sah nach hinten, wo nur wenige Meter entfernt der Stadthauptmann auftauchte, den er zuvor übersehen haben musste. Der grobe Kerl, der ihm Furcht einflößte, kam auf ihn zu. »Was ist geschehen, frommer Mann!? Er rennt, als sei der Teufel hinter ihm her.«

Der Hilfsprediger war angewidert von dem hässliches Grinsen des Kerls. Mit wenigen Worten und zappeligem Getue vermittelte er den Grund der Eile.

»Soso … na denn …«, war alles, was der Stadthauptmann verlauten ließ.

So eilte er weiter, nun noch verwirrter. Nicht einmal, als er die Kirchentüre hinter sich schloss, fühlte er sich in Sicherheit. Ein düsteres Gefühl befiel ihn.

Der Stadthauptmann stand immer noch vor dem Cavazzen, mit offenem Mund. Er hatte etwas gesehen, eine Kleinigkeit, die allerdings selbst ihn erschütterte.

Zurück im Stift ließ er nach dem Landrichter schicken. Eilen sollte er sich. Am Saum des alten Lutherrocks, hinten rechts, da war ihm eine Stelle aufgefallen, ein tiefer Riss, und es fehlte ein Stück vom Stoff. Die Beobachtung war durch ihn hindurchgefahren wie ein böser Schlag.

Als Joseph Gaiserle aus der Kirche kam, fühlte er sich beruhigt. Das Lesen der alten Texte, die Stille des Raums und die Beschimpfung der Besucher als Sünder hatten ihre Wirkung nicht verfehlt. Ganz versonnen, fast schlendernd passierte er den Marktplatz, als er vom Stift her einige Männer auf sich zukommen sah. Den Stadthauptmann, den Landrichter, einen Gendarmen und – Christian.

Da sie mit energischen Schritten direkt auf ihn zuhielten, blieb er stehen und wartete. Stadthauptmann Vitz verzichtete auf eine Begrüßung und forderte ihn auf, mitzukommen. Die anderen sahen ihn mit finsterer Miene an. Zu seiner eigenen Verwunderung blieb er völlig gelassen. Kein Herzpochen, keine Beklemmung, keine innere Unsicherheit – ganz im Gegenteil. Jetzt, in größter Gefahr, ja in der Gewissheit, entdeckt worden zu sein, fühlte er sich frei und unbelastet.

Gemeinsam gingen sie zum Stift, wo sie einen großen Raum betraten. Der Gendarm schloss die Türe zum davorliegenden Wachzimmer und postierte sich vor der Tür.

Draußen lag der Marktplatz, direkt gegenüber die Fassade des

Baumgartens mit der prächtigen Fensterfront. Ein Jahr war vergangen seit jenem festlichen Abend, von welchem an so viel Veränderung gekommen war.

Gottlieb Christian Vitz war es, der aufgeregt war, und es war ihm anzumerken. Seine Hände zitterten, und die wenigen Sätze, die er sprach, wirkten abgehackt; dazu klang seine Stimme nervös und flattrig. Der Landrichter übernahm in der Folge und sprach von den Bränden, die die Stadt heimsuchen würden, von der Pflicht, der sie in ihrer Funktion ausgeliefert seien, gegenüber jedermann – ohne Ansehen von Rang und Verdienst.

Joseph Gaiserle sah ruhig und lächelnd von einem zum anderen und meinte, er habe dafür jedes Verständnis. »Was kann ich, was soll ich tun?« Er sah erst dem Stadthauptmann in die Augen, dann dem Landrichter.

Diese schlichte Frage, mit weicher Stimme gesprochen, ohne jede Aufregung, verunsicherte die beiden. Es entstand eine unangenehme Stille. Christian übernahm und sagte streng: »Wir brauchen den Rock, den der Hilfsprediger trägt. Damit ist uns sehr geholfen.«

»Den Rock?«, entgegnete Joseph Gaiserle belustigt, schlüpfte umgehend aus dem alten Stück und streckte ihn freundlich hin. Wieder war es Christian, der ihn ergriff.

»Ja, und nun?«, fragte Joseph Gaiserle.

Erneut breitete sich Stille aus. Der Stadthauptmann brachte keinen Ton heraus und der Landrichter war ebenso verunsichert, sagte aber in versöhnlichem Ton: »Gehen kann er nun, der Hilfsprediger Gaiserle. Er wird von uns hören und erhält seinen Rock dann auch wieder zurück.«

Joseph Gaiserle sah mit offenen Augen von einem zum anderen. Nur Christian wich nicht aus und sah ihm voller Verachtung in die Augen. Joseph Gaiserle verabschiedete sich, nicht ohne einen Segenswunsch zu sprechen, und ging ohne jede Eile hinaus.

»Es wird ihm schon vergehen, dem Lumpen«, zischte Christian böse. Er wickelte den Saum des Rocks bis zu jener Stelle auf, an der ein Stück ausgerissen war. »Da genügt mir ein Blick: Er war es.«

Der Rock ging durch die Hände der beiden anderen.

Der Landrichter war nun auch von Nervosität erfasst. Schweiß stand ihm auf der Stirn, denn nachdem ihn der Bote erreicht hatte und er von Vitz gehört hatte, dieser habe einen höchst verdächtigen Riss am Lutherrock des Hilfspredigers festgestellt, war er ins Archiv geeilt, hatte alle rebellisch gemacht, derer er habhaft werden konnte, und musste feststellen – man konnte diesen Stofffetzen nicht mehr bei der Akte finden. Er hatte geplärrt, getobt, mit den schlimmsten Strafen gedroht. Schreiber und Bedienstete waren nun damit befasst, alle Akten nach dem Kuvert zu durchsuchen, in welchem der inkriminierte Stofffetzen asserviert worden war.

Nicht auszudenken, wenn das Ding verschwunden bliebe, sie einen Geistlichen der schrecklichsten Taten verdächtigten und keinen Beweis dafür hätten. Er könnte seine Berufung verlieren, zumal der königliche Landrichter in einer von reichsstädtischem Stolz geprägten Inselstadt wie Lindau eh eine nur geduldete Person war.

Christian hingegen war sich sicher, mit Gaiserle den Schuldigen zu haben. Doch auch der Stadthauptmann hatte aufgrund des gefassten und gelassenen Auftretens des Verdächtigen Skrupel bekommen. Mit einem Kirchenmann legte man sich nicht ungestraft an. Er hoffte inständig, man möge endlich dieses Stück Stoff finden, und noch inständiger bat er Christian, bis dahin nichts, aber auch gar nichts zu unternehmen. Inzwischen bereute er es, ihn überhaupt informiert zu haben. Sie würden warten müssen. Wo sollte er schon hin, dieser unbedeutende Kerl.

Joseph Gaiserle hockte zuhause am Tisch und starrte auf die Holzplatte. Spatzen zankten schrill vor dem Fenster. Was war das nur für ein Auftritt heute? Vitz, der Landrichter und Christian, die seinen Lutherrock wollten. Wie verrückt war das? Wozu? Er hatte keine Antwort darauf. Ging es darum, ihn einzuschüchtern? Er lachte laut auf und seine Finger fuhren zärtlich über die Schrunden der Tischplatte. Die hat auch schon viel erlebt, dachte er und streichelte sie. Für einen Moment empfand er tiefe Zuneigung zu diesem alten, wesensfreien Holz.

Die erforderlichen Papiere hatte er beisammen sowie sein gesamtes Erspartes. Jetzt zahlte es sich aus, so sparsam gelebt und gewirtschaftet zu haben. In wenigen Stunden würde er in der Kutsche des Majors sitzen.

Doch zuvor … hatte er noch etwas zu erledigen.

Weit nach Mitternacht machte er sich auf den Weg. Diesmal verzichtete er auf die Tür und die dunkle Gasse. Bestimmt würden sie dort Wachen postiert haben. Also öffnete er das Küchenfenster und kroch durch die schmale Öffnung hinaus in den Innenhof. Von dort führte ein Durchgang zu den engen Aufmarschgängen. Umsichtig bewegte er sich zur Carolinenbastion, suchte Schutz und Deckung in Nischen, wo er lauschte, roch, wartete. Endlich kam er hinter dem Landthor an und schlich hinüber zu dem Haus. Die Nacht war voller Stille. Ab und an bellte ein Hund, klagte ein Blässhuhn, schlug ein Schwan mit den Flügeln, quakte ein Frosch.

Nachtwächter und Gendarmen patrouillierten aufmerksam, denn der Stadthauptmann hatte ihnen noch am Abend eine besonders strenge Rede gehalten. An beiden Seiten der Gasse, in der die Wohnung des Hilfspredigers lag, waren tatsächlich Posten stationiert. Die Nacht ging dahin, ohne jede Besonderheit, und mit der Morgendämmerung kam auch Erleichterung.

Noch bevor die Sonne ihre ersten Strahlen über die Bergspitzen brachte, passierte die Kutsche des Majors das Landthor. Den Wachen war er schon tags zuvor angekündigt worden. Der Major grüßte die Soldaten, während die Kutsche vorüberrollte, respektvoll und mit großem Ernst aus dem Fenster seines Compartements, was ihnen gefiel. Noch einige Sekunden länger als erforderlich standen sie stramm, blickten der Kutsche mit dem noblen Herrn hinterher, bis sie hinter der Brücke zwischen den Bäumen verschwunden war, und schlossen die Tore wieder.

Joseph Gaiserle hatte sich in die Ecke gepresst und eine geradezu elektrische Nervosität durchfloss seinen Körper. Es ging flott dahin auf den Wegen, die vom Gewitterregen der Vortage ein wenig aufgeweicht waren, was die Fahrt angenehmer gestaltete. Die Sonne stieg höher, die Lerchen sangen. Ein Sommertag wie jeder andere nahm seinen Lauf.

Am frühen Vormittag hatte ein Schreiber endlich die Akte gefunden, in welche versehentlich das Kuvert mit dem Stofffetzen geraten war. Keiner hatte sich getraut, den Fund an den tobenden Landrichter zu übergeben. Zitternd war der Schreiber in dessen Amtszimmer getreten und hatte wortlos das Kuvert auf den Tisch gelegt.

Bald darauf stand Vitz mit dem Lutherrock beim Landrichter, und trotz aller schlimmen Erwartungen und Vorahnungen waren sie dennoch erschüttert, als der Fetzen passgenau in den Riss am Saum passte. Der gleiche Stoff, die gleiche Farbe, die passenden Umrisse.

Der Hilfsprediger! Also doch!

Zuhause war er nicht auffindbar. Man brach die Tür auf und durchsuchte alle Räume. »Ausgeflogen«, sagte einer der Gendarmen. Die Schränke standen offen. Ein großer Teil der Kleidung fehlte.

Der Landrichter selbst wurde beim Stadtprediger vorstellig, der von der Nachricht und dem fürchterlichen Verdacht ernsthaft schockiert war. Noch Tage darauf fühlte der Kirchenmann sich unwohl, obschon er den Schrecken mit ausreichend Cognac behandelte.

Dieser blasse, bubenhafte Kerl war ihm schon immer unsympathisch gewesen – aber ein Feuerteufel?! Darauf wäre er nie gekommen. Noch ganz benommen von der Nachricht, begann es in ihm zu arbeiten, wie man aus dieser schrecklichen Angelegenheit herauskäme. Nur gut, dass er diese Gestalt von allen repräsentativen Aufgaben entfernt hatte. Dennoch lastete die Nähe, die sich zwangsläufig zu diesem Individuum ergab, wie ein Makel auf ihm.

Die Suche blieb vergebens. Auf der ganzen Insel war der Kerl nicht aufzutreiben. Seine Tante, das war bekannt, war vor kurzem in eine andere Unterkunft gezogen, doch niemand wusste auf Anhieb, wo sich diese befand.

Gegen Mittag dann eine Schreckensnachricht, als es auf der Mauer, gleich hinter dem Landthor schrecklich brannte. Die Flammen schlugen aus einem Haus heraus, aus Fenstern und Dachritzen, und bald prasselte und knirschte es in aller Schrecklichkeit, als der Brand das Haus ganz und gar fraß. Mit allerletzter Mühe gelang es, ein Übergreifen der Flammen auf weitere Gebäude zu verhindern. Ganz mutige Kerle warfen im See getränkte Säcke und Leinentücher über die Dachziegel und begossen sie mit Wasser. Bis in den Abend hinein dauerte es an, den Brand in Schach zu halten. Der Verkehr über die Landthorbrücke war zeitweise gesperrt, die gesamte Inselstadt in heller Aufregung, worüber die Fahndung nach dem Hilfsprediger völlig vergessen wurde, da jeder gebraucht wurde, das Feuer zu bekämpfen. Mit der Sommernacht kam die Erschöpfung. Brandwachen wurden aufgestellt. In den Gassen hing der peinigende Geruch des Brandes.

Joseph Gaiserle stand am Abend dieses Tages in Ulm. Die Kutsche des Majors war schon auf dem Weiterweg nach Augsburg; er selbst würde am nächsten Morgen nach Frankfurt weiterreisen, von wo es über Hannover in den nächsten Tagen nach Hamburg weitergehen sollte. Er malte sich aus, was in der Stadt am See los gewesen sein mochte, wenn alles geklappt hatte. Ob sie es wohl geschafft hatten, den Brand zu kontrollieren? Die alte Hütte war voller trockenem Gebälk, und er hatte alle Stoffe mit Öl getränkt. Ein rechtes Feuerfest musste es gegeben haben, und so sehr er sich freute, nun auf dem Weg und weit, weit weg zu sein, reute es ihn doch, dass ihm dieser Anblick aus nächster Nähe verwehrt geblieben war.

Manchmal kam an solchen Tagen gegen Mittag ein kräftiger Sommerwind auf. Wäre es der Fall gewesen, könnte es ein grandioses Schauspiel geworden sein. Vielleicht würde die ein oder andere Zeitung darüber berichten.

Am nächsten Morgen stieg Gaiserle in die moderne Geschwind-Postkutsche und musste sich erst daran gewöhnen, nicht mehr mit jener Katzbuckelei anderer Reisender konfrontiert zu sein, die Geistlichen üblicherweise zuteil wurde, denn nichts an seinem Äußeren deutete mehr darauf hin. Ein ganz gewöhnlicher, junger Mann war er nun, auf dem Weg in die paradiesische Ferne.

Von den Gesprächen in der Kutsche hielt er sich fern. Manchmal schlief er ein wenig. Einmal schreckte er auf, denn die Muhme war in einem seiner Träume aufgetaucht und hatte schrecklich laut gelacht. Ihr Gesicht war überzogen von Brandblasen.

Ansonsten machte die moderne Federung die Fahrt wirklich angenehm. Am Abend, nach über zwölf Stunden Fahrt, kam er in Frankfurt an. Im Gasthof konnte er kaum schlafen, weil das Geplärr der Säufer drunten in der Wirtsstube bis spät in die Nacht zu ihm nach oben in die schlichte Kammer dröhnte.

Vier Tage später erreichten sie Hamburg, wo er umgehend das Schiff aufsuchte, welches ihn über den Ozean bringen sollte – sein Name lautete *Germania*.

*

In Lindau begannen die Aufräumarbeiten an der Brandstelle. Christian und der Schniefer halfen mit zwei Norikern, die immer noch qualmenden Balken herauszuziehen, da andere Pferde vor dem Brandgeruch scheuten. Als nach zwei Tagen der meiste Brandschutt beseitigt war, machte man eine grausige Entdeckung. Halb unter einem Tisch fand man eine stark verkohlte Leiche, bei der man davon ausgehen musste, es handele sich um Hildegund Zschuk – die Muhme.

Der Oberkörper lag unter einem Arbeitstisch, der der Stabilität wegen mit Eisenprofilen verstärkt war, weshalb die Leiche halbwegs von Verschüttung verschont geblieben war.

Der Landrichter war vor Ort und inspizierte die Leiche. Am Schädel der Toten war ein deutlicher Knochenbruch hinten rechts zu erkennen. Von niederstürzendem Gemäuer konnte diese Verletzung nicht stammen, da der Tischrahmen als Schutz fungiert hatte. Die Brandstelle, die Leiche, die Spuren – einfach alles begründete hinreichend den Verdacht, der Hilfsprediger könnte seine Tante erschlagen und dann das Haus zur Vertuschung der Tat in Brand gesteckt haben. In diesem Fall musste er sich irgendwo auf der Insel versteckt halten, denn niemand konnte unbemerkt über die Landthorbrücke gelangen. Alle Kutschen und Karren wurden schließlich kontrolliert, seit man den Kerl genauer ins Visier genommen hatte.

Drei Tage nach dem Brand formulierte der Landrichter einen Steckbrief, ausgestellt auf den Hilfsprediger Joseph Gaiserle mit einem Gesuch zur Requisition des Verdächtigen wegen mehrfacher Brandlegung und einfachen Mordes. Der Steckbrief ging an alle umliegenden Gerichte.

Leuchtturm

Schneller als der Wind ging die Nachricht vom Hilfsprediger und seiner kriminellen Natur über die Insel und von dort bis weit in die Umgegend hinein. Intelligenzblätter nahmen in den folgenden Wochen die Geschichte auf und berichteten darüber. Die Aufregung in der Inselstadt hielt lange Zeit an, weil sich vor allem der Grausamkeit des Mordes an der Muhme immer neue Facetten abgewinnen ließen.

Joseph Gaiserle befand sich da bereits auf hoher See, und sein Schiff, vollgepfercht mit Auswanderern, viele von ihnen ehemalige Sträflinge, hatte nach einem Zwischenhalt in Brest den offenen Atlantik erreicht. Das Wetter war gut und der Wind so frisch, dass man gut nach Süden hin vorankam.

Im Laufe des Sommers drängten sich andere Ereignisse der Aufmerksamkeit der Inselstadt auf. Wieder war es der Johannismarkt, der andere Gedanken aufkommen ließ. An einem Sonntag wurde mit Festkomitee, Musikzug und Militärparade das erste bayerische Dampfschiff im Hafen erwartet. Die Menschen drängten sich und beobachteten, wie das mächtige Schiff völlig ohne Hilfe von Ruderern und Seilen unter großem Getöse und mehrfachem Aufheulen des kräftigen Horns in den Hafen einfuhr, wendete und wieder den Weg hinaus auf den offenen See nahm. Ein wahrhaft beeindruckendes Schauspiel, und so manchem Kapitän eines Lastenseglers wurde bewusst, was das Schauspiel in Wahrheit bedeutete: den Beginn einer neuen Schifffahrtsära – und das Ende der ihren.

Franzisca und Lucas hatten einen angenehmen Platz im Schatten bekommen und verfolgten das Geschehen mit großem Interesse. Mit der Strategie, die sie bei der letzten Familienzusammenkunft verabredet hatten, lagen sie richtig. »Zehn, vielleicht auch fünfzehn Jahre«, flüsterte Lucas ihr ins Ohr, »dann gibt es nurmehr Dampfschiffe.«

Gegen Abend, als sich von Westen her ein Gewitter mit dunkelblau und violett leuchtenden Wolken ankündigte, löste sich die Gesellschaft im Hafen auf. Die Gasthöfe, Spelunken und Caféhäuser waren brechend voll.

Donnergrollen rollte über den See hinweg, als der Collector noch einen Abendspaziergang unternahm. Alleine diesmal. Den Tag über hatte er ganz öffentlich mit Emilie verbracht. Er war glücklich. Über die Hintere Insel kam er über den Inselgraben wieder auf städtisches Gebiet und suchte nochmals den Weg hinunter in den Hafen, um ihn in seiner ganzen Stille zu genießen. Lange stand er im Schatten des Mangturms und sah hinaus. Möwen flogen wild umher, jagten sich. Als die ersten, schweren Tropfen fielen, machte er sich auf den Weg hinüber zur *Krone*, die ihm inzwischen wie ein Zuhause vorkam.

Die Gewitterwolken und die einsetzende Dämmerung ließen es schnell dunkeln, weshalb er seinen Gang etwas beschleunigte. Kurz darauf vernahm er in einer engen Gasse am Inselgraben ein ungewöhnliches Schnaufen. Er hielt inne und lauschte. Da war es wieder. Er kehrte um und entdeckte unter einem einachsigen Handkarren, dessen lange Deichsel drohend in den Himmel wies, eine Gestalt. Als er näher trat und das Gesicht sah, zuckte er zurück: Ernst Kringlin, der Gengler, war es, der da in der Gosse lag.

Er sah sich um. Weit und breit war keine Menschenseele zu entdecken. So bückte er sich und zerrte den Betrunkenen aus dem Dreck, ein Stück in Richtung des trockenen Pflasters. An der Wand gegenüber stand eine Holzkiste mit gebrochener Seite. Er zerrte sie her und setzte sich. Direkt zu seinen Füßen lag er nun – Ernst Kringlin, dessentwegen er überhaupt in diese Stadt gekommen war. Er bewegte sich ein wenig. Sein Gesicht war verdreckt. Offensichtlich war er zuvor schon gestürzt. Die Kleidung war ebenfalls zerschlissen. Er saß da und sah hinab auf das Elend – ohne jede Rührung, ohne jedes Mitleid. Vor einem Jahr noch, wusste er, hätte er keine Sekunde gezögert und dem Kerl das Stilett in die Brust gestoßen, kurz die Klinge verkantet und sie dann wieder gezogen. Doch heute?

Der Hass, die Wut, der Zorn – sie hatten sich aufgelöst, in was auch immer. Mitleid allerdings konnte er für den Kerl am Boden nicht empfinden. Er stützte seine Ellbogen auf die Knie und beugte sich zu Kringlin hinunter. »Verstehen Sie doch, mein Onkel war ein herzensguter Mensch, leider jedoch ein wenig weltfremd und zu sehr auf das Gute in den Menschen fixiert. Ihren Herrn Vater kannte er von Wien her, wo sie gemeinsam ihre Anstellungen im Kontor des Fürsten hatten. Er vertraute ihm. Als ich zwischen den Kämpfen zuhause war, erzählte er mir vom Gengler aus der stolzen Stadt Lindau, der mit seinem Sohn dagewesen sei und von den Geschäften, den zwei kleinen Geschäften, die so gut verlaufen seien. Es ist euch gut gelungen, denn ihr habt ihn wirklich dazu bewogen, alles, alles was er besaß, einzusetzen, für das eine große Geschäft. Uniformstoffe – eine ganze Schiffsladung. Er glaubte daran, seine Schulden und Sorgen damit loszuwerden.«

Kringlin stöhnte leise, sprach etwas Unverständliches und rollte sich auf den Bauch. Franz von Riefenstein drehte ihn mit dem Absatz seines Stiefels wieder nach oben, dass er ihn sehen konnte. Die Regentropfen kamen vereinzelt nun auch durch das Blätterwerk des Lindendachs, Blitze und Donnergrollen kamen nun näher. »Natürlich habt ihr ihn betrogen, ihr Lumpen. Den Uniformstoff habt ihr selbst verkauft, das Schiff samt seiner Ladung mit Wein, vermutlich Schwarzpulver und anderem verbotenen Zeug habt ihr angeblich untergehen lassen, aber in Wirklichkeit in Alexandria verkauft, da hat es euch nochmals Geld gebracht … ja … aber dann seid ihr selbst betrogen worden«, er lachte leise und vergnügt. »Das alles … es wäre mir nichts wert gewesen. Der Onkel hatte seinen Frieden gefunden am Gottesacker … doch dann seid ihr gekommen … «, er hielt inne und atmete schwer, bevor er weitersprechen konnte. »Ich hatte ihm ein Totenbrettl gemacht, wie wir es seit Kindheit kennen, aus Kiefernholz. Es stand an der Weggabelung und für uns hat es eine große Bedeutung: Wenn es durch Sonne, Wind, Regen, Schnee, Hitze und Kälte endlich verwittert ist und morsch in seinen Urzustand zurückfällt, dann ist der geliebte Verstorbene aus dem Fegefeuer heraus und auf dem Weg in die Ewigkeit, ja, so glauben wir das. Doch ihr, was habt ihr gemacht!? Das Totenbrettl eingehaust und eine rechte Freud daran gehabt. Der Bauer, der es gesehen hat … er war ganz traurig, wie er mirs erzählt hat. Und jetzt liegst da, im Dreck, Gengler. Wieso? Wieso habt ihr diesem guten Mann nicht wenigstens seinen himmlischen Frieden gegönnt? Vielleicht, weil er euch falsche Wechsel gegeben hat?«, er lachte, »Gauner unter Gaunern eben. Aber das Totenbrettl – das hab ich euch nie verziehn. Und jetzt hab ich mir alles, was ich meinte verloren zu haben, wieder geholt.«

Er saß noch eine Weile da und sah auf das Elend hinab. Die Tropfen kamen nun regelmäßig und wilde Windböen fuhren über das Wasser. Er packte den Gengler an der Brust, hob ihn an, ging in die Knie und schulterte den Kerl. Es war inzwischen dunkel geworden. Dennoch achtete er darauf, niemandem zu begegnen, und nahm den Hintereingang am Hof.

Auguste Kringlin wurde kreidebleich, als sie erkannte, wer da vor ihr stand. Den Pferdeknecht hatte sie schon losgeschickt, ihren Mann zu suchen, der ihr im Getriebe des aufgeregten Tages entkommen war. »Jesses … Jesses …«, mehr brachte sie nicht heraus vor Ärger und Scham. Sie wich jedem Blickkontakt mit dem Collector aus.

»Niemand hat uns gesehen«, sagte der, womit er sie beruhigen wollte. »Wohin?«

Sie ging voraus und wies ihm den Weg zu einer schlichten Kammer. Ein schmales Fenster zum Hof hin, ein Bett, Waschgarnitur, zwei Eimer.

Ein Gefängnis, fuhr es ihm durch den Kopf, ein Gefängnis im eigenen Haus.

Auguste Kringlin legte ein dickes Leintuch über das Bett, und der Collector ließ den Betrunkenen, der wirres Zeug lallte, sanft aufs Bett sinken, richtete dessen Beine gerade und wendete sich mit einer schlichten Verbeugung an Auguste: »Für Sie tut es mir unendlich leid. Glauben Sie mir, ich weiß Ihre Opfer zu schätzen, sie sind nicht ohne Wirkung auf mich.«

Sie sah betreten zur Seite, und er ging hinaus in die Nacht, wo ein heftiger Regenguss niederprasselte und die Blitze wild zuckten. Frei, ohne Angst spazierte er durch das Gewitter. Den Regen empfand er wie eine Reinigung, und wenn er gestraft werden sollte für das, was er getan hatte, dann war es eben so.

Der Kronenwirt sah ihn entgeistert an, als er später vollständig durchnässt im Gang stand.

*

Das Jahr zog weiter. Am See gewöhnte man sich an die Rauchwolken des Dampfschiffs und bald war es so gewöhnlich geworden wie Wolken am Himmel. Über den Sommer hinweg bis in den Herbst vergaß man in der Stadt die Aufregung und Angst, die der Hilfsprediger in die Stadt gebracht hatte. Selbst an ihn erinnerte man sich kaum noch. Nur Stadthauptmann, Landrichter, Christian und der Collector dachten öfter an ihn und fragten sich, wie und wohin er wohl entkommen war.

Der Herbst war gnädig und fruchtbar. Erst gegen Ende November kamen kalte Winde und Frost in die Stadt.

Ernst Kringlin war nur noch ein Schatten seiner selbst. Abgemagert, mit leeren Augen und ohne jede Kraft war er zu einem Teil des Hauses geworden. Seit Wochen sprach er schon kein Wort mehr. Zuvor hatte er noch gelallt. Das Wort Collector war oft zu vernehmen. Auguste hörte gar nicht mehr hin, wo es eh keinen Zusammenhang ergab. Sie hielt die Türen des Hauses geschlossen und ihn wie ein Tier, das man nicht in die Öffentlichkeit gelangen lassen wollte. Täglich bekam er den Schnaps, den er für die Art seines Daseins brauchte. Inzwischen schlief er viele Stunden und blieb in den Nächten ruhig. Es fehlte ihm die Kraft, zu brüllen oder auf etwas einzuschlagen. Die Kinder hielten sich von ihm fern.

Wie es geschehen konnte, dafür hatten sie im Haus keine Erklärung. Frühmorgens, am Kathrinentag, als Auguste in die Kammer kam, war sie leer. Ernst Kringlin war im gesamten Haus nicht aufzufinden und sie schickte den Pferdeknecht auf den Weg, ihn zu suchen. Auch am Abend tauchte er nicht auf und die Stadtwache bekam Order zu suchen.

Erst am nächsten Morgen fand man ihn an der Mauer der Gerberschanze, wo er sich hinter einen angeschwemmten Baumstamm gelegt hatte. Der Leib war über die Nacht hinweg völlig steif gefroren.

Auguste Kringlin saß tagelang droben im großen Arbeitszimmer hinter dem Schreibtisch und starrte vor sich hin. So viele Generationen – alles perdu.

*

Die Zeit raste dahin, Tage, Wochen, Stürme, Monate, Jahreszeiten, Gewitter, Jahre, Festtage, Hochzeiten, Todesfälle, Geburten, Unglücke, Aufstiege, Taufen, Niedergänge, Beerdigungen.

Franzisca Mauchin trat hinaus in den Hof. Es war Sommer. Die Vögel sangen. Sie brauchte einen Stock, um sich geradezuhalten, und weiter als bis in den Garten schaffte sie es ohne Hilfe an gewöhnlichen Tagen nicht mehr. Das Alter hatte sie erreicht.

Doch bisweilen, so wie an diesem Tag, hatte sie genügend Kraft, alleine den Weg nach oben zu gehen bis zur Spitze des Hügels, von wo sie hinunterblickte auf den See, die Inselstadt und, weit im Osten, die Berge ihrer alten Heimat sehen konnte, dort, wo sich die schroffe Nordkante der Canisfluh gegen den Himmel abzeichnete. Der Anblick machte ihr das Herz schwer und zugleich leicht. Sie erinnerte die Kraft und den Willen, der sie durchs Leben getragen hatte – unbändig, wie sie heute wusste.

Nun stand sie hier im sanften Wind. Eine Lerche schwebte über ihr und jubilierte.

Alleine war sie, mit sich und ihren Erinnerungen.

Der Schaffer war vor vielen Jahren schon gegangen. An einem Tag im Frühsommer. Auf einer Bank hatte er gesessen, unter blühenden Holunderdolden. Der Hund war alleine nach Hause gekommen, und so hatten sie ihn dann gefunden. Sie war dabeigewesen und erinnerte sich an sein Gesicht – Glück war darauf zu sehen gewesen. Was es wohl Wunderbares war, das er zuletzt gesehen hatte? Das Meer, die fernen Inseln des Südens oder seine geliebte Schafherde auf einer Weide hoch über dem See?

Ihre Tante Elisabeth war ihm bald nachgefolgt und der Fortgang der Zeit legte keine Rast ein. Ein kalter Winter, der Fieber brachte, legte den Schniefer aufs Lager, von dem er nicht mehr aufstand, der treue Gefährte. Und vor wenigen Jahren hatten sie Lucas zu Grabe getragen, der an einem Abend nicht von der Weide zurückgekehrt war, wo sie ihn im Gras liegend gefunden hatten. Sie hatte ihn in den Armen gehalten und die Stirn geküsst, nachdem sie ihm die Augen geschlossen hatte.

Alleine! Sie war nun alleine – mit sich selbst und ihren Erinnerungen, die mit niemandem mehr zu teilen waren. Annamaria war noch da, mit der sie sich austauschen konnte, doch wenn sie sich besuchten, saßen sie nur stumm beieinander, sahen in die Natur, bewunderten die Gärten und freuten sich, beisammen zu sein.

Sie blätterte oft in der alten Bibel und strich zärtlich über die vielen Blüten, die dort abgelegt waren, las ihre Eintragungen und Gedanken, die sie dazu vermerkt hatte. So viele Leben. Eine so lange Zeit.

Sie blickte hinab auf den See und war ihm dankbar. Dann ging sie hinunter zum Haus.

Am nächsten Tag kam Katharinas Ältester, Wilhelm, mit einer neuen Kutsche auf den Hof gefahren, sie abzuholen. Vor wenigen Wochen hatten sie die Hochzeit gefeiert. Amalie, seine Frau, war die älteste Tochter des Collectors und seiner Frau Emilie. Ganz aus der Vergangenheit tauchte eine neblige Erinnerung an einen Festabend im Haus zum Baumgarten auf, wo sie alle einmal beisammen gesessen hatten. Ein Abgesang war es damals gewesen – worauf? Auf eine alte Zeit oder nur auf alte Erinnerungen?

Sie aber lebte immer noch auf ihrem Hof. Bernadette war bei ihr geblieben, mit ihrem Mann, den drei Kindern, und war ihr wie eine zweite Tochter geworden.

Die Getreidelager waren seit Jahren leer, der geheime Stollen verfallen. Kaum jemand konnte sich noch an die Kriege, die Not und das Elend erinnern. Der Friede war so wahrhaftig geworden, dass die Menschen wirklich an ihn glauben wollten.

Auch sie wollte inzwischen an ihn glauben, da er länger angehalten hatte als es ihr vorstellbar gewesen war. Nur einmal noch, einmal, vor einigen Jahren, war Unruhe in ihr Leben gekommen.

Sie war es, die nach Lucas' Tod das Intelligenzblatt studierte. Als sie die Zeilen las, von der Leiche, die Fischer im See treibend aufgetan hatten, da war die böse alte Erinnerung wieder aus dem Dunkel hervorgekommen, wohin sie sie verbannt hatte.

Ein Mann war es, den sie vor dem Pulverturm aus dem See fischten, und in seiner Brust steckte, bis zum Schaft eingeschlagen, ein Stilett. Die Aufregung war groß. Gendarmerie und Landrichter wurden tätig und das Gerede schwappte von einer Seite der Insel zur anderen. Das Intelligenzblatt beschrieb das Stilett en detail: *feine Klinge mit Mittelgrat, poliert, geschwungene Parierstange, die Enden mit Laub und Akanthusblüten, am oberen Griffring ein stilisiertes* G. *Das Griffstück gerillt mit verdrillter Wicklung, Knauf in Form eines Pinienzapfens. Auf der anderen Seite des Griffs ein Wappen. In der Mitte ein Kreis mit einer Triskele, zwei steigende Pferde zu den Seiten, ein Aar mit ausgebreiteten Flügeln darüber.*

Unzweifelhaft handelte es sich dabei um das Wappen einer alten Lindauer Familie, die schon seit Jahrzehnten nicht mehr existent war – die Genglers. Der letzte Nachfahre hatte sich totgesoffen, seine Frau mit den Kindern die Stadt verlassen und war nicht mehr gesehen worden. Das Haus verkauft, das Mobiliar verteilt.

Über den Toten war weit weniger bekannt als über das Stilett. Ein schmächtiger Mann um die Sechzig. Vornehm gekleidet. Tage zuvor war er als Gast in der *Krone* angekommen. Mit niemandem war er in Kontakt getreten, von niemandem in der Stadt gesehen worden. Joseph de Criança – dem Vernehmen nach ein Plantagenbesitzer aus Brasilien. Was immer ihn aus diesem fernen Land hierhergebracht haben mochte, man wusste es nicht. Auf seinem rechten Unterarm fand sich eine lange tiefe Narbe, die wohl von einem Schnitt herrührte. Mehr gab es nicht zu sagen über den Toten.

Er wurde am Rande des Friedhofs beerdigt. Im Laufe des Jahres stellte sich heraus – es gab keine Anverwandten, und so verschwand bald das Interesse und inzwischen lag das Grab überwuchert von Efeu und Wein wie eine verwilderte Stelle.

*

Es war ein wenig beschwerlich, in die Kutsche zu steigen, doch es ging. Wilhelm hatte darauf bestanden, sie in den neuen Hafen zu fahren. Seit Jahren war sie nicht mehr dort gewesen. Zu laut, zu viel Trubel, und sie war erschrocken, als sie davon hörte, man wolle ihn umbauen.

Die Fahrt tat ihr gut. Es ging flott und weich gefedert dahin. Kein Vergleich zu den früheren Kutschfahrten. Wenn sie die Augen schloss, sah sie Lucas oder den Schniefer vorne am Bock hocken, mit der Zunge schnalzen, pfeifen, johlen.

Das Landthor gab es nicht mehr, genauso wenig wie die Wachen. Ein neuer Weg, den man aufgeschüttet hatte, führte an der Mauer entlang nach Westen. Auch den Inselgraben hatte man zugeschüttet und die zwei Inselteile waren nun eins. Wie verrückt die Welt doch geworden war.

Langsam trabte das Pferd in Richtung Hafen und in der Tat – ihr klopfte das Herz, als sie sah, was geschehen war. Ein riesiger Leuchtturm, viel höher als der alte Mangturm reckte sich über das Wasser – schön, in vollendeten Proportionen, wie eine nackte Frau. Gegenüber hockte ein gewaltiger Löwe und blickte hinaus aufs Wasser. Neue Häuser waren entstanden und weit und breit war kein Lader zu sehen, keine Kutschen mit Brettern, Fässern, Rebstecken, Stoffballen oder Säcken – hingegen vornehm gekleidete Männer und Frauen, die spazieren gingen. Der Mangturm stand nicht mehr im Wasser, sondern war Teil des Hafenboulevards geworden.

Eine neue Welt. Sie hatten eine neue Welt erschaffen. Sie war ihr fremd, diese Welt.

Den Tag verbrachte sie bei Katharina und Christian auf der Insel.

Am nächsten Tag fuhr sie Wilhelm wieder hinaus zum Hof, wo sie ihr erster Gang in den Garten führte, den sie am Abend abermals aufsuchte, doch diesmal barfuß, so, wie sie es früher oft getan hatte. Sie spürte das belebende Kitzeln der kühlen Tautropfen an ihren Knöcheln. Der Holunder blühte am Zaun, die Luft war frisch. Hoch auf dem Giebel des Stadels sang eine Amsel in der letzten Sonne, und die klare Süße ihrer Stimme erfüllte das ruhige Land und ihr Herz mit Glück.